幼稚園生活防災教育理念與實務

以幼稚園生活防災教育為中心，
兼顧學前教育機構實施防災教育之理念與實務作法

黃文樹◎編著

編著者序

　　本書是由筆者主持計畫的「幼稚園生活防災教育學術研討會」所有發表論文的彙編。

　　該研討會按原訂計畫於 2010 年 11 月 14 日（星期日）假本校（樹德科技大學）圖資大樓 LB103 國際會議廳隆重舉行。參與者達一百二十人之多，有來自北部、南部數所教育大學、科技大學幼教系及師資培育中心之教授；有來自南部各縣市國民中小學暨公私立幼稚園的主管、教師；有本校兒童與家庭服務系研究生及修習幼稚園教育學程之師資生等，構成大學教授、國中小學暨幼稚園教育工作者、青年學生共聚一堂，針對幼稚園生活防災教育深入研討，彼此交震互發的熱絡畫面。

　　回顧從撰寫計畫書、行文教育部申請經費補助，到發函邀稿、公開徵稿，至收稿、審稿、定稿，接著安排研討會議程表、編輯論文集（含排版、校對），再到研討會當天的會議進行，會後若干論文的修訂，最後本書的出版事宜等，前後約八個月時間，其間動用了諸多人力、物力、財力，終使本書順利問世了。在此，要向所有襄助、相挺的單位、同仁、好友、學生們致上由衷的敬意和謝忱。

樹德科技大學

資培育中心教授

黃文樹　謹誌　2010.11.18

目　次

楔子：幼稚園生活防災教育學術研討會的緣起與特色

黃文樹

樹德科技大學師資培育中心教授

壹、前言

教育部為協助各師資培育之大學辦理有關師資培育課程與教學、實習輔導制度及中小學暨幼稚園教師進修制度之研究，以提升教學水準與學術研究風氣，乃自 2002 年起，發布並實施「教育部補助師資培育之大學辦理學術研討會作業要點」。本校（樹德科技大學）師資培育中心於 2010 年 11 月 14 日（星期日）主辦之「幼稚園生活防災教育學術研討會」，即依該要點而提出之學術活動。

貳、研討會緣起

臺灣的自然環境優美，但由於位處環太平洋地震帶及副熱帶季風區，地理位置特殊，地震及颱風等天然災害不斷；而工商業的快速發展，社會高度都市化，各種人為災害亦相對增加；不論是天然或人為災害都常導致人民生命財產嚴重的損失。去年（2009）的八八水災，即重創了南臺灣。

　　八八水災是全民極大的痛，兩千毫米的暴雨重創南臺灣，山崩地裂、路毀橋斷，造成六百七十五人死亡，二十四人失蹤；更令人心酸的是，高雄縣甲仙鄉小林村因獻肚山土石崩落慘遭滅村，帶走了四百五十六條人命！八八水災對交通造成的災情，甚至超過九二一震災，環島鐵路網歷經四個半月，才於去年十二月三十日通車；受創空前的公路系統，災後近四個月才完全搶通，估計要花三年重建。

　　災害並非全然無可避免，政府歷年來投入相當的人力與財力於防災業務上，但社會變遷與自然環境變化的速度太快，使得目前的防災工作仍有檢討與加強的必要。其中，在普及幼稚園師生生活防災教育教學方面，若能透過防災教育的研討，讓幼教工作者對於生活防災、救災的工作能有所體認與準備，勢必可以減少學校師生生命及財產的損失。

　　生活防災教育理念的推廣並非一蹴可幾，是持續性且永久性的工作，如果完整的生活防災理念能透過幼稚教育的早期深耕，必能將其成效呈現在個人行為上；唯有使全民皆具備生活防災及緊急應變的常識與能力，我國才能逐步邁向零災害的願景。

　　職是之故，本研討會辦理以幼稚園教師為主、師資生為輔的生活防災教育學術研討活動，邀請這方面之學者專家發表研究論文，同時安排教學經驗分享，以加強幼稚園現職教師及師資生在生活防災教育之專業知能，增進其當前及未來之教育成效。

參、研討會特色

　　本研討會之特色可歸納為下列八項：

　　其一，本研討會之內容以幼稚園生活防災教育為中心，聚焦於攸關幼稚園生活防災教育之研討，研討目標具體且清晰。

　　其二，本研討會延聘之專題論文發表人，概為這一領域素有研究之學者專家，可針對主題內容全面而深入地進行探討。

　　其三，本研討會之參與者主要為基層幼稚園現職教師，可將研討會的影響向幼稚園教育現場延伸，俾使以生活防災教育為核心的教育專業知能得以往下紮根。

　　其四，本研討會活動方式，除採專題講述之外，尚安排幼稚園在環境生態及防災教育方面之優秀教師進行教學實務經驗分享，並結合學員反應意見調查等評量活動，可充分深入主題內容。

　　其五，本研討會活動的地點定在本校國際會議廳；本校校園風景秀麗，交通方便，又備有完善的學術研討設施與設備，可大大提高研討效果。

　　其六，本研討會將在本中心的網頁（http://www.stu.edu.tw）之下，設置「幼稚園生活防災教育學術研討會」網站，並與全國教師在職進修資訊網連結，將計畫內容、議程活動之全程錄影、研討教材、執行成果報告及相關資訊等 E 化，上網至伺服器，供參與研討會的人員及社會各界人士點閱、查詢、利用等。

　　其七，本研討會聘請主講之學者專家及幼稚園在這方面課程之優秀教學者等，需提交大會乙篇專題學術論文（每篇字數在八千字以上）。這些資料將由計畫主持人負責編輯成論文集，提供與會人員參考，會後並予正式出版、發行，擴展本研討活動之社會傳播效應。

　　其八，本研討會核發全程參與議程的學員研習八時數之證明，作為參加之幼稚園教師在職專業成長研修之憑證。

肆、結語

　　要言之，本研討會旨趣，首在充實、強化現職幼稚園教師及幼教師資生對於幼稚園生活防災教育教學之專業素養，進而提高有關課程與教學之成效。其次，本研討會透過這領域素有研究之學者專家與具備優質教學實務經驗者，同第一線幼教工作人員和準教師們，進行面對面交流，裨益所有參與研討之夥伴在幼稚園生活防災教育課程之廣化與深化。最後，本研討活動還要編輯、出版論文集，擴大社會傳播效應。

　　當然，本研討會所有發表的論文，不可能十全十美，尚待修正、補強之處，一定存在，還請讀者方家多多批評指教。

土壤在坡地天然災害之角色探討

陳立夫

樹德科技大學通識教育學院助理教授兼院長

壹、前言

　　美國農部於 1960 年創立新土壤分類系統，經多次修正，於 1975 年命名為土壤分類學（Soil Toxonomy），此分類系統共分為 12 個土綱（Soil Order），除分佈在溫帶或寒帶氣候中的冰凍土綱（Gelisols）外，台灣地區土壤特性就囊括 11 個土綱，此種條件反映出台灣所在的地理位置、地形與地質結構，以及氣候條件等自然環境的特殊性，也說明了台灣原本就是地震、颱風、豪雨及其引發的洪旱、山崩與地滑等天然災害頻發的地區。再者，近幾年來，更由於眾多工業化與經濟建設計畫的持續推動，再加上人口快速集中都市化的結果，間接促使天然災害的規模擴大，加重損失。

　　台灣容易發生的重大災害常見為颱風災害、洪旱災害、坡地災害、地震災害、及人為災害等，由於災害包括因自然原因引發的天然災害，以及人為因素造成的人為災害，其種類或類型十分多樣，而且這些災害發生在不同的時間、地方，對不同的人、事、物會造成不同程度之影響。一般重大的災害具有空間性、時間性、連鎖性、累積性、急迫性、不確定性、複雜性、複合性等特性（陳亮全等，

2008）。當某些坡地災害或洪水發生，而且造成人員死傷事件時，就經常會被指責、要求檢討，甚至驚動檢調單位要調查到底是天災還是人禍？例如由於集中豪雨導致了低窪地區淹水，是屬於自然現象，也是天然災害。但若是選擇此低窪地區進行開發，而且也為防止可能的淹水而建設排水系統，然而若由於排水系統的規劃、設計、施工或事後的維護不佳，形成堵塞，以致雨水無法排洩而形成淹水，這就不是天災而是人禍了。因此，有些災害的形成較為複雜，災害的起因為自然原因，但災情的造成與擴大，卻可能是人為因素所造成，所以天災與人或經常是連在一起，實難以分割。

　　由氣象或地震等自然原因所引發的災害稱為天然災害（natural hazard），但在災害對人員與其生存環境造成影響時，即造成災情（disaster），也因有人為因素介入，常使災情擴大。近年來，由於氣候異常，百年才會發生的豪雨，不斷地發生，坡地災害，尤其是土石流，亦將變為常態。本文嘗試由土壤特性來剖析重大坡地災害如林肯大郡、小林部落滅村、福爾摩沙高速公路山崩事件，並進一步探討土壤在坡地災害中所扮演角色，透過土壤資源之認知與永續性土壤管理的策略之構思，期使台灣環境能夠永續經營與發展。

貳、土壤的概念

　　土壤是指陸地上生物生長或生活的地表疏鬆層，它是由延時經過物理、化學和生物作用風化而成，具有獨特的組成、構造和功能。簡單地說，所謂土壤是地殼表層具有三度空間、獨立且變動的自然體，是由母岩經歷幾千年甚至幾十萬年才風化生成（許正一和蔡呈奇，2009）。若依土壤組成的不同，土壤可分為礦物質土壤與有機質土壤。在台灣地區有機質土壤分佈面積極小，而礦物質土壤受到

自然環境因子的影響會表現不同的形態與特性。礦物質土壤依粒徑大小可區分為砂土（sand；0.05-2mm）、砂土（silt；0.002-0.05mm）、及粘土（clay；<0.002mm）等三部分，土壤質地就是依不同比例土粒所構成。台灣地區母岩、氣候、地形、生物與時間等自然環境因子與土壤生成，化育之關係如下：

一、母岩

　　母岩及岩石受到自然環境之物理與化學之風化作用，在原處或經搬運等作用而成為土壤之主要組成。因此，母岩的差異常會直接影響其風化以後土壤的性質。甲地的土壤被自然的動力搬運到乙地時，成為新的母質，然後再繼續風化與化育。搬運的方式主要有沖積作用（靠水力），風積作用（靠風力），冰積作用（靠冰川），以及崩積作用（靠重力）等。除冰積作用之外，其他三種均在台灣地區發生。其中以沖積作用最為明顯，因而造成許多的沖積平原，成為台灣農業的主要生產資源。此外，岩石依其形成原因，概可分為火成岩、沉積岩與變質岩三大類。火成岩係由岩漿直接冷卻而成，代表性岩石有花崗岩（金門、馬祖）、安山岩（大屯山、陽明山、蘭嶼）、玄武岩（澎湖）、火山碎屑岩等。由花崗岩、安山岩風化生成的土壤通常為酸性，由玄武岩風化生成的土壤則呈鹼性。變質岩係岩石受溫度、壓力與化學作用，改變了原來的組成而形成，主要岩石包括粘板岩、大理石、片岩、片麻岩、蛇紋石等。由片岩和片麻岩風化生成的土壤（如花東縱谷平原）大都呈鹼性，由粘板岩沖積生成的土壤則有酸鹼之別，且土壤所含之砂粒較多。沉積岩則為火山物質或變質作用後的物質，經風成堆積或水流搬運而成。台灣地區主要沉積岩包括砂岩、頁岩、石灰岩、泥岩、礫岩等，甚至有

砂岩和頁岩互層者，主要分佈於西部山麓地帶（低山及丘陵地），其中泥岩分佈於高雄縣月世界一帶。

二、氣候

氣候可直接影響岩石風化的快慢、礦物質與有機質分解之變化與移動，意即岩石風化以後所造成物質的堆積與土壤剖面的層次分化；另亦會間接影響動物的種類、分佈與其活動力，可見氣候的型態對土壤種類的分佈具有決定性的影響。台灣的氣候型態為高溫、多雨與強風，其中對土壤的風化與化育影響較大者為溫度與雨量。溫度對土壤發育的影響，主要影響岩石及土壤母質的風化速率。在高溫且濕潤區，風化速率較快，土壤剖面形成較快，亦即風化深度及粘土含量會較大。

三、地形

地形對土壤之影響主要是與水分、侵蝕、溫度及植生的關係。若其他條件均相同，陡坡地由於地表逕流大，侵蝕作用明顯，雨水向下層滲透少，因而造成多石、淺層且層次分化不明顯之土壤，低平地土壤則因水分過多，下層土常呈現藍灰色或帶斑紋；正常土壤往往生成於緩起伏坡地，排水良好之地方；濕潤平坦地，表土向下淋洗作用強烈，而心土則成粘聚層或硬盤。對土壤生成而言，過快之地表侵蝕是不利的，它使土壤常處幼年狀態而不能分化成多層次，且加速之土壤沖刷，則會破壞已生成之土壤。然而侵蝕太慢或完全不侵蝕，也不利於土壤化育。理想的情形是侵蝕與化育之速度相當，則可達成平衡而生成所謂的正常土壤。

四、生物

　　生物對土壤化育的影響，主要有三因子，即植物群落之分佈、土壤動物群落與人為之耕作、管理、保育等。植物群落之分佈影響主要是改變微氣候及減低侵蝕而有利於土壤生成，尤以森林土壤影響最巨，是以不同植物類型對土壤發育之影響必然不同。而動物群落之影響方式主要是混合土壤中有機物與無機物，改變土壤構造，並協助有機物之分解，主要的動物有蚯蚓、鼠類、線蟲、蟻類及蜈蚣等。然有效的人為的各種保育與管理措施，亦對土壤之化育作用有積極性影響，如在山坡地土壤，藉著各種水土保持的措施，使邊坡穩定，造成土壤穩定化育之時間增強或長久，則化育之土層不致被沖刷，則生成更深或多層化的土壤。

五、時間

　　時間的長短會影響土壤的化育作用。台灣主要農業土壤，生成的年代均較新，當其他環境條件相同時，土壤剖面的形態特徵與淋洗程度，往往由於堆積年代的早晚而有所差異。例如中部地區的粘板岩沖積土，為濁水溪搬運之沖積物堆積成，因濁水溪歷經改道，沉積時期有先後，早期堆積的土壤，顏色較黃灰色至黃棕色，且土壤剖面中含有石灰結核，一般稱為「粘板岩老沖積土」，而堆積年代較新，且土壤顏色較暗灰色，土壤剖面中亦無石灰結核者，稱為「粘板岩新沖積土」。另外，由砂頁岩沖積的土壤，亦有類似的化育結果，早期沖積的土壤剖面形態特徵及淋洗程度與後來沖積之土壤有所差異，而有「新」或「老」沖積土之分。

參、土壤保育與水土保持

　　土壤保育在於保護地表土壤不受沖蝕的耗失，防止土質的劣化，進而維護土壤正常發育，改良土壤性質，增進土壤的正面功能。土壤保育工作大抵可分為量的保持及質的保護或改善兩方面。在量的保持方面，即所謂的水土保持工作，主要在於防止土壤因雨水或強風造成的沖蝕，即水蝕與風蝕。雨水的沖蝕廣泛的發生於坡地及坑溝、河川、海岸地帶，風蝕則發生於風衝地區。土壤沖蝕的結果，表土甚至底土流失，亦肇致土壤的劣化。至於質的維護或改善方面，包括土壤質地與結構的改善，養分的保持與補充，有機質的施用，酸鹼度的調節，過量鹽份或酸基的去除等項目。台灣地區的水文環境之特性（張仁福，2003），簡述如下：

一、地質：台灣的山脈大多算是沉積岩及變質岩，其性質脆弱，易斷裂，具有高度風化。因降雨強度大以及水流流速極快，所以導致嚴重的沖蝕作用，並且地震頻繁，所以情形顯得更為嚴重，非常容易危害山坡地的安定性。

二、氣候：台灣屬於亞熱帶氣候，東北季風於十月至翌年三月非常盛行，夏、秋二季颱風與雷雨會帶來豐沛的雨量，而平原地區整年皆適合農作物的種植及生長。

三、水文：台灣的雨量豐沛，76%的雨量集中在五至十月之間，而颱風所挾帶的雨量非常大，往往會造成災害，且降雨的時間與分佈不平均，降雨強度的變化非常強烈，所以極需要建立密集的觀測網，藉以提供分析之應用。洪水十水流湍急且混濁，流量測定極為不容易，精度也不容易掌握，

惟大部分的流量均可獲含沙量實測記錄，對於溪流的規劃治理有幫助。

四、河川：河川短而且陡，暴雨時水流極為湍急，河川流量隨著降雨而快速的漲落，洪水挾帶著大量的泥沙，大多數的河流於春季時流量偏小，幾乎皆為引做灌溉之使用，因為上游河谷陡峻且狹窄，其地質較為脆弱，大量的洪水與泥沙在下游出谷之後，因為河床漸成寬淺，因此容易氾濫，所以它的治理就顯得較為困難。

土壤的生成與發育，受氣候、地形、母質、生物與時間所左右（Brady and Weil, 1999）。同時經發育的土壤，亦因自然或人為之沖蝕或破壞而流失或劣化。因此從事土壤的維護及保育，對氣候、地形、土壤性質及土地利用狀況等環境條件，應先有充分的瞭解。

一、氣候

高溫多雨地區，岩石風化，土壤鹽基等成分的淋洗，以及有機質的分解等速度較快。而寒冷或乾和地區，風化、分解或淋洗等作用速度較為遲緩，在保育上如有機質的補充，養分施用以及酸鹼度的調節應有差別。另外降雨與強風，對土壤可造成嚴重的沖蝕，將表土或底土流走或吹失，如土地利用不當而未做適當的保育處理，則土壤將日趨瘠薄，甚至成為不毛之地。

（一）降雨

土壤得沖蝕主要由雨水造成，雨水打擊及其匯集的地表逕流為造成沖蝕的動力，降雨的分佈，雨量的多少，以及降雨強度等與沖

蝕的關係最為密切。雨量分佈通常以一年中降雨分佈情形表示，年雨量分佈均勻者，可減低季節性豪雨發生，同時年雨量分佈平均，則因土壤的水分經常充足，地表植生覆蓋經年良好，地表可得到保護而免於沖蝕危害。如雨量分佈不均，在乾旱季節草木枯萎，使地表裸露，一入雨季則沖蝕易於盛行。根據資料顯示。在相同坡度情況下，台灣中北部之苗栗縣比南部台南縣山坡地土壤深度多十公分左右，其主要因素乃係雨量強度及降雨分佈狀況差異所致。

(1) 降雨量：雨量多少，直接造成土壤打擊的頻度及逕流的大小，其影響於沖蝕者固不待言，但其仍與雨量分佈及降雨強度有關。

(2) 降雨強度：所謂降雨強度係指單位時間內降雨量的多寡而言，等量的雨水，下降於數分鐘內，或數小時內或幾日內，其所造成土壤沖蝕情形有天壤之別。傾盆大雨可造成大量的土壤沖蝕，甚或一雨成災；而毛毛細雨甚至有益於土壤發育。

（二）風

　　風蝕因風造成，風造成風蝕必須風速到達某一限度，並與地表情況有關。風速越大則風蝕能力加倍增強，一般風速在每秒三公尺以下者，有利於流通空氣，媒介花粉及傳播種子，吹沉細土，肥沃土壤，通風山谷，防止霜害等有益於植物生長。風速如達每秒四～五公尺以上時，則加速土地及植物之水分蒸發，有害植物生育。風速每秒超過十公尺以上時，則將造成植物機械傷害及土壤之風蝕。各地區遭受強風吹襲都有季節性，一般以乾旱季節較易產生風蝕，其原因為土壤乾燥時，土粒較易為風吹動搬移，且乾旱季節地面草

木枯死，地表裸露，風蝕容易進行。台灣地區強風包括兩類，一為熱帶氣旋即颱風帶來強風，二為季節性東北季風，前者發生於夏秋之間，受害地區因颱風經過路線之不同而異，大抵以東部地區及南北部頻度較高，西部平原因中央山脈阻擋，情況較為緩和。颱風帶來的強風，固可造成風蝕，但因其夾帶豪雨，可抑止風蝕的進行。季節性東北季風發生於每天秋末至翌年初春，以台灣外島，西部沿海地區及高山迎風坡面最為顯著，本項東北季風造成的風蝕以冬季乾旱少雨之外島澎湖及西部沿岸沙丘地帶較為嚴重，高山迎風坡面，因濕氣較大，植生覆蓋尚佳，風蝕並不顯著。

二、地形

（一）坡度

　　坡度大小與地表土壤穩定性及搬運難易有關。坡度較大時坡面較大時坡面較不穩定，易於崩塌及滑落。對土壤沖蝕言，坡度較大土粒較易於受打擊掉落於下坡面，而陡坡地雨水滯留於地面時間較短，滲入較少，逕流率加大，並且匯集後逕流流速也加大，沖蝕力加強。因渠道坑溝水流流速與坡度百分比的平方根成正比，而其沖蝕力隨流速倍增，因此坡度越大沖蝕越為嚴重，而坡度較緩者，坑溝密度較小，土壤沖蝕也較為緩和。

（二）坡長

　　坡面長度與沖蝕之關係，乃因降雨後地表逕流由上坡面逐次累積流往下坡面，所以當坡面越長時，累積的逕流越多且流速加大，造成的沖蝕力也越大。如果坡面較短，則無法累積較大逕流，所以

沖蝕力較小。在自然的情況下，不同坡度等條件下發育之土壤，其抗蝕力大致可與自然沖蝕力平衡，而坑溝的形成有助於縮短地表坡面的長度，即坑溝密度越大者，集水的坡面長度越短，坑溝密度較小時，則平均集水坡面長度也較大。通常坑溝的形成，都位於較長的坡面而在暴雨時產生或向源伸展。坡面耕作或人為挖填的結果，破壞地表天然植生保護，以及表土構造而降低雨水滲透，加大逕流，使沖蝕易於進行。以分段截流方式截斷坡面長度，分段導引逕流至天然坑溝或人工排水地點，此種以減短坡面長度方式，為主要防止土壤沖蝕方法之一。

三、土壤性質

　　土壤受水的作用而發生之沖蝕，除地形、降雨或土地利用等因素影響外，土壤本身的性質也有甚大關係。此種土壤本身對沖蝕作用之敏感度常稱為土壤之沖蝕性。土壤性質與沖蝕性直接有關者包括質地、構造、孔隙率、透水性、膠體特性，甚至土壤含石量等，均與沖蝕性有關。土壤如果構造良好，孔隙率較高且特水性良好者，沖蝕較為不易。而土壤結構不良，透水性低，則易於沖蝕。另外土壤條件優良者，其地表植物發育較為良好，亦有防止沖蝕的功能。有關土壤沖蝕性之研究，顯示：土壤之水分浸滲能量及速度與土壤沖蝕性有密切關係，即浸滲能量及速度愈高，被逕流帶走的土壤愈低。再者，土壤分散率，可指示土壤粒子被雨水分散之難易性，即土壤分散率愈高之土壤，其沖蝕抵抗力愈低。此外，具有分佈均勻之多孔性剖面並具有粗大耐水性團粒構造之土壤，不易受雨水沖蝕。由此可推斷，影響土壤沖蝕性質之土壤性質，不外於土壤水分

浸透性與土壤分散性，此二者則與土壤孔隙率，團粒安定度，粘粒含量等性質有關。

四、土地利用與土壤沖蝕

坡地利用與土壤沖蝕有極度密切的關係，天然林木或草生地，若不經人為的破壞，自然具有適度的護土功能。人為的土地利用，諸如伐木、農耕、開路、採取土石、開挖整地等造成地表植生狀態的破壞，而不同程度的改變地表土壤原有構造，若無適切的水土保持處理，往往加速土壤的沖蝕。目前台灣山坡地利用，仍以農林利用居多，而非農業利用對地表常有劇烈的改變，若處理不當，易造成重大災害，唯其對土壤利用多已超出農林生產範疇，其保育利用另有規範。在農林利用上對土壤沖蝕造成的影響，一般以林木或草生地優於農耕地；而農耕地中，則長期果樹優於短期作物。依據過去資料顯示，耕地土壤流失一般以坡度較陡，勤耕性作物，實施等高耕作、敷蓋、覆蓋處理或長期果樹類，土壤沖蝕較為緩和。如能做好平台階段或山邊溝處理再配合以覆蓋作物或邊坡植草者，則可得到防止土壤沖蝕的效果。同地區及地況，同樣的作物與栽培管理方式，各年度因降雨情況不同，其沖蝕情形亦有極大的差別。

近年來因為山坡地大面積開發案的日漸增加，例如高爾夫球場的開發面積動輒就要 50 公頃以上，多則百餘公頃，於全面開挖、整地，而使得當地原有植被、土壤、地形破壞，使其原有之生態改變，各項資源保育涵養機能幾乎全部被改觀了。山坡地的環境具有一定的自然平衡條件，要是被開發之後，原有的地形及地貌，也一定會形成相當程度的改變。而原來就處於穩定平衡的環境，就會面臨受到破壞，導致了天然排水路的轉變、土壤組織惡劣化、地表粗

糙度降低及土壤的滲透作用減低，因而促進逕流的增大、急流時間縮短、提早洪峰到達的時間、增加洪峰流量及洪水量等，且加快了土壤沖蝕，甚至還會有崩塌或地滑等現象的產生，導致下游地區的洪患及土石災害現象等；而相反的，在旱季的時候，因地下水補注受到破壞，河川基流量大大的減少，導致了全面性的缺水旱象。列舉的這些現象，都是讓水土保持工作的重要性日益迫切之原因。因為台灣地區現有山坡地利用零星、複雜，對於土地資源保育非常的不利，所以必須根據山坡地保育利用條例的規定，妥善規劃適合的農牧地；並把超過限定利用地復舊造林，以確保有限的坡地之資源。

　　山坡地開發對環境有著絕對的負面衝擊，而對經濟發展確實會有正面效益。我們致力的目標為降低它的負面影響，亦即於開發與環保兩者間找到一個平衡點。開發者不要存有人定勝天的迷思，不過社會大眾亦不可以要求絕對的環境保護。山坡地開發與水土保持有著密切的關係，由於山坡地為環境資源最重要的屏障。隨著經濟迅速的發展，人口快速的增加，土地所要承受的壓力則會愈來愈大，所以山坡地資源的重要性是一天比一天大。不過，不當的開發容易導致土壤沖蝕，並引起山崩及混砂等災害，而導致了水土保持問題日益嚴重，造成了自然生態環境的嚴重破壞，還會增加治山防災社會成本，要如何在開發與保育之間尋求一個平衡點，是目前首要的課題。

肆、坡地天然災害案例分析

一、國道三號崩塌事件

　　高速公路國道三號基隆汐止段在 2010 年 4 月 25 日台灣時間約下午 2 時 29 分，於 3.25 公里處邊坡的「師公格山」所發生之山崩

事件（又稱 425 山崩事件）；山崩地點位於台灣基隆市七堵區瑪陵坑山區，造成雙向車道遭埋面積達 200×60 平方公尺，大埔跨越橋也隨著山崩斷成兩截而掉落至高速公路主線。南北雙向六個車道全遭土石覆蓋，高速公路局及國道公路警察局因此緊急雙向封閉國道三號汐止系統交流道以北至基金交流道以南路段，交通完全中斷。據統計倒坍塌下來的石堆約有 10 萬立方公尺。這也是台灣地區國道車 36 年來，除 1974 年 9 月 28 日中山高速公路八堵交流道附近造成 36 人死亡的山崩事件外，最嚴重的崩塌意外。此次嚴重走山事件，計有 3 車 4 人被埋。失事原因眾說紛紜，有人認為是岩錨老舊，有人認為是天災，有人則認為是政府施政不當。罹難者家主甚至提出控訴，要求政府給予國賠。各媒體接續兩週之密集報導，引起廣泛討論。

　　媒體報導走山事件時，製造出最大的議題便是「順向坡」（如圖一）。順向坡的意思是指當地層或不連續面之傾斜方向與邊坡之傾斜一致者較容易發生順向滑動，在此種狀況下之邊坡，可能會因為坡腳切除致失去支撐力，若雨水下滲至地層面上造成潤滑作用亦使上方岩層沿層面下滑，遺留平面狀地形。順向坡破壞主要是由地層岩性所控制，地層中若夾有較為堅硬之岩石（如砂岩）且地層傾角適中時，經差異侵蝕後此硬岩比一般軟弱岩層較易殘留而呈現由硬岩所組成之順向坡情況。在台灣北部之木山層、大寮層、石底層及南港層等地層分佈區域，常見由砂岩所組成之順向坡，因為此等岩層都是由砂頁岩互層所組成，而且砂岩層厚且堅硬，經差異侵蝕後常形成明顯之順向坡區。有時候，基於成本的考量，很難完全避開順向坡。當挖斷順向坡之坡腳時，應以人造邊坡或擋土牆或岩錨方式，進行結構補強。且當有安全性顧慮時，不宜使用生態工法。但是，擋土牆或岩錨等邊坡防護，應定時檢修維護，不然當其支撐

力不足以成載上方地層滑落之應力時，將產生「順向坡滑動」的現象。交通部、經濟部及國科會在行政院會中提出國道三號南下 3.1 公里處走山致道路邊坡崩塌因應處理情形報告，其中國科會指出，根據初步勘查，現場兩岩層介面處含水量較高與滑動岩體較龐大超出原有岩錨承載力都可能是致災原因。

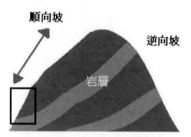

圖一　順向坡示意圖（修自華視新聞，2010）

二、小林村土石流滅村事件

　　小林村，位於台灣高雄縣甲仙鄉東北，西以阿里山山脈與台南縣南化鄉為界，東以玉山與桃源鄉為鄰，北接那瑪夏鄉，南臨關山村，村落聚集楠梓仙溪東岸河岸山腳下，海拔約 700 公尺，右側緊鄰山脈，左側則是蜿蜒的楠梓仙溪，是一個風景優美的村落。2009 年 8 月 8 日下午 3 時 30 分許，莫拉克颱風侵襲台灣，風強雨大，高雄縣甲仙鄉小林聚落旁的小竹溪暴漲，水勢竄出公路護欄。村民駕怪手試圖清出水路，但黃濁泥流勢不可擋。8 月 9 日清晨 5 點小林村東北側一千多公尺高而且尚為人開發的獻肚山因不堪豪大雨而走山，帶著大量土石流進入楠梓仙溪，楠梓仙溪河道被土石擋住形成大型堰塞湖，8 月 9 日清晨 6 點 09 分潰堤，洪水沖毀了附近的九號橋及八號橋，小林村共有 100 多戶人家，全數遭洪水及土石

流覆滅，有149人失蹤。此次八八水災重創南台灣，造成小林村全村被五層樓高的土石掩埋，將近500村民慘遭活埋死亡，災民紛將矛頭指向水利署於小林村北邊執行曾文水庫越域引水工程，懷疑2004年扁政府發包不當工程是造成滅村兇手，並要求監察院調查真相。後由行政院公共工程委員會與國科會國家災害防救科技中心研究團隊歷經4個月餘的深入訪談、現勘、調查和分析後，就超大雨量、大規模山崩、土石流、淹水、堰塞湖、隧道等8項可能致災因子進行調查評估結果，確認莫拉克颱風所帶來的總累積雨量是台灣歷年有氣象紀錄以來最高雨量，其中在甲仙鄉72小時累積雨量高達1,856毫米（降雨強度每小時43毫米）之超大雨量，經歸納分析已超過小林村山坡地發生災害之臨界雨量值1,700毫米（降雨強度每小時40毫米之門檻），綜觀本調查區域之地質環境，因道路之開闢、土地開發因素及歷年颱風大雨之洗禮，已存有多條土石流潛勢溪，且荖濃溪與旗山溪沿岸已普遍呈現崩塌現象，地質條件並不穩定，由於莫拉克颱風來襲以致引發小林村後方順向坡大規模地滑，造成重大災情。

三、林肯大郡災變

　　林肯大郡是一座位於台灣台北縣汐止市汐萬路二段228巷的複合功能住宅社區，為林肯建設在1993年所推出的建築專案，並以「台灣第一座複合式整體開發的大眾貴族化社區」作為促銷的號召。林肯大郡分有「金龍特區」、「總統特區」、「15樓區」等七個區，分領有七張建築執照，總戶數可容納約1450餘戶。1997年8月，溫妮颱風經過台灣北部，颱風所帶來的雨量破壞地基，擋土牆崩落，造成28人死亡，一百多人房屋損壞、全毀，無家可歸。林

肯大郡為一大台北地區中產階級移民遷居的新興社區。由於過度開發、人口數超過負荷，建商貪圖利潤，未依法開發並作水土保持，致使發生全國知名的山坡地災難。

　　台灣地區山坡地的濫墾、濫伐、違法使用者不計其數。從廟宇、遊樂場、高爾夫球場的闢建到高級別墅的進駐等等，政府最後多以「就地合法」收場。正因政府的「就地合法」，財團企業主的「目中無法」，人民的「心中無法」，官員的「漠視依法」，最後導致無辜百姓的「就地伏法」。據調查，林肯大郡的地質亦屬於順向坡，也就是斜坡的地層排列方向與斜坡表面平行，根本不能蓋房子。此次災變涉及官商勾結，及至今年（2010 年）為止除建商負責人判處有期徒刑確定，而涉案之公務人員均已改判無罪，受災戶則可依損害情形申請國家賠償。

伍、結論

　　在早期的觀念中，普遍認為良好的土壤品質就是指能夠提供作物充足的養分，使作物有最大的產量。但是這些年來，人類意識到環境保護、生態保育等問題，而對土壤品質的好壞有一個新的思考方向。對坡地土壤而言，應藉著各種水土保持的措施，使土壤穩定化育之過程增強，生成更深層多元化的土壤，以增大順向坡土壤緩衝能力，減少走山情形發生。

　　人類為了求生存，無限制地壓榨土地，等到富足溫飽之後，又發現環境已經開始惡化到直接威脅至人類的生活空間時，又轉而關心土地，然而，這個時候卻需要付出更高的代價。水土保持所採用的各項方法，皆是以簡單、易行為主，並且要和大自然相調合，所以經常以有機性及綠化標的來當成是它的治理過程中一貫要求之

導向，因此只有在植生或農藝方法不能使用的狀況之下，才可用硬性的結構物處理之利用方式才能夠滿足人類所需的生存條件。土壤能永續生產與利用，事實上是一種生態平衡的要件，也就是必須藉這個方法，才能夠達到環境保護的終極目標。

陸、參考資料

Brady, N.C. and R.R. Weil. 1999. The nature and properties of Soils. Prentice Hall Inc., New Jersey, USA.

華視新聞。2010。什麼是順向坡？http://news.cts.com.tw/cts/society/201004/201004270459588.html

許正一和蔡踦。2009。珍貴的土壤資源。科學發產 434：56-61。

陳亮全、遊繫結、蔣偉寧、李清勝、溫國樑、林峰田、游保杉、歐陽嶠暉、黃宏斌。2008。生活防災。國申空中大學，台北縣蘆洲市。

張仁福。2003。環境科學導論。復文圖書出版社，高雄市。

維基百科。2010 福爾摩沙高速公路山崩事件。http://zh.wikipedia.org/zh-tw/2010%E5%B9%B4%E7%A6%8F%E7%88%BE%E6%91%A9%E6%B2%99%E9%AB%98%E9%80%9F%E5%85%AC%E8%B7%AF%E5%B1%B1%E5%B4%A9%E4%BA%8B%E4%BB%B6

維基百科。小林村。http://zh.wikipedia.org/zh-tw/%E5%B0%8F%E6%9E%97%E6%9D%91

維基百科。林肯大郡。http://zh.wikipedia.org/zh-tw/%E6%9E%97%E8%82%AF%E5%A4%A7%E9%83%A1

作者資訊：1985-1995 取得國立中興大學土壤系學士、碩士、博士學位，專長為土壤、環境生態、天然有機物、及飲用水水質。1999-2000 年間服務於中華民國駐西非布吉納法索（Burkina Faso）技術團，從事水稻推廣工作，並致力於提升當地土壤肥力狀況。2003-2004 年教育部博士後公費前往荷蘭深造，研究飲用水水質。2002-2003 年任職於慈惠醫護管理專科學校專任助理教授兼技術研究發展處主任，主授普通化學及實驗。2004 年就職

於樹德科技大學通識教育學院自然科學組專任助理教授並於
2009 起兼任代理院長職務，主授科目有「人與自然」、「生命
與環境科學」、「創造思考與問題解決」、「科際整合與大學教育」
等課程。

因應氣候與環境變遷幼小教育階段 資源整合之天然防災教育

蔡孟翰

高雄縣燕巢鄉橫山國小校長

壹、前言

　　地球生物生存的自然環境有著風、火、水、土、山、海等動態環境結構，所以自有地球以來，自然界就不停改變，生物也因應演化，適者生存不適者淘汰，所以說地球的動態環境結構，長久以來有週期性緩慢變遷的現象，如日夜溫差、春夏秋冬、豐枯季節、五年一小旱十年一大旱、物種演化變遷等，這些被認為是常態、正常的自然變遷，這些對人類而言是易於掌握能夠理解的，然而對難以預測，如：突如其來的大洪水、大海嘯、大地震等等的劇烈改變，人類力量是明顯不足的，難有足夠的應變能力，去面對大自然突如其來的威脅。

　　隨著地球南北兩極冰雪溶化的加速，地球氣候正朝向暖化的溫室效應改變，已成為不可避免的趨勢，大地冷熱環境的差異變大，風、水、空氣、及各項污染指數升高，將使環境發生劇烈變化，進而使大地均衡狀態被破壞導致氣候異常，出現劇烈化或意想不到的現象，在這種狀況下，自然的生態環境與人類的居住環境，勢必受

到衝擊，導致措手不及，不知如何應變因而產生適應上的問題，就如土石流災害、921大地震、去年莫拉克風災、今年凡那比水災等等問題，重點是這些天災問題不在於它的強弱、大小或救災的快慢，而在於這些災害都有可能成為生活中的常態，會在短時間造成狂風、暴雨、乾旱、酷熱或地震，此現象將對人們生命財產以及自然大地產生致命的威脅。

所以學會如何與天災和平共處，防災觀念與教育將成為一項重要課題，如何建構學校與社區成為永續、安全、防災求生存的地方，讓人類與自然得以延續發展，能夠生生不息、互利共生、永保安全健康、綿延不絕的環境是必要之道，然而這一切僅靠政府推動防災工程與計畫來防範災害，是無法有效降低民眾的損失與傷亡，更必須藉由防災教育的推動，來培養學童與一般民眾的防災素養與防災意識，才能減少生命財產的損失。

貳、台灣氣候、環境變遷、自然演化與可能災害的衝擊

台灣稱寶島，災害長相倚，根據統計資料（巫仲明，2010）台灣因颱風與洪水造成生命與財產的損失，其直接經濟損失似乎有逐漸增加的趨勢，保險損失三年來增加了46倍，可見國家經濟及個人利益，因全球氣候變遷與大自然環境的演化改變影響，而引發風災、水災等的衝擊，造成極大的損失，所以基本上我們對於氣候與環境的改變應有一番認識，才能避免或降低對生活與生命財產的衝擊危害，營造一個安全適合、宜人居住的社會與自然環境。

一、氣候變遷的衝擊

　　二十世紀末以來，全球暖化現象一直未能有效的減緩，碳排放量也居高不下難以快速地有效降低，這些都是造成全球各地災難不斷的潛在因素，所以迫切需要尋求因應調適之道。世界銀行（2005）將台灣列為天然災害易受災地區，因為受到地球氣候變遷和聖嬰現象影響，發生大規模水旱災的機會將提高，故有關水患治理與防災工作，勢必接受更嚴苛的挑戰，而這種影響有以下幾種特徵：

1. 地球溫度逐漸上升
2. 颱風強度不斷加強
3. 瞬間劇烈降雨強度增強
4. 降雨分布型態改變不同於過往
5. 海平面水位上升海岸被侵蝕

二、環境變遷的衝擊

　　根據 EM-DAT（2010）之研究統計資料顯示：災害發生次數與人口成長有關，但颱洪災害發生頻率的增加趨勢遠大於地震災害，而此趨勢與全球暖化有關，是整個環境變遷的重要因素，也就是說全球暖化現象造成整個環境的變遷。另外根據世界銀行 2005 年災害高風險區評估報告指出（世界銀行報告，2005）：世界各國中面臨一種災害的國家約有 160 國，其暴露之人口百分比約佔該國人口數的 25%；其次約有 90 國其暴露之人口百分比約佔該國人口數的 10%，另外約有 35 國其暴露之人口百分比約佔該國人口數的 5%。台灣很特別的是，同時暴露面臨三種以上天然災害之土地面積與面臨災害威脅之人口百分比，已佔台灣人口數的 73%，高居世界第一；如果以面臨兩種天然災害之土地面積與威脅之人口百分比計算

的話，則已佔台灣人口數的 90%，這種情形是極為少見的，所以地
小人稠的台灣可能是地球上災害潛藏感相對較高的地方，是災害風
險較高的地區，是屬於高災害潛勢環境，因此在災害防範、救災與
避災方面，對於居住在這塊土地上的人而言，是至為重要的一環。
鑒於氣候改變進而影響環境變遷，其可能引發的問題包括以下幾點：

1. 都市化發展引發都市防洪問題
2. 城市地區的熱島效應
3. 產業發展迅速用水量倍增問題
4. 超抽地下水致使地層下陷
5. 土地使用程度高、山坡地不當的開發利用
6. 位於歐亞板塊地震帶上、地質敏感破碎不穩定
7. 都市人口稠密社會發展快速

三、自然演化的衝擊

大自然環境的演化生生不息，不斷在進行與改變絲毫未歇，祇
是人類在平時生活中並未刻意察覺或注意而已，這樣的改變如果不
去正視它，終有一天必會防範不及而自嚐苦果，所以體認到此嚴重
性，進一步探究了解其變化，才能防範於未然，身處台灣地區其自
然環境演化的現象有如下特徵：

1. 四週臨海地區易受颱風侵襲
2. 每年降雨強度逐年增強
3. 年豐枯水期之降雨量不平均
4. 山高河川水湍急流速快
5. 西南沿海地區低窪易海水倒灌
6. 地層脆弱表土鬆軟

四、可能災害的衝擊

　　生活有安全才能永續、穩定的發展，安全是什麼？無危則「安」、無缺則「全」，安全與危險是相互對立而非等量並存的，有災害有危險才需安全管理，兩者會隨著外在條件的演化或改變而彼此消長，所以不會存在絕對的安全或危險。危險是因為災害所帶來的狀況，災是相對於原使用者或行為，害則是相對於開發（賀陳旦，2009），所以災害是對於使用者因為需求而有開發行為所造成的損害，不是使用者想要或需要的，因此在土地上的作為或變遷，只要不是符合使用者所需而造成的損害，都可能是一種災害，所以形成災害的可能因素如以數學公式來呈現的話，可能災害大致來自於如下：

　　可能的災害≒外界潛在危險（天然人為力量）＋人們抗災盲點（人文實質環境）

1. 外界的潛在危險

- 天然的災害：包含水災、旱災、寒害、山崩、地滑、震災、風災、火山爆發、土石流災害等的危害。
- 人為的災難：包含戰爭、火災、爆炸、空海難、交通事故、工安意外、疾病傳播、核廢料輻射、毒性化學物質等的危害。
- 混和的災害：天然＋人為因素──如山坡地不當開發，造成土石流危機等災害。

2. 人們的抗災盲點

- 物質物理方面：居住環境特徵、家庭經濟狀況、社區基礎建設等。

- 社會心理方面：家庭組織結構、人際公共關係、社區意識決策等。
- 情意態度方面：家人與居民信心、對自己或他人想法、積極度等。

而面對災害來臨可能也必須了解，掌握災害的一些特性，進而才有可能做好避災、防災與救災工作：

1. 空間性：注意災害的發生頻率與嚴重程度，常因空間不同而異。
2. 時間性：災害的條件相同但時間不同，可能的災情不同。
3. 連鎖性：同地點災害有可能相互影響，形成連鎖效應。
4. 累積性：災害的造成一般並非突發，多是長年累積形成。
5. 複雜性：規模相當的災害可能因人為差異，造成損害不同。
6. 複合性：災害與災情處置不當可能滾雪球，複合衍生更大的損傷。

經由以上敘述可知，居住在台灣身處這塊土地的我們，應隨時了解這些災害形成的可能因素並掌握災害的特性，無時無刻可能得面對突如其來降臨的天然災害或人為災難，根據過去經驗與統計數據來看，其中每年在台灣常面臨的天然災害大致如下：

1. 沿海與低窪地區常受到淹水威脅
2. 都市下水道排洪、淹水災害的潛在威脅
3. 水資源調度與用水問題
4. 山坡地與土砂地滑的潛在威脅——有可能是天災的常態化、大地震的後遺症、雨量超大及強度的異常、山坡地的過度利用而造成山崩、陷落、地滑或土石流災害。
5. 板塊地震帶間潛藏的威脅

參、資源整合的重要

　　資源包括人力、物力與財力，有形與無形的，資源是有限的，怎樣運用有限的資源去創造無限的價值，將其功能極大化，一直是人類追求或要求努力達成的一個目標，所以各方所擁有的資源就相對重要，怎樣運用自身所擁有的資源，怎樣與身邊其他人或機構所擁有的資源，相互合作、截長補短或相輔相成、創造意義，便成為一項重要課題；我們常認為學校社區化、社區學校化，學校與社區的關係是多麼密切而不可分，兩者應彼此配合、缺一不可，兩者應善用個體所擁有的資源，各自努力整合有限的資源，才能創造無限的意義與價值，因此學校與社區在防災教育的資源整合工作上就益形重要，在彼此的關係上互為一體共體時艱，才能做好照顧民眾、服務家長與教育學生的工作。

　　學校或社區的經營與發展，常因個人經驗、認知的相異而有不同的看法，這些看法或關注會因為所在區位、居民、環境、制度以及資源等而有所不同，這就是多樣性的特徵，因此在不同環境條件（人文、歷史、生態、建設）下，學校或社區就應有不同的最佳對應策略，擅用週邊各項有限資源，將有限資源的功能極大化，才能創造最佳價值與意義，發揮學校或社區的存在功能，所以在有限的條件環境下，資源的整合運用相對的便是一件重要的事。

肆、天然防災教育的重要性

　　天然災害自古以來如影隨形，自盤古開天人類誕生至今，大自然的演化變遷不斷，相對的其所帶來的天災抑繼續不斷的發生，舉

凡颱風、地震、水災、糧荒……等等，一直循環不斷相繼發生，由此可見天然災害的可怕、不間斷性，與對人類社會所帶來的壓力與負擔，既是如此，那麼天然災害防治與避災救災工作就相形重要，以下試著簡要說明防災教育地圖、課程與重要性。

一、防災教育地圖與課程的重要

自有人類歷史以來，天然災害即伴隨著人類文明的演進而不斷出現未曾停歇過，故颱風、地震、水災、風災……等天然災害，為存在已久的自然現象，近年來人類文明的快速進展，自然環境資源被過度不當利用，以致生態環境造成嚴重失衡，再加上全球溫室效應影響導致氣候變遷異常，更加大加劇天然災害所造成的損害，所以如何防災與避災，減少危害與損失，一直都是政府與民眾共同關注與努力的課題。既然天災不可免，那麼簡明易懂、清晰可見重點的防災地圖就相形重要而不可少，例如有關災害類型風險地圖、校園災害體檢與災害潛勢圖、校園地震避難疏散地圖……等製作展示。災害類型風險地圖能協助決策者、民眾以及利害關係人之溝通傳達，有利於政府政策形成與推動，不同種類與型態的災害風險地圖能強化民眾認知與政府決策；校園災害體檢與災害潛勢圖，能夠協助學校進行校園安全總體檢，發現危安問題並儘早發掘校園潛藏災害趨勢，提醒大家防範於未然；校園地震避難疏散地圖則提供地震時疏散避難的清楚管道，讓師生能於短暫時間內移動至安全區域，減少突如其來的地震災害。

此外在防災教育課程上，融入式或專門的防災教育課程教學、防災避難演練及規劃、設計、製作上述之校園防災教育地圖，往往能培養學生對天然災害防治的正確知識、技能與態度。過去葉欣誠

等人（2007）對小學至大學階段學生的研究，發現國小 1-3 年級學生在防災技能——「能在災害發生時做出正確的避難動作」得分 56 分不及格，其他部分則表現很好，普遍優於國高中（職）生，可見防災教育課程在實務面之實際技能學習與防災狀況演練的重要性；所以，光是知識的傳授是不足的，最重要的是必須具備生活危機感、正確防災態度與扎實實務技能的模擬演練，有萬全的準備只怕一萬不怕萬一，只有事前的充分整備，往往才是避災的重要前提。

二、天然防災教育的重要性

　　天然災害防救國內外皆然，是全球共通的重要議題，根據聯合國（2004）UNDP 報告指出：全球因天然災害所造成的平均每年經濟損失逐年遞增，已達 7000 億美元以上，過去二十多年地震、颱風、洪水及乾旱四種天然災害，造成全球死亡人數超過 150 萬人；平均每天因天然災害死亡人數超過 200 人，而人民落實災害防救工作，可減低因天然災害死亡的機率 40 倍。由此可見，天然災害影響之大，與落實災害防救工作的重要性，中外皆然。既然災害是不可免，那麼校園災害防救又有何重要性呢？

1. 知己知彼可了解災害型態的多樣性、高頻率性及複雜性。
2. 減少災害對學校教學及各項軟、硬體造成破壞的影響強度。
3. 將有限的救災資源對社區、學校或民眾做有效、合理的調配，考量其優先順序。
4. 學校內部自主性的救災行動，可在第一時間整合人力與資源，及時搶救大幅減輕災情損失。
5. 減少災害損失，包括生命財產損失、國力減損、生產力減少、土地流失與生態破壞等。

6. 教育是防救災工作最具經濟效益的投資，可減輕損害有利於個人和組織。

伍、幼小教育階段天然防災教育之災害調查分析——以芭樂國小為對象

　　瞭解上述氣候與環境變遷帶來的影響，也體會到防災教育的重要性外，對於資源整合面來說，研究者試著以天災發生的現場—「學校與社區」中人的看法，來說明資源相互整合的重要性，故以「非山亦非市」之一般鄉村型小學～芭樂國小為對象，調查對象包括三個部分：全體家長（204人）、全校教職員工（18人）和學生（幼稚園～小學六年級共204人）之看法與感受，各部分問題題目及資料分析如下：

✦第一部分～全體家長共204人

・社區如果發生天然災害，身為家長您贊成學校成為災民避難或安置中心嗎？

　□ 贊成（原因請說明：）＿＿＿＿＿＿＿＿＿＿＿＿＿＿＿＿＿＿

　□ 不贊成（原因請說明：）＿＿＿＿＿＿＿＿＿＿＿＿＿＿＿＿＿

表1　家長贊成與不贊成學校成為災民避難或安置中心彙整表

	幼稚園	一年級	二年級	三年級	四年級	五年級	六年級	合計
贊成	12	31	24	33	32	29	17	177
不贊成	1	1	1	1	3	4	2	13
沒意見	1	1	0	1	0	1	0	4

　　如上面表1所列：

一、家長贊成的有 177 人，其原因包括以下理由：

- 有足夠空間、設備 OK 比較齊全
- 小朋友比較習慣
- 與外界聯絡時，因目標明顯而增加通訊時的方便
- 好的應變中心
- 地理位置於交通要道，運輸較便利
- 地方比較大、集中在學校便於掌控人群不會四散
- 也許自己或親人是災民
- 學校位置相當安全、彼此也好照應
- 在安全的地方就可以了
- 學校在社區應共體時艱、盡一份心力
- 離住家很近，便民、可互相照顧
- 可安置較多人、也可在災難時統一集中管理及照顧民眾
- 像電視那樣，幫助別人也是一件不錯的事情
- 衛生很重要，水、空間及廁所都足夠
- 老人家比較好記、好知道，空間也比較大
- 要在安全或不影響孩子學習的情況下
- 學校是社區地標，要出入與聯絡要事較方便醒目
- 人溺己溺，別人的不幸就如個己一般
- 雖然場地不大但救人較重要
- 就本社區而言，可能沒有比學校更大的場地
- 家都沒了，至少能遮風避雨
- 學校是社區中心、社會共同資源，身為家長在天災中也有可能無法倖免啊
- 安全的地方都可以

- 有適合場所提供緊急避難之設施及容置量
- 可暫時提供災民臨時的居住場所
- 因為一時未有急難所，所以暫借學校使用，學校一些貴重公物也要保護
- 因為這樣避難比較快
- 地點適合
- 家裡離學校近，有災害很快就能去躲

二、家長不贊成的有 13 人，其原因包括以下理由：

- 學校地方不大，可能會影響上課
- 社區如果發生災害，學校自然也不例外
- 學校地方小沒有很多空間
- 學校一樣在社區範圍內
- 如果成災民的避難中心，那學生上課要怎麼辦？
- 會造成不便

三、家長沒意見的有 4 人

　　由上述表一可知，當天災來臨時贊成學校成為災民之避難或安置中心的有 177 人，不贊成的有 13 人，沒意見的有 4 人，可見大多數的家長都認為，學校相關設施、各種設備較為齊全及校園環境安全，是一個適合做為緊急避難處所或災民的安置中心，將家長考量臚列的理由進一步細分，包括：「環境寬大、設施多元、設備齊全、地理位置、合迫切性、具安全性、容納量大、小孩習慣、易管理指揮、可互相關照、目標顯著、學校社區一體、交通運輸便利、

出入聯繫方便」等優點；而不贊成的的理由包括：「會影響學生上課造成不便、學校不例外一樣有災害、學校地方不夠大」等。由此可見，在一般鄉村型社區與學校中，學校與社區的關係、學校所能提供的服務、學校可發揮的功能、學校在社區中所扮演的角色、社區民眾對學校的期待、社區與學校一體的觀念、社區與學校的合作、社區人士與學校的聯合應變等是極為重要性，所以社區與學校在有限的資源中，如何統籌運用、相互配合或截長補短，極大化功能與價值，在天然災害發生前的預防、災害發生時的避災與救災，以及災難發生後的緊急救難與復建，應該要發揮互助合作的精神，共體時艱人溺己溺，創造防災救災的無限可能。

◆第二部分～全校教職員工共 18 人

A.您覺得在目前服務之學校，其幼稚園和小學階段的孩子，最可能面臨哪些天然災害？（請您依照出現的可能性大小按 1、2、3 順序在□中列舉三項）

　　□水災、□旱災、□寒害、□山崩、□地滑、□震災

　　□風災、□火山爆發、□土石流災害

B.身為學校教職員工您在學校會如何指導孩子防範或進行天然防災教育？

　　請說明：

◆第三部分～全校學生（幼稚園～小學六年級）共 204 人

・小朋友好！您在家或在學校最害怕的是發生哪三種天然災害？

　　（請您依照出現的可能性大小按 1、2、3 順序在□中列舉三項）

　　□水災、□旱災、□寒害、□山崩、□地滑、□震災、

　　□風災、□火山爆發、□土石流災害

一、教職員工及學生列舉三項天然災害之彙整比較（人次）

表 2 教職員工生列舉三項天然災害之彙整表（人次）

	學生 194/204								教職員工 18/18
	幼稚園	一年級	二年級	三年級	四年級	五年級	六年級	合計	
水災	8❷	24❶	19❷	12	19❷	19❷	10❷	111❷	16❸
旱災	3	7	4	3	8	12	4	41	1
寒害	0	3	1	4	1	2	1	12	0
山崩	2	3	0	8	11	6	6	36	0
地滑	1	5	4	8	5	3	2	28	3
震災	10❶	19❷	21❶	16❸	25❶	23❶	10❷	124❶	20❶
風災	5❸	14❸	9	12	13❸	11	4	68	17❷
火山爆發	2	11	3	20❷	12	10	11❶	69	0
土石流災	5❸	13	11❸	21❶	12	14❸	9❸	85❸	0

說明：黑色阿拉伯數字代表各年級選填的人次

黑圈反白數字代表該年級在不同然災害中出現人次的高低排序，由❶至❸

首先由表 2 中可知，幼稚園小朋友在家或在學校最害怕的三種天然災害？依序是地震災害、水災、風災與土石流災害；一年級學生則是水災、地震災害與風災；二年級學生則是地震災害、水災與土石流災；三年級學生則是土石流災、火山爆發與地震災害；四年級學生則是地震災害、水災與風災；五年級學生則是地震災害、水災與土石流災害；六年級學生則是火山爆發、地震災害、水災與土石流災害；學生部份在家或在學校最害怕的三種天然災害，整體合計依序是地震災害、水災與土石流災害。而教職員工部份在目前服務之學校，其幼稚園和小學階段的孩子，最可能面臨哪些天然災害？依序是地震災害、風災與水災。

　　其次綜觀學生部份（幼稚園～小學六年級），在家或在學校最害怕的三種天然災害並沒有什麼大差異，而幼稚園小朋友與一、二年級學生之看法較為一致，此原因可能年齡較為接近，個人感覺與想法較相近的關係；整體而言，除了三年級以外，幼稚園及小學生最害怕的兩項天然災害是地震災害與水災，此與芭樂國小及附近地區面臨氣候與環境變遷，歷年來所發生過的天災〈地震與水災〉有連帶關係；而三年級學生之所以例外，有可能是對於題意的理解（限於在家或在學校）不甚清楚或老師說明不夠清楚所造成的誤解，因為芭樂國小或鄰近鄉鎮地區長久以來未曾或少有過土石流災，亦非身處火山爆發區。

　　最後將芭樂國小幼稚園和小學階段孩子最害怕的天災，整體合計排序結果（地震災害、水災與土石流災害），與全體教職員工認為幼稚園和小學階段的孩子，最可能面臨的天然災害（地震災害、風災與水災）做一比對，有兩項是一樣的依序是地震災害與水災，此看法與芭樂國小及鄰近地區在最近一、二十年來所發生過的天災相一致，如 921 大地震、甲仙大地震、莫拉克 88 水（風）災、凡那比 919 水（風）災等；而單純的颱風所造成的風災損害並不多見，常常是因為自然界氣候與環境變遷，長期累積能量，瞬間帶著大雨大水造成風雨的肆虐，甚至因而引發地滑、山崩、土石流災害等等現象。由此可見，天然災害的發生常常並非只是單一原因造成的因果現象，有可能是大自然循環的正常現象，再加上人為諸多不當作為等因素所造成，所以說全體教職員工的看法與全校學生的感覺是相一致的，因此在芭樂國小及鄰近地區大家最在乎的是地震災害、其次是颱風所帶來的風災與水災，之後才是前三項衍生出的土石流災害。

二、教職員工在學校指導孩子防範或進行天然防災教育的具體做法，綜合個人不同看法茲彙整如下：

- 建立未來發生危險的可能
- 了解家庭、學校、社區有哪些地方能保護自己
- 時事機會教育與實際案例分享、知道發生原因及其預防之道
- 融入課程教學
- 申請相關專業講座、示範災害發生時應如何應變
- 隨機宣導
- 辦理防災演練體驗
- 教導碰到災害不慌張
- 平時多充實災害常識及災害發生時該如何處理、保護自己
- 編寫腳本→進行分組→實際模擬及防災準備物品演練→學生心得分享
- 指導暖化環保議題
- 教導如何避免災害發生
- 了解災害的可怕
- 提醒遠離可能發生災害地點的危險區域
- 明白災害可能造成的後果,從而減輕或避免損失
- 利用相關資源輔助增強學習
- 說明台灣地理情勢及常見災害類型
- 說明各類型災害正常預防及躲避的觀念及方式
- 以資訊融入教學,善用網站或影音訊息
- 各類型動畫、影片、遊戲等網路資源
- 學習單、書票之分享與討論
- 學習逃生路線、自我保護、準備逃難包防災袋
- 加強環境保護教育
- 透過繪本解釋天災情形並討論如何預防與處理
- 請學生注意並協助家裡及學校的防災準備

　　由上述教職員工在學校指導孩子防範或進行天然防災教育的具體做法，綜合大家不同看法，彙整如下包括：「具有危機意識、了解保護場所、進行機會教育、蒐集案例分享、融入課程教學、進行專業講座、示範應變措施、辦理防災演練、強化心理建設、充實防災知識、實況模擬演練、指導環保議題、教導避災救災、建構危險地圖、了解災害後果、利用資源輔助學習、了解地理情勢、說明災害類型、具備避災觀念方法、善用網站影音訊息、以資訊融入教學、進行分享討論、準備急難用品、推動家校防災準備」等。以上為一般鄉村型學校──芭樂國小全校教職員工的應變做法，以個人主觀認知與看法，如將上述重點做法進一步細分「災前、災時與災後」，那麼「具有危機意識、了解保護場所、進行機會教育、蒐集案例分享、融入課程教學、進行專業講座、示範應變措施、辦理防災演練、強化心理建設、充實防災知識、指導環保議題、利用資源輔助學習、了解地理情勢、說明災害類型、具備避災觀念方法、善用網站影音訊息、以資訊融入教學、進行分享討論、準備急難用品、推動家校防災準備」等大致屬於「災前」的教育或預防；而「實況模擬演練、教導避災救災」則偏重於「災時」的應變與處置；屬於「災後」復建的部分則付之闕如，可見芭樂國小教職員工之天然防災教育工作是大都是預防性的工作，缺乏與社區一起合作或資源相互運用以及災後復建的具體做法，此部分可能是未來我們在進行天然防災教育區塊，不可或缺、忽略的部分，就如同日本在神戶大地震之後，於全國各地建構起家、校與社區聯防的防震、防災體系一般，以有限的人力物力與時間空間資源，採行最快速、最近、最方便的原則，進行最有效率與效能的防災、避災與救災工作，以減輕人民與國家生命財產的損失。

　　上述問題之實證調查結果與葉欣誠等人（2007）研究發現，對於災害的經歷以颱風、地震、淹水為最多，相互吻合一致，足見在台灣地區一般社區與學校所面臨的天災，除了山河溪邊、海邊及一些位處地形特殊之處，否則大同小異可能並沒什麼地域之別，沒有很大的差異，大多是地震災害、颱風災害、淹水水災等；另外，根據葉欣誠等人（2007）研究發現，國小學習階段之防災知識以電視、學校課程老師和電腦網路為主要來源，讓我們感受到傳播媒體的影響和學校教育的重要，如何掌握傳播媒體與網際網路的教育功能，如何發揮學校教育的意義與價值，對於防災教育來說，亦有其特別重要之處。

陸、學校與社區資源整合的防災、避災與救災教育

　　聯合國教科文組織和國際減災戰略秘書處於西元 2006 年 6 月 15 日共同發起名為「防災從學校開始」的全球防災教育活動，以促進世界各國推廣學校的防災教育（李文正，2009）。這是世界上各個國家首次將學校納入救災體系的共同宣言，而早在日本的神戶大地震與中國的汶川大地震之後，更是將學校列為主要避難收容所或設定為三級（市、區、街道）避難設施標準中，充分表現出運用現有的有限資源，結合社區機構與學校校園環境，建構穩定且安全無虞的防災、救災體系，發揮避難與收容的功能。故從上述調查結果分析，亦得知學校與社區結合的重要性，以及社區人士對學校的期待，如何將資源進行有效的整合，對於身處災害現場第一線的人來說是極為重要的事。

　　另外在防災素養方面，根據葉欣誠等人（2007）研究國內小學至大學階段學生之防災素養，發現國小 4-6 年級階段防災素養表現最為理想，其知識、技能、態度的表現均比其他學習階段良好。而

表現最為差勁的是高中職階段，究其原因乃高中職階段學生之教育著重升學導向，防災、避災與救災教育無法融入學校課程中所致。由此可見，小學中高年級是表現做優秀的一群，而幼稚園與低年級、國高中（職）學生則有待努力，推測如此結果，可能原因是學校在防災、避災與救災教育課程有無安排？與執行層面落實與否？上的差異；另外，家長及家庭與居住社區所扮演的角色、功能也讓人質疑，我想此部分也是未來我們應該努力的目標，因此學校與社區的關係，在某些層面特別是防災、避災與救災教育，在資源有限、唇齒相依、互為一體的情況下，更應該整合資源、戮力以對，才能相輔相成發揮資源的價值與功能，以下試著提出幾點看法分享：

一、型塑危機意識

（一）理性認知建構

　　從自身防災觀念、經驗改變起，心態上應由消極承受轉為積極防治，透過傳播媒體和電腦網際網路的宣導教育，共同提升防災素養；每個人將觀念演化改變成初始概念與活動，經由實地參與再從活動中轉化成新的生活態度與防災、避災、救災知識，並且持續不斷隨時自我檢測，以建構危機意識，所謂養兵千日用在一時，就是此種道理。

（二）情境感性認同

　　從時事機會教育宣導與案例的分析學習、相互觀摩教育與模擬實況演練、操作各項防災避災技能器材的演練，並進行防災、避災與救災相關議題影片的分析討論等等，設計模擬情境如同置身其中，使大家能夠充分確實感受到災害的威脅與可能帶來的後果。

二、認識可能危機

1. 認識天災——包括地震、崩塌、水患、風災、乾旱、糧荒、土石流等。
2. 瞭解人禍——包括火災、車禍、意外等。

三、進行防災、避災與救災

學校教師與社區領導幹部必須了解的防災知能與技巧，才能指導學生學習防災、避災與救災，包括平時的預防避災與準備，災害來臨時的應變與救難，以及災後的復建處理等，都有待系統化的學習與演練，建構標準化作業流程（SOP），所以學校老師與社區領導幹部都應有這樣的體認，才有可能做好防災、避災與救災工作。

（一）平時預防減災、災前整備

包括學校校園與社區防災應變中心（所）的規劃、建築結構物的檢查或強化、區域防洪及水利設施的檢查、防災救援器材與資訊通訊器材整備等等，以安全為首、保命優先為原則，處處以防災、避災為前提，時時重視民眾生命財產，避免所在地區災害發生，減少災害形成所帶來性命與財產的損害。

（二）災時狀況掌握、救難應變

包括緊急應變體系、災情蒐集通報公佈、疏散避難對策等，依尋發掘→通報→安置→後送等處置流程等等，按照社區與學校組織架構進行人員編組，進行縱向與橫向聯繫，選擇運用適當設備與工具，按照過去既定模擬的行動程序進行急難救助。

（三）災後有效復原、環境重建

　　救災復建包括復原重建體系、師生與災民生活安定對策、心理復建對策等等，進行災後的整理、搬運、清洗、消毒等復建工作，需要大家同心協力整合各方資源，彼此共同的配合協助，投入災後的復建救災工作。

四、社區與學校資源整合共構的天然防災教育

　　改變我們的思維，調整我們的習慣，雖然防災教育在過去許久以來，並未受到一般民眾或教育單位的重視，但身處現今自然環境對人類的反撲與威脅之下，學校或社區在推動防災教育的人力物力財力資源方面縱然相當不足，政府責無旁貸的確有責任挹注資源協助解決因應，但社區與學校人們在面對天災威脅狀況下是不能等待的，企需思索一套適合當今面對災害的處理模式，依據劉湘瑤、鄭立婷（2009）進行防災教育成果的訪視評鑑結果，發現小型學校可採策略聯盟方式與鄰近學校共同推動，依各校資源、性質、條件發展防災教育，並相互觀摩支援，解決先天條件上的不足；另外也可善用社區資源，使學校與社區有良好的互動關係，更有助於防災教育之推動，此一結果更可做為芭樂國小參考，不僅能更有效的結合鄰近學校與社區資源，對於防災教育的推動亦能提升效能。以下謹就社區與學校能夠共構的防災教育做簡要說明：

（一）社區行動

　　應重視災害防範意識的宣導、建置社區防災中心的指揮站與工作站、社區防災設備與工具的置放點、社區防災避難的明確構想與指導手冊，有具體的行動規劃與運作模式。

（二）學校作為

應提高校園校舍建物之安全結構強度、進行事前災害講習提升防災素養（認知、技能、態度）、模擬實況之災害應變防救教育演練、成為社區的防災學習中心、調整心態認知成為社區防避災軟硬體角色、是社區耐災避難的安置中心、亦是社區防災設備工具的置放點之一等等，發揮學校軟硬體設施的極大化功能，聯合國兒童基金會駐中國辦事處（2010）之「學校減災、備災與應災最佳國際經驗—學生和教師須知」足為參考，包括學校與社區領導共同建立安全委員會、制定減災備災計畫、實施物理防護、應災計畫及演練、學習應災技巧、應災階段有足夠供給、制定災後計畫等，均有詳細的內容足以參考。

（三）如何配合

雙方以生命共同體為出發點，了解資源整合資源，以資源共享、善用資源、互為體用的原則，先進行學校內部討論，再邀請社區人士共同商議，企劃分工各角色職責，訂定標準化作業流程，進行角色分派並籌畫模擬，尋求適當時機進行防災演練，並隨時修正改善等等，以災前的充分準備來面對災害來時的危機四伏，降低災後生命財產的損失；以災後復建計畫快速進行災後的修復與重整建，恢復其原有功能與市容環境。

（四）防災推動的困境

包括教育者自身亦然普遍缺乏危機意識；觀念意識的生成或轉變很困難；防災行動共識的建立不容易；社區與學校各行其事、缺乏完整組織架構與演練；社區、學校與各方資源未能整合；常常是災害來臨時才會清醒。

　　平時的整備與融入生活中的教育是很重要的，先進的科技是應用在協助人們因應大自然的變化，而非改變大自然來滿足人類的需求，所以透過防災數位學習平台之運用，與電腦網際網路之教學課程，更能夠引發學童與一般民眾興趣，平時採行融入課程或專門課程方式設計並進行防災教學，配合提供適性化、智慧型的學習系統，不僅社區人士可隨時參考運用，同時也能減少教師工作之負擔，發揮學校與社區防災教育一體化的功能。

柒、結語

　　台灣是個災害頻傳的地區，且受災害多樣性的影響，容易導致複合型天災的發生，尤其是 921 地震以來，風災、水災、土石流災害不斷，面對自然環境受到氣候與環境變遷的衝擊與影響，更顯得台灣國土的脆弱度與高風險性，因此了解我們自身潛在的威脅並思索因應之道，更是人人應具備的基本知識。

　　動態的自然環境是不斷改變的，能妥適因應才可永續生存發展，今日全球各地氣候暖化速度日益加快，未來類似土石流、921大地震、南亞大海嘯、莫拉克風災、凡那比水災等等問題，有可能常常發生在您我身邊，不僅個人生命財產安全面臨損失，對國土自然環境也是一大衝擊考驗，災後土石掩埋與斷垣殘壁的清理、暴雨暴潮與洪水積澇的疏通問題，都是家園國土重建與災害預防教育的重要課題。上述這些絕大部分有待政府主管機關好好規劃與執行，但有一部分則必須學校與社區的緊密結合，在幼小教育階段，建構人與區域自然環境的良好關係，在校園與學區安全領域內進行防災、避災、減災的有效作為，讓學校與社區互為避災應變、防災教育的一份子，不僅具備教育學習、空間永續、特色發展的學校外，

又能夠兼顧災害預防與救災因應的功能，主動積極充分發揮與社區資源整合的意義與價值。

關鍵字：氣候與環境變遷、資源整合、社區與學校、天然防災教育

參考文獻

世界銀行報告（2005）。Natural Disaster Hotsports-A Global Risk Analysis。

李文正（2009）。校園安全與防災。因應氣候衝擊下新永續校園研習工作坊。

巫仲明（2010）。土石流防災教材教法。財團法人資源及環境保護服務基金會。

葉欣誠等人（2007）。各級師生防災及安全生活文化素養檢測計畫成果報告。國立高雄師範大學環境教育研究所研究計畫。

賀陳旦（2009）。節能減碳和減/避難在新校園中的思維。因應氣候衝擊下新永續校園研習工作坊。

劉湘瑤、鄭立婷（2009）。如何透過評鑑機制鼓勵和輔導各級學校推動防災教育。第二屆防災科技教育國際研討會。

聯合國（2004）。UNDP 報告：A Global Report-Reducing Disaster Risk。

聯合國兒童基金會駐中國辦事處（2010）。學校減災、備災與應災最佳國際經驗——學生和教師須知。（http://www.unicef.org/china/zh）

EM-DAT (2010). The OFDA/ORED .internation Disaster (http://www.em-dat.net).

幼兒園防災教育課程革新初探

李新民

樹德科技大學師資培育中心暨兒童與家庭服務系合聘教授

壹、緒論

　　台灣地理位置特殊，位處東亞島弧及環太平洋火山地震帶上，發生有感地震的次數頻繁，不但容易鬆動土石，也容易產生人口死傷的大地震。例如，1999 年的 921 大地震造成兩千多人死亡，一萬多人受傷（中央氣象局，2010）。同時台灣位於亞洲大陸東南緣，地跨北迴歸線，身處颱風路徑的要衝，經常遭受颱風侵襲，帶來豪大雨，在中央山脈高聳陡峻，河流短促的先天環境上，遇到不當人為開發，往往讓鬆動的土石形成土石流，產生重大災害。例如，莫拉克颱風肆虐期間，引發的八八水災造成高雄縣小林村滅村慘案（中央氣象局，2010）。台灣獨特的地理位置與地形條件，釀成無數天然災害。另外一方面，隨著工商發達、社會發展多元，我們的生活環境潛藏著不少的危險因子，一不小心就出現火災、工安意外、交通事故等等人為災害，造成人民生命與財產的損失。以 12 歲以下的兒童為例，平均每天約有 38 個兒童死於意外傷害，這些事故傷害致死的原因以交通事故、淹溺、意外墜落及燙傷居多數（郭靜晃，2005）。而不論是天災還是人禍，災害發生次數日益頻繁，災害規模逐漸增大，災害類型趨向複合化。

　　在這種天然災害頻繁，人為災害不可預知，且災害日益頻繁、巨型、複雜的情形下，政府在民國 89 年八掌溪事件發生後，制定「災害防救法」，投下龐大的經費，積極推動防災教育（disaster prevention education）。其中最具體的進展，乃是於民國 92 年完成九年一貫防災能力指標，以及高中職以上和社會大眾防災素養之研訂。民國 93 年編定防災教育之教材與教師手冊，民國 95 年增訂九年一貫課程的「防災教育」議題。然而，幼兒園（幼稚園與托兒所）並不屬於學校教育體系，且多數幼兒園為私人經營，其防災教育的研發推動相對落後。直到翁麗芳、蔡元芳、洪福財、邱瓊慧、王芷嫻（2009）規劃執行的「幼兒園防災教育教材開發計畫」，才首度出現以 5 歲幼兒為對象的防災教材教案研發成果。事實上，在歐美先進國家，從幼兒園開始就有防災和救生的教育課程，指導幼兒認識天然災害，以及遇到災害時該如何自救（朱景林、余莉、操維琦，2009）。畢竟，防災教育是災害防治工作的一種長期性的投資，防災的意識、應變能力與心理復原特質，必須從小扎根，才能真正達到透過教育力量，促使全民積極地從事各種減輕災害的預防準備工作，以降低災害的有形或無形損失。有關幼兒園防災教育的課程（disaster preparedness curriculum）實有待開發、推廣。

貳、防災教育在幼兒園的涵義

一、防災教育的意義

　　根據蔣偉寧（2004）的「防災教育白皮書」所指，防災教育即是指「防治災害教育」（disaster prevention education），透過教育的方式，協助學童或一般大眾培養防災行為的積極態度，減緩災害發生

時或災後對人們造成的傷害。而若是依據內政部（2000）頒布的「災害防救法」，所謂的防災教育全名應該是災害防救教育（disaster prevention and response），其中所謂的災害可以歸納為「天然災害」與「人為災害」兩種，而防救則是指災害之預防（prevention）、災害發生時之應變措施（response）及災後之復原重建（recovery）。換言之，防災教育的內涵包括自然或人為災害的預防、應變與復原重建。葉欣誠（2003）和蔣偉寧（2004）的研究報告則是更具體的指出，防災教育包含防災知識、技能、態度的培養，其中所指涉的知識、技能、態度，因應不同學習階段而有深淺之分。總言之，站在災害防治或減災（disaster mitigation）的角度，防災教育乃是一種「減輕災害風險教育」（disaster risk reduction education），其可謂是具有經濟效益的教育投資。站在教育的立場，則防災教育牽涉到安全教育（safety education）以及環境教育（environment education），其可謂是生活教育本質的體現。

二、防災教育的幼兒教育學理念基礎

循上所述，從幼兒教育角度切入，防災教育的幼兒教育學理念基礎涉及幼兒安全教育以及幼兒環境教育。就幼兒安全教育而言，根據 Maslow（1954）的需求層次理論，在生理需求滿足後，接著便是安全需求的滿足，這兩者是人類最基本的需求，在這兩個基本的需求得到滿足後才可能追求更高層次的需求。安全教育的重要性不言而喻。根據楊淑朱（1998）所指，幼兒安全教育的目的，在培養幼兒具備安全生活的能力，此中所謂的「安全生活的能力」包含身體、知能與心理等三方面的能力培養。而要達到幼兒具備「安全生活的能力」的目的，就需要以教育的方法，教導幼兒瞭解有關導

致身體傷害及意外災害發生的原因，指導幼兒學習如何避免意外事件的必要措施與步驟，以及如何隨機應變，最終將這些知識變成日常生活常識的一部分，並把相關技能轉化成日常生活習慣、態度(陳千蕙、曹瑟宜，1999；陳冠蓁，2003)。由此看來，透過幼兒安全教育的實施，將可達到防治人為災害的理想。

就幼兒園環境教育而言，環境教育的核心旨趣在於透過教育的力量，讓幼兒認識社會環境、生態環境，培養幼兒正確的環境態度，使其在日常生活中實踐負責任的環境行為（孫英，2002；靳知勤，1994）。具體來說，透過大量的觀察與實際體驗可以讓幼兒提升環境問題覺知的敏感度，體會生態環境遭受破壞的危機，進而啟迪幼兒珍惜自然資源，愛護生態環境以及保育各類動植物的意識，從而在其能力範圍之內，展現愛護環境的行為（卞惠蓮，2000；Zimmermann,1996）。申而言之，透過環境教育的實施，幼兒將能具備防治天然災害的意識，避免天然災害擴大災情的覺知，養成愛護生態環境的日常生活習慣與態度。

總結上述，幼兒防災教育必須符應安全教育和環境教育的理念，並落實在日常生活教育之中。

三、防災教育與幼兒園課程的連結

當前幼兒課程的實施，乃是依據教育部於民國 76 所公佈的「幼稚園課程標準」，其中在健康領域部分有五大目標，當中第五個目標具體指陳：「實施幼兒安全教育，協助幼兒獲得自護的能力」，而且在健康領域的教學實施上，明白指出：從遊戲中培養自動、忍耐、沉著、積極的精神，並養成清潔、衛生和安全的習慣與態度；利用故事、圖片、幻燈片、影片、模型、實物以及參觀、報告、角色扮

演等方式實施安全教育和意外事件預防處理的教學（教育部國民教育司，1987）。此一課程目標和實施方式，符應了上述的幼兒安全教育旨趣。另外一方面，在常識領域五大目標當中第一個目標指出：「啟發幼兒對自然現象和社會生活的關注和興趣」，第二個目標指出：「引導幼兒觀察與分析自然和社會環境」，並且在常識領域的教學實施上，明白指出：對日、月、星、地球、風、雨、雷、電、天氣、四季、地震等自然現象進行觀察、欣賞與探討，明瞭空氣、陽光、水、電、溫度等自然環境，對動植物的生長及人類生活的影響（教育部國民教育司，1987）。此一課程目標和實施方式，符應了上述的幼兒環境教育旨趣。根據這些目標和實施內涵，以幼兒日常生活經驗進行防災主題的統整課程，將可呼應防災教育所彰顯的天然或人為災害預防、災害發生時應變措施之學習。

　　為了因應幼托整合，所謂的「幼兒園教保活動與課程大綱」歷經研究、實驗，正大力推廣中，預計在民國100年公布實施。根據楊國賜、幸曼玲（2008）所提出的「幼兒園教保活動與課程大綱」，包含認知、語文、情緒、社會、美感、身體動作六大領域，其中認知和社會乃是由之前的常識領域分化而成，並突顯了情緒領域。根據「幼兒園教保活動與課程大綱」其在認知領域裡以「蒐集訊息、整理訊息、解決問題及解決類似問題的遷移等認知技能培養」為目標，以「由幼兒最熟悉的環境及事物為起點，培養幼兒對自然環境中萬物的尊重及愛護之心」為實施原則，符應幼兒環境教育的理念（楊國賜、幸曼玲，2008）。在身體動作領域中，以「挑戰身體動作的創意展現，培養健康安全以及熱愛活動的習慣；能運用及練習，操控各種體能素材，滿足生活自理及與探索學習的需求」為目標，以「維持身體活動的安全環境，營造愉快自信的活動氛圍」為實施原則，符應幼兒安全教育的理念（楊國賜、幸曼玲，2008）。

而在新設的情緒領域中，以「促進情緒理解與思考，發展自我情緒調節能力」為目標，以「提供一個可被幼兒接納的安全環境，主動建立幼兒的正面情感」為實施原則，則是反映了過去防災教育所忽略的災後心理復原重建。

　　總結上述，根基最新的「幼兒園教保活動與課程大綱」，防災教育在幼兒園課程實施中，除了統整安全教育、環境教育，更必須注重災後心理健康的情緒領域課程之實踐。

參、幼兒園實施防災教育之檢討

　　幼兒園並未納入正式學校體制，雖有課程大綱，但不像中小學有教育部審定的固定教材，使得各幼兒園在課程的實際操作上並無一定範圍的學習內容可言（阮碧繡，1993）。而翁麗芳等人（2009）雖已開發出：震災、火災、風災、水災、腸病毒、交通事故、暴力事故、跌撞傷事故、燒燙傷事故等九類幼兒防災教材教案。但回歸現實面，大多數幼兒園的課程計畫並未特意規劃防災主題或者單元，往往是以融入教學、機會教育方式進行防災教育（翁麗芳等人，2009）。

　　不過由於幼稚園和托兒所評鑑的要求，幼兒園都會進行防災教育，以符合行政管理單位的要求（教育部，1994；張翠娥、李新民，2002；陳淑芳，2002）。在這當中，最常見的防災教育實施方式，乃是透過非正式課程，引用政府公告或印發的資料為教材，進行衛生保健和消防安全領域的防災教育（張翠娥、李新民，2002；翁麗芳等人，2009）。

　　缺乏以防災議題為主題或單元的正式課程，配合政府要求進行政策宣導的防災教育，儘管不夠完善，至少反應了災害防救的預

防、因應訴求。目前幼兒園防災教育課程最嚴重的問題，乃是欠缺上述的災後心理重建復原之情緒領域防災教育。一般人在遭遇重大災變，往往會產生心理創傷，無法在心理上回復到原有正常狀態（Banyard & Cantor, 2004；Fredrickson, Tugade, Waugh, & Larkin, 2003）。因此，Seligman、Ernst、Gillham、Reivich 和 Linkins（2009）主張正向的教育（positive education），強調學校不是只有提供學生知識概念，追求財富成功的能力而已，要更進一步培養學生正向情緒、樂觀、韌性（resilience）、感恩之類的心理資源，以因應災變所帶來的創傷，從而迅速心理復原。準此而論，幼兒園有必要進行幼兒心理資源的建構，以實踐防災教育的最後一道防線，進行心理的重建，讓人走出傷痛，心靈得以復原。

　　除此之外，幼兒園為了因應政府的法規要求、評鑑規範乃至政令宣導，都會規畫園所的災害演練和緊急應變機制（教育部，1994；張翠娥、李新民，2002；陳淑芳，2002）。為求精進，並配合教育部（2007）防災科技教育深耕實驗研發計畫，幼兒園可以進一步規畫所謂的「校園災害防救計畫」，將其與正式課程和非正式課程連結。

肆、幼兒園防災教育課程革新方向

　　依據上述的幼兒園防災教育檢討，以及教育部推動防災教育的最新趨勢，幼兒園防災教育課程革新方向可以朝向以下幾條路徑。

一、培養幼兒自主學習能力

　　由於極端氣候出現頻率增加，天災所造成的破壞常常超乎預期。例如，豪大雨造成山崩、土石流、道路坍方、橋梁斷裂、民房

倒塌的現象日益嚴重。另外一方面，隨著產業進步、社會高度複雜化，難以預知的人為災害層出不窮，防不勝防。諸如，氣體與油料管線爆炸、毒性化學物質災害、河川戲水溺斃、煙毒犯瘋狂肇事等等新型態的人為災害層出不窮。面對此一發展趨勢，如果只教導幼兒傳統的預防災害、自我保護知識，往往無法因應。而即將推動的「幼兒園教保活動與課程大綱」，有別於現行的「幼稚園課程標準」，在分科知識教學之外，特別強調幼兒能力的培養（楊國賜、幸曼玲，2008）。準此而論，幼兒園防災教育的課程設計，應以培養幼兒自主學習能力為目標，讓幼兒在蒐集防災訊息、分析整理防災訊息以及解決防災相關問題的過程中，類化到衍生的相關防災問題解決上，從而建立自主學習能力（柯華葳，2007）。藉由這種自主學習能力的培養，讓幼兒能適應新型態災害的預防、應變與復原之社會與自然環境要求。

二、實踐防災議題的統整課程

　　一如上述，防災議題是散布在「幼稚園課程標準」的健康領域、常識領域，並無固定的防災教育實施課程。而現有「幼稚園課程標準」規範的課程實踐內容太過廣泛，復又要求進行跨領域的教材統整（教育部，1987）。即將推動的「幼兒園教保活動與課程大綱」也無防災教育專門議題，但同樣強調實施統整課程，提供幼兒統整的學習機會，培養全人的發展（楊國賜、幸曼玲，2008）。此外，防災教育已被九年一貫課程視為一重要新興議題，已有學者開發初步的防災教材，防災教育議題實有必要納入幼兒園的課程規畫中。準此而論，幼兒園可以參酌 Beane（1998）的統整課程理念，以防災的議題為統整的主題，進行「經驗的統整」讓幼兒獲得防災的生

活常識，整合到既有的認知基模，應用到日常生活裡。例如，以地
震為議題，連結到語文領域的地震民間俗諺閱讀欣賞，常識領域的
地震現象觀察探索，健康領域的防震演練，讓幼兒從生活文本解
讀、自然現象體驗以及實際模擬演練中，獲得有意義的學習經驗與
生活常識。

三、善用科技資源

行政院於 90 年通過「國家科學技術發展計畫」中，將加強推
動防救災教材編定與出版、建立推動機制列為重要推動事項（行政
院，2001）。而國科會在 86 年正式成立防災國家型科技計畫，進行
跨部會、跨領域的防災科技研究（行政院國家科學委員會，2008）。
在這期間有諸多防災教育的科技陸續被研發出來，在教育領域中，
防災教育數位平台（http://210.70.82.53/）即提供防災教育教材、動
畫、影片等數位學習內容，以及相關單位製作的防災教育數位內容
和防災宣導影片。這對於沒有官方審定固定教材的幼兒園，在防災
教育課程規畫上提供了莫大幫助。畢竟，過往的幼兒園防災教育在
沒有特定領域規範，缺乏固定教材現況下，引用防災圖書為教學資
源，既耗費幼兒園的經濟成本，也造成教師的工作負擔。幼兒園在
防災教育課程的設計上實可善用防災科技研究成果，尤其是網路上
的資源。圖 1 是防災教育數位平台提供的科技資源。

四、實施情緒領域的防災教育

在先進國家，例如日本，除了實施傳統的防災教育課程之外，
還搭配防災心理輔導員，提供防災諮詢服務（朱景林等人，2009）。

圖 1　防災教育數位平台提供的科技資源（幼兒防災動畫、防災教材）

國內防災教育的實施中，心理復建乃至心理預防的課程規畫卻是被嚴重忽視的。實有必要實施情緒領域的防災教育。從心理復健的角度來談幼兒園情緒領域的防災教育課程，根據蔡素妙（2003）、Block和 Kremen（1996）的論述，韌性（又翻譯作復原力）是人們在遭遇壓力、威脅、困境以及各種災難後，能夠運用彈性的調適功能，去克服艱難（overcoming the odds）、抵抗壓力（stress resistance）、恢復正常（bouncing back）的能力，此一能力表彰個體與環境互動之後的良好適應歷程。申言之，韌性能夠幫助幼兒在遭遇災害的打擊之後，避免焦慮、憂鬱等心理疾病的侵襲，同時幫助幼兒心理重建復原。而根據相關研究，韌性此一能力的取得可以透過樂觀想像策略、幽默化解策略、自我放鬆策略等各種策略（李新民、陳密桃，2008）。因此，若能在幼兒園課程中融入樂觀的正向思考口語表達，

幽默以對的心理位移（psychological displacement）圖畫，自我放鬆的身體動作訓練，將可幫助幼兒取得心理復建所需的韌性。從預防的角度來談幼兒園情緒領域的防災教育課程，根據 Fredrickson（2005）的擴展——建構理論（broaden and build theory），快樂的正向情緒可以建構一生受用的心理資源，撤除負面情緒帶來的傷害。換言之，快樂的情緒體驗具有預防災後創傷的功能，可以減輕災害帶來的負面情緒，提升個人心理能量。而根據 Lyubomirsky、Sheldon 和 Schkade（2005）的歸納，可以提升快樂情緒的行動稱之為意圖性活動（intentional activities），包含以感恩日記記錄值得感激與感謝生活事件的「細數幸福」之類的認知性活動，主動幫助他人、服務他人並加以記錄的「仁慈行動」之類的行為性活動，透過文字撰寫來呈現自己所想像未來有多美好的「看到最好的自己」（visualizing best possible selves）之類的意志性活動。因此，若能在幼兒園課程融入這些意圖性活動，引發幼兒的快樂情緒，建構一生受用的心理資源，將可幫助幼兒建立面對災變所需的心理預防力量。

五、建立校園災害防救計畫

依據內政部（2000）災害防救法，為了落實災前備災、提昇救災效率及迅速復舊重建等工作，公共事業應依災害防救基本計畫擬訂災害防救業務計畫。此外，根據防災科技教育深耕實驗研發計畫成果，政府正大力推動校園災害防救計畫（蘇光偉、陳麗文、施慧中、謝弘哲、黃旭村、賈台寶、呂牧蓁、唐芝佩、廖子賢、黃夢萱、張蔚宏、郭佳慧，2007）。涵蓋各災害類型與各災害管理階段的校園災害防救計畫，不但可以整合過去幼兒園為了因應法規與評鑑規範所制定不同防災計畫，同時也提供幼兒園檢視影響校園與校園所在

社區災害因素的機會，針對地區特性（諸如，人口密度、犯罪率、地質、氣候歷史、防災設備設施、逃生路線）建立一套可行的園所本位的災害管理機制。建立這種符應幼兒園現況與實際需求的校園災害防救計畫，可以在正式課程的規劃中，彰顯園所特色的防災議題統整課程和情緒領域的防災教育課程，在非正式課程中提供防災演習、教育宣導提供切合實際的資訊、方法。乃至在潛在課程中，提供幼兒正確的防災意識和合宜的自我保護觀念。更重要的一點，當幼兒園邀請行政人員、教師、專家、社區人士（包含家長）共同建立校園災害防救計畫之際，即已凝聚幼兒園行政人員、教師、社區人士的共識，有利於教師推動防災議題統整課程和情緒領域的防災教育課程。

伍、幼兒園防災教育課程革新實際範例

　　在論述之餘，為了提供實務人員具體的建言，強化幼兒園防災教育課程革新的動力。茲提出防災議題統整課程和情緒領域的防災教育課程設計實際範例如後。

一、防災議題統整課程設計實際範例

　　根據翁麗芳等人（2009）的幼兒園防災教育教材開發計畫研究報告，防災議題統整課程設計可以採用影響（Impact）、肇因（Cause）、場所（Environment）、自我保護（Self-protection）的 ICES 架構，以幼兒為主體，從災害發生所帶來的影響導入引起動機，接著說明災害成因、發生的地點，然後推演至最終的目標：如何自我保護。圖 2 是個以「地震」為主題，在 ICES 架構下，設計的統整課程主題網。

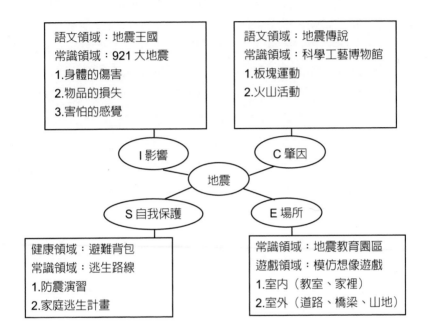

語文領域：地震王國
常識領域：921 大地震
1.身體的傷害
2.物品的損失
3.害怕的感覺

語文領域：地震傳說
常識領域：科學工藝博物館
1.板塊運動
2.火山活動

I 影響

C 肇因

地震

S 自我保護

E 場所

健康領域：避難背包
常識領域：逃生路線
1.防震演習
2.家庭逃生計畫

常識領域：地震教育園區
遊戲領域：模仿想像遊戲
1.室內（教室、家裡）
2.室外（道路、橋梁、山地）

圖 2　地震主題統整課程

　　根據圖 2，地震主題的統整課程實施，從「I 影響」開始，先透過地震王國繪本的師生共讀，引發幼兒對地震災害的學習動機，接著透過 921 地震的新聞圖片觀察，體驗地震災害的影響，然後再透過討論活動，歸納出地震對身體的傷害（包括生命的剝奪）、物品的損失、害怕的感覺（包含喪親之痛），並可延伸學習地震的二次傷害，諸如引發火災、山崩、海嘯等等。其次，在「C 肇因」部分，以古老的地震傳說，維繫幼兒對地震災害的學習動機，接著透過實地參觀或是網路瀏覽科學工藝博物館的「撼天動地－地震科學探索」來觀賞引發地震的圖片、模型、照片、影片，讓幼兒蒐集引

發地震原因的訊息，透過討論活動讓幼兒處理訊息提出地震的原因，諸如斷層錯動、火山活動、隕石撞擊、山崩、爆炸等等，並可延伸學習台灣地震帶的分布。復次，在「E 場所」部分，首先透過實地參觀或是網路瀏覽 921 地震教育園區，來保持幼兒的學習動機，同時體驗地震在不同場所的破壞（諸如不同的房屋建築、道路、橋梁），接著讓幼兒進行模仿想像遊戲，從實際操作中認識地震的災害，例如讓幼兒在課桌上堆積木，垂直與平行搖晃桌子，或是讓幼兒用泥土塑造建築物，以石頭模擬隕石撞擊，最後讓幼兒處理訊息，回答出地震發生的場所，並可延伸學習地震的強度、深淺、震央對生活場所的破壞。最後，在「S 自我保護」部分，透過實物或是影片欣賞認識避難背包（或是防震背包）的保護作用，講解地震發生時，不同處所人員避震方法，地震發生後的逃生路線，接著進行防震演習，讓幼實際操作地震發生的自我保護要領，進而延伸學習家庭逃生計畫，以及脫離險境維持生命的對策。

　　整體而言，這個「地震」主題的統整課程，符應 ICES 架構，統整語文、常識、遊戲、健康領域，教材包含繪本、傳說文本、實物、網路資源等，教學方法涉及講解、觀察、實作、遊戲、實驗、討論等多元化教法。

二、情緒領域的防災教育課程設計實際範例

　　根據上述的說明，情緒領域的防災教育課程可概分為災後心理復原以及災前心理預防，在強調預防勝於治療，且實證研究支持正向情緒不但可以提供預防用的心理資源，也可以建構心理復原所需要的韌性（Tugade & Fredrickson, 2004），茲以 Lyubomirsky 等人（2005）的「仁慈行動」為例，設計一個可以融入防災議題

統整課程的情緒領域課程實施範例，並以活動實施流程的方式說明於後。

「仁慈行動」的預防性課程，首先採用 PPT 簡報軟體製作的電子繪本導入一個虛構的隱喻故事：「愛麗絲夢遊仙境，在仙境中愛麗絲出現在一個魔法學校。魔法學校的校長為了考驗學生的仁慈心，在上午第四節下課後對學生施咒，讓大家的手臂彎曲無法打直。午餐的時候，魔法甲班的學生，坐在椅子上，人人拿著筷子對餐桌上的每道菜努力夾菜。但是，大家歪歪扭扭地夾菜，卻放不進嘴巴。而隔壁的魔法乙班學生，每個人用彎曲的手夾菜，餵給對面的同學，大家互相幫助。」

接著繼續利用 PPT 簡報軟體呈現故事的啟示：「這個故事告訴我們，每個人都需要別人的幫助，每個人也都需要幫助別人。在現實的社會中，沒有一個人可以完全不依靠別人的幫助。俗語說：助人為快樂之本，幫助別人可以讓自己獲得無比的快樂。你是否願意日行一善，助人為樂呢？」並讓幼兒進行討論活動。圖 3 是隱喻故事和啟示的 PPT 摘要。

圖 3　「仁慈行動」隱喻故事導入 PPT 摘要

在幼兒討論且分享交流完畢之後，緊接著透過 PPT 簡報軟體呈現「仁慈行動」的具體演練步驟：1.發現有人需要協助時，主動詢問是否需要幫助。2.對方願意接受幫助時，立即給予協助，而且不求回報。3.回憶助人的事蹟，把幫助別人的好心情寫下來。並將每個步驟注意事項進行說明。在步驟 1，強調「不必刻意，在生活中遇到可以幫助的人，主動詢問是否需要協助。你可能隨機遇得到需要協助的人……公車或捷運上，需要讓座的老年人、孕婦、功課不會寫的同學、問路的路人。」在步驟 2，強調「對方願意接受幫助時，發揮你的仁慈之心，不求回報的幫助他。幫助他人的時候，把心思集中在怎麼幫助他，心中不要有太多想法，享受單純的幫助別人樂趣。」

在步驟 3 強調「事後找一個適當的時間和空間，回憶這段幫助別人的仁慈行動。想像自己可以幫助別人，代表自己有存在的價值，自己是個有用的人。想像對方接受幫助後，可能的感激之情。想像自己是這個社會的無名英雄⋯⋯。」然後讓幼兒透過角色扮演方式，實際演練仁慈行動。圖 4 是「仁慈行動」具體演練步驟 PPT 摘要。

圖 4 「仁慈行動」具體演練步驟 PPT 摘要

圖 5 「仁慈行動」日誌 PPT 摘要

　　在幼兒實際演練「仁慈行動」之後，採用研究證實有效的「正向書寫」（positive writing）來有效提升正向情緒（King, 2001）。也就是以正面的角度，像寫日誌般的把心中正面思考與心情表露出來。圖 5 是簡介仁慈行動日誌的 PPT 摘要，考量幼兒能力，在此仁慈行動日誌的「正向書寫」中可以用畫圖的方式來表達。而將「仁慈行動」視為一非正式的課程，長期實施之後，教師可進一步設計「仁慈護照」，將單篇日誌集結成冊。此外，為了與災害產生連結，仁慈行動也可針對受到災害的人進行援助，來實際演練並完成「正向書寫」。

　　總結上述，「仁慈行動」的故事導入、實際演練、正向書寫三部曲，除了可以透過非正式課程，使其成為幼兒日常生活習慣的一部份，也可以融入防災議題統整課程。例如，在上述的 ICES 架構中，納入「S 自我保護」部分，標誌為情緒領域。而若是專注在意圖性活動的健康情緒建立，強調預防災害帶來的心理創痛，則「細數幸福」的放大美好記憶，「仁慈行動」的助人為樂，「看到最好的自己」的樂觀想像，可以搭配防災意識合併實施。例如，「細數恩人指導防災的幸福」、「仁慈幫助受到災害的人」、「想像克服災害傷痛之後的美好人生」。另外一方面，在提升韌性的課程設計部分，也可以發揮創意，將樂觀想像、幽默化解、自我放鬆融入到 ICES 架構中的「S 自我保護」部分。

陸、結語

　　防災教育是災害防救工作裡最具經濟效益的投資，也是安全教育和環境教育中最重要的課題之一。政府已經投入龐大經費進行各項研究開發，研究報告也陸續問世。然目前的研發成果都僅止於正

式學校體制，幼兒園的防災教育仍有相當大的努力空間。本文藉由文獻探討提出一、培養幼兒自主學習能力；二、實踐防災議題的統整課程；三、善用科技資源；四、實施情緒領域的防災教育；五、建立校園災害防救計畫等幼兒園防災教育課程革新建言，並呈現兩個革新課程範例，期盼政府、學者、實務人員能夠重視幼兒園防災教育課程。畢竟，幼兒園是幼兒學習的重地，而幼兒學習又是終身學習的有利基礎。

參考文獻

卞惠蓮（2000）。淺談幼兒環保意識的培養。環境教育，6，38。

行政院（2001）。國家科學技術發展計畫。台北市：行政院。2010 年 8 月 1 日取自 http://web1.nsc.gov.tw/public/data/47149583471.pdf。

行政院國家科學委員會（2008）。防災科技的新力量——防災國家型科技計畫。中華民國科學技術年鑑。2010 年 8 月 1 日取自 http://yearbook.stpi.org.tw/pdf/2008/。

阮碧繡（1993）。談行歧路的幼兒教育課程課程——替當前台灣幼教課程把脈。研習資訊，10（4），42-47。

中央氣象局（2002）。台灣地區氣象災害統計。2010 年 8 月 1 日取自 http://photino.cwb.gov.tw/tyweb/hazards/meteo-hazards-data.htm。

內政部（2000）。災害防救法。台北市：內政部。2010 年 8 月 1 日取自 http://www.tnf.gov.tw/html/law3_1.htm。

朱景林、余莉、操維琦（2009）。關於建立我國教師防災培訓的思考。濮陽職技術學院學報，22（3），109-116。

柯華葳（2007）。幼兒園教保活動與課程大綱——認知領域期末技術報告。台北市：教育部。2010 年 7 月 1 日取自 http://140.115.78.41/KoSirLab ResearchData/JiaHui%20Chiu/A/A.pdf.

李新民、陳密桃（2008）。職場希望信念與職場復原力、組織美德行為之潛在關聯：以幼兒教師為例。當代教育研究季刊，16（4），155-198。

教育部（1987）。幼稚園課程標準。台北市：正中書局。

教育部（1994）。台灣區公私立幼稚園評鑑實施要點。台北市：教育部。

教育部（2007）。教育部防災科技教育深耕實驗研發計畫。台北市：教育部。2010 年 8 月 19 日取自 http://www.ncdr.nat.gov.tw/conf96/download/08.pdf。

張翠娥、李新民（2002）。托兒所評鑑模式之建構──以高雄市為例。高雄市：高雄市社會局。

葉欣誠（2003）。我國各學習階段防災教育之規劃與推動計畫成果報告。台北市：教育部。

孫英（2002）。幼兒生態環境教育探析。遼寧教育，12，21。

陳千蕙、曹瑟宜（1999）。幼兒安全教育。台北縣：啟英文化。

陳淑芳（2002）。台東縣公私立幼稚園評鑑總結報告。台東縣：台東縣教育局。

陳冠蓁（2003）。台中縣托兒所教保人員安全教育信念與實施現況之研究。朝陽科技大學幼兒保育系碩士論文，未出版，台中縣。

楊國賜、幸曼玲（2008）。幼托整合後幼兒園教保活動與課程大綱：總綱專案研究。台北市：教育部。

楊淑朱（1998）。安全教育，安全無慮。幼教資訊，94，2-5。

蘇光偉、陳麗文、施慧中、謝弘哲、黃旭村、賈台寶、呂牧蓁、唐芝佩、廖子賢、黃夢萱、張蔚宏、郭佳慧（2007）。防災科技教育深耕實驗研發計畫──校園災害防救計畫試行及考評機制之檢討。台北市：教育部。

靳知勤（1994）。環境知識、態度與行為之研究。環境教育季刊，21，47-59。

蔡素妙（2003）。復原力在受創家庭諮商復健工作中的應用。輔導季刊，39（2），42-49。

郭靜晃（2005）。兒童安全管理。台北市：威士曼文化。

蔣偉寧（2004）。防災教育白皮書。台北市：教育部。

翁麗芳、蔡元芳、洪福財、邱瓊慧、王芷嫻（2009）。幼兒園防災教育教材開發計畫。台北市：教育部。2010 年 8 月 21 日取自 http://enhance.ncdr.nat.gov.tw/Upload/201005。

Banyard, V. L., & Cantor, E. N. (2004). Adjustment to college among trauma survivors: An exploratory study of resilience. *Journal of College Student Development, 45* (2), 207-221.

Beane, J. A. (1998). *Curriculum integration: Designing the core of democratic education*. New York: Teachers College Press.

Fredrickson, B. L. (2005). Positive emotions. In C. R. Snyder & S. J. Lopez (Eds.) *Handbook of positive psychology* (pp. 120-134). New York: Oxford University Press.

Fredrickson, B. L., Tugade, M. M., Waugh, C. E., & Larkin, G. (2003). What good are positive emotions in crises?: A prospective study of resilience and emotions following the terrorist attacks on the United States on September 11th, 2001. *Journal of Personality and Social Psychology, 84*, 365-376.

King, L. A. (2001). The health benefits of writing about life goals. *Personality and Social Psychology Bulletin, 27*, 798-807.

Lyubomirsky, S., Sheldon, K. M., & Schkade, D. (2005). Pursuing happiness: The architecture of sustainable change. *Review of General Psychology, 9*, 111-131.

Maslow, A. H. (1954). *Motivation and personality*. New York: Harper.

Seligman, M. E. P., Ernst, R. M., Gillham, J, Reivich, K., & Linkins, M. (2009). Positive education: Positive psychology and classroom interventions. *Oxford Review of Education, 35* (3), 293-311.

Tugade, M. M. & Fredrickson, B. L. (2004). Resilient individuals use positive emotions to bounce back from negative emotional experiences. *Journal of Personality and Social Psychology, 86* (2), 320-333.

Zimmermann, L. K. (1996). The development of an environmental values short form. *The Journal of Environmental Education, 28* (1), 32-37.

幼兒園安全防災實務探討
——室內設計防火材料的裝修與施工

陳逸聰

樹德科技大學室內設計系助理教授兼系主任暨建築
與室內設計研究所所長

壹、前言

一、研究動機與目的

　　校園災害防救是國內校園環境安全管理的重要策略，教育部對於幼兒園所災害防救計畫訂有明確的計畫基本架構，這包含總則、天然災害、人為災害、計畫經費自評機制與附則（教育部，2006）。其中在人為災害的防範項目，火災被列為最普遍與最易發生的人為災害，這由九十年四月桃園佳育幼稚園縱火事件，使各縣市更加重視幼兒園所的防火安全議題，因此，幼兒園所在進行園舍的建築時，不僅要檢討建築技術規則規定，亦針對消防法規進行評估，以維繫園所環境安全。

　　各縣市政府在進行幼稚園評鑑時，公共安全項目更是重要指標之一。在歷年防災科技教育深耕實驗研發計畫中，曾對幼稚園災害防救計畫進行多所園舍的防火應變試行與檢討，共歸納出防災器具

不足、人員不足、新進教師加強訓練、設置中央廚房園所應落實減災四階段的共同特性（國家災害防救科技中心，2007）。幼兒園所在建構之時，雖已針對建築用途進行法規檢討與安全規劃，並輔以消防檢查，核發使用執照，然在日後教學內容調整及增加設備，常委託室內設計裝修業者，進行內裝工程，除必須注意維護防火區劃與暢通避難逃生通道，更需以防火材料進行設計裝修，才能確保園所安全。倘若將室內防火安全的材料運用觀念引介給幼兒園所經營人員、管理與教保人員認知，將更利於園所災害防治與防救工作。

　　另外，國內現今針對幼兒園所安全防災的論述，大都偏重在園所防災安全準則評估、防災與消防避難逃生對策等，較缺乏以室內設計視點，探討園所內裝防火安全實務議題，基於上述幾點，實有必要針對幼兒園所，進行室內防火材料安全運用實務的探討。本研究著墨於此，以室內設計防火安全的耐燃、防焰材料運用策略，針對幼兒園所進行討論。主要的研究目的為：

1. 探討幼兒園所防火裝修規範的原則
2. 建構幼兒園所室內防火材料的策略
3. 提出幼兒園所防火實務個案的說明

二、研究方法與流程

　　本研究以幼稚園所防災為議題，聚焦於室內設計防火材料的設計與施工，首先進行文獻收集與分析，包含裝修防火材料相關規範、防火原理與運用，試圖提出幼稚園所，在室內裝修防火安全應有之設計規劃與施工策略。再者，透過幼稚園實際個案的觀察調查，以實務裝修施工角度探討幼稚園進行室內裝修時，應具備的基礎防火工作與原則。

三、名詞定義

本研究有關名詞界定如下：

（一）幼兒園所（Preschool）

本研究之幼兒園所為從事幼兒照護、幼兒教育之合法立案之工作場所。

（二）室內設計（Interior design）

本研究將「室內設計」定義為：「透過建築內部空間之重新形塑、改造，使空間行為更貼切與更符合使用人之生活態度與期望。是勞心的工作，是運用美學與整合工藝技術相關知識，透過設計來使室內環境更趨完善與協調的專業技術。」

（三）室內裝修（Interior finish）

「室內裝修」是透過建築內部空間之重新翻修，使空間能有所改變、調整，俾能使用時能更趨合適、合理。是勞力的工作，是工藝技術的操作，為整體室內設計中落實理念的具體實踐，是室內設計中的一個環節。本研究為兼顧國內現今規範法令與相關事實，對於室內裝修的定義，參照建築物室內裝修管理辦法第三條之所稱的「室內裝修」為：「固著於建築物構造體之天花板、內部牆面或高度超過一點二公尺固定於地板之隔屏或兼作櫥櫃使用之隔屏之裝修施工或分間牆之變更。但不包括壁紙、壁布、窗簾、家具、活動隔屏、地氈等之黏貼及擺設。」

（四）耐燃材料（Fire-resistant materials）

　　本研究中對耐燃材料的定義，參酌內政部建築研究所之內容，為：「建築材料在火災初期受高溫時，不易著火延燒，且發熱、發煙及有毒氣體的生成量均低者」的室內裝修材料。耐燃材料是國內營建、消防、標檢之規範用語，也是現今室內設計專業在從事工作中必須遵循的強制規範材料。亦是國家試驗標準 CNS6532 基材試驗與表面試驗共通規範用語，又因其性能優劣分為 1.2.3 級。

（五）防焰材料（Flame- resistance materials）

　　防焰材料是國內消防、標檢之規範用語，其定義為：「對於微小火源具有防止著火、燃燒或是火源移開後能輕易自行熄滅的特性」。本研究參酌消防法規定防焰物品內容，以列舉方式指出：包含 1.地毯：梭織地毯、植簇地毯、合成纖維地毯、人工草皮（限於室內使用者）等地坪鋪設物。2.窗簾：布質製窗簾（含布質一般窗簾、直葉或橫葉式百葉窗簾）。3.布幕：供舞台或攝影棚使用之布幕。4.展示用廣告板：室內展示用廣告合板，如展覽場所使用之隔間板，或舞台道具合板。5.其他指定之防焰物品：係指網目大小在十二 mm 以下之施工用帆布。

貳、文獻回顧

一、面臨廣義幼兒園所，防災安全刻不容緩

　　國內教育部針對校園災害防救計畫進行架構編撰，在幼兒園所校園方面，列出總則、天然災害、人為災害、計畫經費與自評機制及附則五項架構（教育部，2006：9）。其中在人為災害項目的減災、整備、

應變與復建計畫中，主要以預防為前提，組織訓練為整備來面對災害的應變，並能於災後立即進行復健工作。為了使該架構有實際演練試行與檢討，國家災害防救科技中心透過防災科技教育深耕實驗研發計畫，針對二所高密度老舊社區型、一所二樓以上大廈及一所偏遠山區部落型幼兒院所，進行天然災害（地震）與人為災害（火災）演練（國家災害防救科技中心，2007：11）。其中對於火災演練的試行檢討共通特性為防災器具不足、新進人員應加強訓練、中央廚房空間設計應落實防災規劃、空間疏散順序引導及降低煙霧產生避免逃生困難。

教育部明訂幼教行政、教保內涵、教學設備與公共安全與社區融合度，為評鑑幼兒園所之四項重點，再授權給各縣市政府自訂評鑑細項指標，但其差異化卻造成評鑑標準嚴苛不一（陳惠芳，2005：77），這使評鑑結果不具鑑別度，讓家長無從為孩子選擇一所環境安全的幼兒園所，這顯示幼兒園所防災與公共安全維護，應從硬體建設與軟體教育內容並行。在硬體部分：落實教學設備與公共安全的簽證申報外，強化廚房、飲水、浴廁、午休、保健、清潔消毒硬體，配合啟動防災訓練，才能確保幼兒園所公共安全。園所公共安全，應包含機構地址（使用地點是否合法）、立案證書（標誌）、樓層使用、幼兒室內外活動空間、整體空間動線無障礙、衛生建管及其它、消防安全避難逃生設施、員工急救、衛生保健或消防安全訓練（謝琇英等，2007：5）。在軟體部分：應優化幼教行政、教保內涵及社區融合，透過組織安全教育委員會推動幼兒安全管理，再藉強化教保人員安全教育，舉辦安全教育親職座談擴大安全教育，確保園所公共安全（張美雲等，2001：33）。

另外，我國公部門管轄所謂的托育機構，實為兩頭馬車制度。即教育行政機關主管「幼稚園」（教育設施，只能收托三至六歲兒童），縣市政府社會福利機關主管「托兒所」（福利設施，收托與幼

稚園重疊的二至六歲對象，且包含二歲以下的托嬰與十二歲（含）以下的托育），後者性質、教保與立案均欠明確，且引發許多空間設施的安全問題（胡寶林，1999：116）。而都會區幼兒園所大都朝向園舍垂直高層發展，對於火災避難行動的防災計畫與演練應予以重視，因此縮短水平移動距離、降低園舍高度及逃生方向路徑指引強化，具有提升園所防火安全（包匡等，2004：87）。在托育機構定位模糊與建築高度發展下，幼兒園所空間公共安全問題更值得大家關注。

表 1　影響室內設計安全因素與因應課題

目地	影響因子			因應課題	因應對策辦法規範
室內設計安全	外在環境因素	天然災害	地震	耐震課題	災害防治耐震設計與規範
			颱風	山坡地災害	災害防治山坡地開發規範
		人為災害	火災	防火安全	技術規則 建築相關法規 公共安全檢查簽證 舊有建築的改善 室內裝修管理辦法
	室內環境因素	都市化問題	室內空間擴張	使用空間密度	區域計畫、都市計畫、土地使用
			空間高層化	空間結構 空間規模	防災計畫與管理維護 專技簽證
			空間地下化		
		行為用途改變	空間用途行為	用途變更	建築法七十三條執行要點 室內裝修管理辦法 建物公共安全
			空間用途改變		

（參考資料：丁育群，1998：11 本研究繪製）

二、室內空間防災核心，首重防火安全規劃

　　室內設計安全立基於建築整體防災，影響室內設計安全可分外在環境與室內環境兩項因素（丁育群，1998：11）。外在環境因素包含天然災害地震、颱風以及人為災害的火災，在室內環境因素則為都市化問題的室內空間擴張、空間高層地下化與室內空間的用途行為及其改變，上述兩者的因應方法為法令限制，這包含：災害防治、耐震設計與規範、技術規則、建築相關法規、公共安全檢查簽證、舊有建築的改善、室內裝修管理辦法作為對策（表1）。其中，直接影響到室內安全的重要因子為人為災害的火災、都市化問題與行為用途改變，必須因應防火安全、使用空間密度、空間結構規模與用途行為改變的課題。室內裝修材料的使用，在防火安全上階段影響與影響程度，以設計階段最大，其次是施工階段，最小為使用階段（陳海曙，1995：21）。因此，室內設計防火安全視點，應是設計規劃至施工結果的總成概念，防火材料使用需在設計概念階段構思才有積極性。

　　建築設計與室內設計是責任分工與專業延續承接與互補，所以室內設計防火安全主要以建築防火安全做基礎觀念，再透過微觀空間設計視點，強化人體工學、室內尺度與裝修材料的使用（表2）。雖然內裝防火材料只是整體建築防災體系中，被動防火系統的一個環節，但在室內設計專業中，卻是從事設計與施工的重要觀念與規範。

表 2　室內設計與建築防火安全觀念比較

	室內設計	建築設計
防火安全觀念	室內裝修法規的遵守與落實 裝修材料的正確使用 室內局部區域的細部考量	建築體系法規遵守與落實 區劃、避難、煙控、建築結構 整體建物防災概念

（參考資料：陳逸聰，2005：29）

三、防焰物品耐燃材料，各具防火目標策略

　　裝修材料在火場燃燒後，影響人命最大危險因素為火、煙、氣。火是直接的熱釋放，危害隨著距離增大而減小，另外煙、氣危害涵蓋面很廣，主要造成人員死亡，此種危險源自於室內設計所用的裝修材料。室內可燃物數量、種類、位置、內裝部位材料的易燃性、開口率、空氣供應、室內空間大小、形狀，都關係火勢延燒速度與發展，複合性材料、有機物質成分，會增加燃燒發熱量、延燒速度與煙氣生成，因此不當的裝修材料，會增加居住與工作室內環境潛在危險，必須予以正視（圖1）。

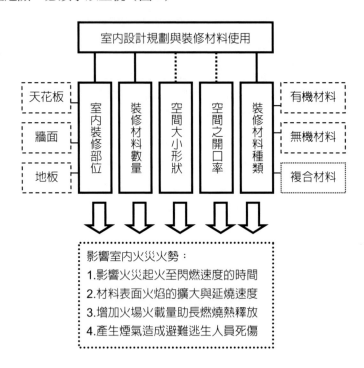

圖1　裝修材料影響室內火災火勢的關係（本研究繪製）

　　室內裝修易燃材料會導致火災迅速蔓延及增加火載量，助長火災。因此在裝修防火材料規劃觀念架構的思維，是火災初期時以防焰物品防止微小火源，避免起火；成長期時，使用耐燃材料增加火場環境難燃性，抑制火苗迅速延燒，延長閃燃時間，增加室內人員避難時間與逃生機會；全盛期時，建築物之區劃耐燃材料發揮防火區劃與防火時效功能，保護區劃內人命安全與財產、防止建物結構變形與崩壞；衰退期時，耐燃材料亦要達到法定防火時效，防止建物坍塌（陳逸聰，2002：27）。

　　本研究將耐火建築物火災四期歷程與防火材料運用目標範圍整理成表（表 3），進行火災歷程與防火材料目標作脈絡說明。架構在建築整體防災中的室內設計防火安全，除了依循整體防災架構外，尚須建立專業責任視點，設計者除有防火安全基礎知識，亦需以更細微的構思將防火材料運用在裝修部位與細部設計上，在設計階段理解空間用途與規範，作適材適用，達到美感、機能與安全兼顧的設計目標。室內防火安全材料使用目的，是運用防焰材料抑制微小火源，用耐燃材料增進內裝難燃化，爭取逃生避難時間。

參、研究結果

一、幼兒園所防火裝修規範的原則：內裝限制與防焰制度

　　建築法規著重在技術規則內裝限制與室內裝修管理辦法對裝修材料的限制，消防法規則以防焰物品為主要的限制，材料認證則是應用科學方法來檢驗材料性質，作為法規要求的客觀基準（圖 2）。

表 3　室內火災歷程溫度變化與防火目標及材料運用對照表

	初期	成長期	全盛期	衰減期
溫度變化歷程		閃燃點 時間 溫度變化	發生閃燃現象 人員無法逃生	
防火目標	防止微小火源擴大	抑制火災成長 延長閃燃時間 降低閃然機率 爭取人員逃生時間	防止 擴大延燒	防止 破壞
防火材料運用	室內設計規劃 室內裝修施工 【防焰物品】	室內設計規劃 室內裝修施工 【耐燃材料】	其他建築結構之 防火策略	
國內建築材料審查評定種類	消防署評定類 第一類 消防性能認證防焰物品 （列舉5項） 地毯 窗簾 布幕 展示用廣告板 施工用帆布	營建署評定類 第一分類 室內裝修耐燃材料 （1級、2級、3級） 耐燃一級材料 耐燃二級材料 耐燃三級材料	營建署評定類 第二分類 室內防火 分間牆 防火鐵捲門 防火門 防火門窗 防火門外 防火門閘門 區劃貫穿部 耐火材料	第三分類 鋼骨防火 被覆材 防火屋頂板 防火樓板 防火木質 膠合樑 防火木質 膠合柱
範圍	室內設計、室內裝修防火安全		建築設計與 建築結構防火安全	

（本研究繪製）

圖2　室內設計耐燃防焰材料於整體防火體系的角色

　　幼兒園所園舍在進行室內設計時，必需考慮法規標準的基礎認知，作為整體內裝防火安全的原則考量。防火法規可分為建築物防火避難部分與建築公共安全部分（內政部營建署，2010；丁育群，1992；營建雜誌社，1997；陳火炎；1996；內政部消防署，2010），在建築物防火避難部分包含建築與消防兩大部分：建築以建築法為母法，依據技術規則分為建築施工與設備篇說明；消防以各類場所消防安全設備辦法及舊建築防火避難設施消防改善為主要規定。（圖3）。

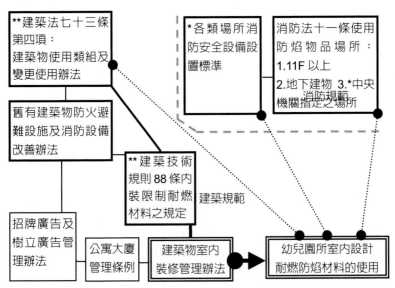

**建築法各種建築物用途分類（列表）*消防法各種建築物用途與分類（列表）

圖3　幼兒園所室內設計裝修防火法規考量

表 4　國內幼兒園所建築技術規則與防焰物品規定運用對照表

幼兒園所　園舍室內設計裝修防火材料的規範					
建築物技術規則 88 條內裝限制					防焰性能認證實施要點 2 點
建築物類別	類別定義	組別組別定義	供該用途之專用樓地板面積合計	內部裝修耐燃材料規定		內裝裝修防焰材料規定
				居室或該使用部分	通達地面樓梯走廊	（六）類地板面積 ≧ 150m²
D類休閒文教類	供運動、休閒參觀、閱覽、教學之場所	D-5：供短期職業訓練、各類補習教育及課後輔導之場所具體場所：幼稚園	全部 *走廊兩側有居室者，淨寬≧2.4M 其他走廊 ≧ 1.8M	耐燃三級以上	耐燃二級以上	供不特定多數人利用之且收容病患傷者殘障者或老幼等避難能力較弱者之設施具體場所：醫院機構（醫院、診所）
F類衛生福利更生類	供身體行動能力受到健康、年紀或其他，需特別照顧之場所因素影響	F-3：兒童及少年照護之場所具體場所：托嬰中心托育中心	全部	耐燃三級以上	耐燃二級以上	療養院養老院安養中心兒童福利設施幼稚園托兒所育嬰中心啟明、啟智、啟聰等特殊學校

（本研究整理）

表 5　國內防焰物品種類定義與範圍

防焰物品	
種類 （消防法規定義）	消防法十一條規定五項： 1. 地毯：梭織.植簇.合成纖維地毯、人工草皮（室內使用者）等地坪鋪設物 2. 窗簾：布質製窗簾（含布質一般窗簾、直葉或橫葉式百葉窗簾） 3. 布幕：供舞台或攝影棚使用之布幕 4. 展示用廣告板：室內展示用廣告合板，展覽場使用隔間板，舞台道具合板 5. 其它指定之防焰物品：係指網目大小在十二 mm 以下之施工用帆布
用語定義	具防止因微小火源而起火或迅速延燒性能的裝修薄材類或裝飾製品
功能	可避免引起著火或可自行熄滅 可防止擴大燃燒 燃燒時不易產生大量濃煙及有毒氣體
範圍	地毯、塑膠地磚、人工皮革、窗簾、沙發布、布幔、壁紙、壁布、薄合板、展示用廣告板……等使用於建築物室內地坪，裝修薄材料及懸吊物品等
法源標準 檢測方法	消防法 11 條（防焰性能認證基準，未規定等級。採防焰標章標示）

（本研究繪製）

　　幼兒園所室內設計裝修，以建築技術規則 88 條內裝限制與消防法防焰規定為主，由於國內幼兒園所常有幼稚園（D 類教育設施）、托嬰、托育中心（F 類福利設施）皆存現象，因此本研究將相關規範並列（表 4）。幼兒園所園舍在進行室內裝修施工時，應先透過建築物用途分類，釐清自己園所的組別與定義，分別檢討建築技術規則裝修材料規定，需以耐燃三級或二級材料進行居室或樓

梯。再者，依據消防法防焰性能認證實施要點超過 150m^2 的園所必須採用防焰物品。

二、幼兒園所室內防火材料的策略：防焰處理與耐燃建構

（一）防焰材料的處理

國內對防焰材料物品的定義與種類，採取正面列舉之方式，依據消防法十一條之規定，包含下列五項：1.地毯：梭織地毯、植簇地毯、合成纖維地毯、人工草皮（限於室內使用者）等地坪鋪設物。2.窗簾：布質製窗簾（含布質一般窗簾、直葉或橫葉式百葉窗簾）。3.布幕：供舞台或攝影棚使用之布幕。4.展示用廣告板：室內展示用廣告合板，如展覽場所使用之隔間板，或舞台道具合板。5.其他指定之防焰物品：係指網目大小在十二 mm 以下之施工用帆布。（內政部消防署，2001），其用意為防止裝修薄材類或裝飾製品遇到微小火源，自熄不助燃及防止迅速延燒（表 5）。

（二）防焰材料的應用意義

防焰處理運用於窗簾、地毯、布幕等室內裝飾織品板材等物品，無非是要在火災初期時，不因易燃織品、裝飾薄板的迅速燃燒導致火苗迅速擴大。易燃織品、裝飾薄板經過難燃或阻燃處理，對於微小火源具有防止著火、燃燒或是火源移開後能輕易自行熄滅的特性，所以，防焰材料的使用，可稱為為防止室內火災初期起火的第一道防線（圖 4）。

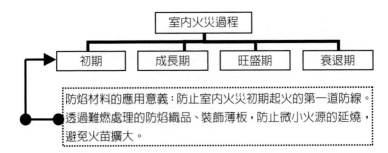

圖4　室內火災過程中防焰材料的應用意義

（本研究繪製）

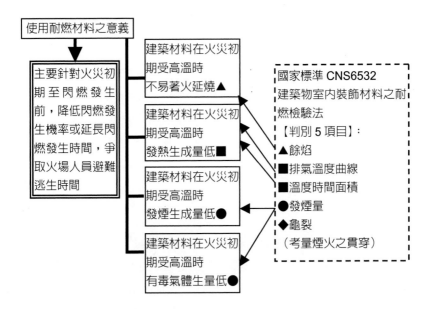

圖5　耐燃材料用語定義的意義與國家標準 CNS6532 檢驗判別項目對照圖

（本研究繪製）

（三）耐燃材料的建構

　　耐燃材料性能主要針對材料發熱、發煙性及毒氣生成程度為考量依據。國內對室內設計裝修所使用的耐燃材料之定義為：「建築材料在火災初期受高溫時，不易著火延燒，且發熱、發煙及有毒氣體的生成量均低者」（內政部建築研究所，1995），由其用語定義內容字句，可知為依據國家標準「CNS6532」的判定標準為考量（圖5）。也就是室內設計裝修的耐燃材料特性，不只有隔熱、斷熱、蓄熱等作用，也包含盡可能不產生熱量與氣體（包含細微碳粒與任何有毒氣體），所以國內對室內裝修耐燃材料的定義，以材料發熱、發煙及有毒氣體生成為考量，並依照耐燃程度與測試判定來分級。

（四）耐燃材料的應用意義

　　室內火災過程可分為初期、成長期、旺盛期、衰退期四期（M.David Egan, 1986）。在成長期至旺盛期有一重要關鍵時刻，可稱為閃燃點（flash point）也就是閃燃發生的時間點。閃燃（flash over）是一種室內可燃氣體與任何傢俱可燃物發生劇烈氧化反應，引起全面性的迅速燃燒行為（陳俊勳，1995），發生閃燃後，室內溫度高達攝氏八百度以上，空間陷入一片火海，燃燒擴大，延燒快速猛烈。

　　在此室內環境，佈滿高溫高熱、可燃性氣體與毒氣，人命難以生存。因此，在閃燃點之前，是逃生避難的黃金時間。耐燃材料的應用意義，是在火災成長期時，發揮材料耐燃性能，抑止火源延燒，降低閃燃機率或延長閃燃時間，使避難人員能有充分時間避難（圖6）。

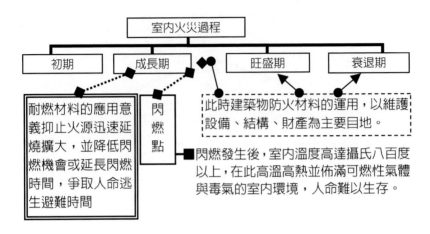

圖6　室內火災過程中耐燃材料的意義

（本研究繪製）

　　耐燃材料具有抑制發熱量、減低煙氣產生，對於火災初期成長有抑制功效，是建築被動式防火體系的重要因素，因此透過國家標準的科學檢測，來進行耐燃程度的分級，達到檢測與法規的一致。天花板裝修材料在用途為公共場所或是火源使用頻繁場所，尤其重要，因為天花板使用易燃材料裝修，發生火災時，容易產生輻射熱回饋現像，促使地板溫度提高，使閃燃發生率增加，因此國內技術規則與裝修法規對空間的用途與內容，依居室、廊道分別訂定耐燃分級材料規定。上述的辦法、檢測與執行訂定，都是要使耐燃材料的使用能夠保障大眾生命與財產安全（圖7）。

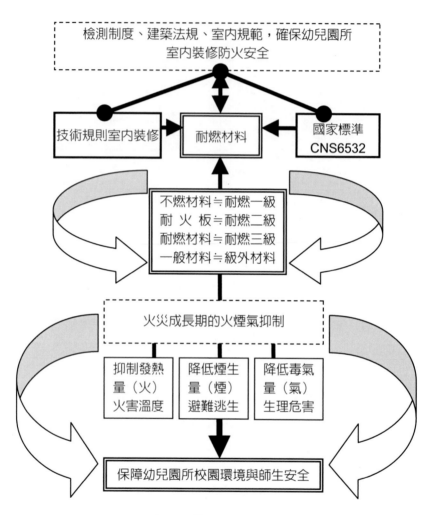

圖7　耐燃材料的運用意義

（本研究繪製）

三、幼兒園所防火實務個案的說明

（一）裝修程序與審查制度

室內設計防火材料的運用，包含耐燃材料與防焰物品的規劃。在使用行為用途上，耐燃材料主要著眼於供公眾使用建築物及經內政部認定有必要之非供公眾使用建築物，而防焰物品則是地面樓層十一層以上建築物、地下建築物及中央主管機關指定之場所。另外，室內裝修審查與建築物公共安全檢查整體概念，是建構在建築物變更使用、維護更新的程序，來對建築物的使用前的審查、使用中的安全維護，有具體對策與管理制度（圖8）。

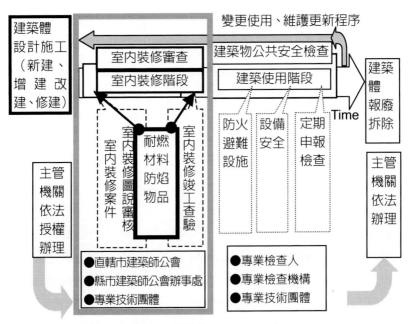

圖8　室內裝修審查與建築物公共安全檢查之關係

（參考資料：消防署專技人員講義　本研究繪製）

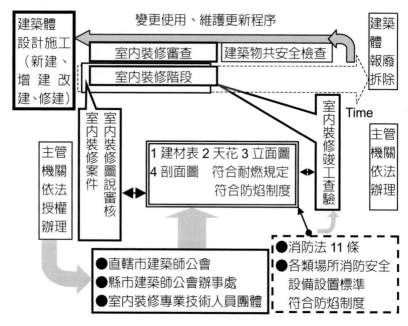

圖9　室內裝修審查竣工之耐燃防焰建材審查說明

（參考資料：消防署專技人員講義本研究繪製）

　　在上述的室內裝修階段中，各政府機關針對室內裝修圖說審查與竣工查驗，所執行審查項目包含：書件權利證明文件及圖說查核兩大項。書件包含申請書、委託書、建築物室內裝修登記影本、專技人員證影本以及建築物使用執照、原建築物竣工圖影本登相關文件。而圖說審查項目中對於防火材料的審視，包含建材表是否有標示材料的耐燃級數、天花板、立面圖、剖面圖材料是否符合耐燃規定（此點可交相對照建築法七十三條第四項：建築物使用類組及變更使用辦法所列以及建築技術規則88條內裝限制之各類場所）。此外，另需參照消防法相關規範（消防法11條、各類場所消防安全設備設置標準、防焰制度中指定使用防焰物品之場所規定），來進

行個案的設計規劃。在上述規範中，須先建構使用耐燃材料觀念，對於空間用途、類別、面積與屬性暸解後，進行規劃設計，另外需注意消防法之防焰制度，進行防焰物品的配置規劃（圖 9）。本文依據上述原則進行幼稚園空間個案實務探究，調查其室內空間防火材料運用實務規劃現況。

（二）幼教空間防火材料運用實務的個案說明

1.基地現況分析：

本案位於南部都會某國小側門附近，為一獨棟 4 層透天的 RC 結構建築，基地地坪總面積為 316.6 平方公尺（約 95.7 坪），第一層 164.88 平方公尺為托兒所行政接待中心，第二層為幼稚園教室面積為 202.73 平方公尺，第三層與第四層皆為補習班教室，合計為 405.46 平方公尺（圖 10）。

2.防火材料的運用規劃考量

本案屬建築法七十三條第四項：建築物使用類組及變更使用辦法所列的 D-5（休閒文教類：供短期職業訓練、各類補習教育及課後輔導之場所）。在技術規則 88 條其材料限制為：全部面積應列用途入計算。裝修材料必須使用耐燃三級以上的材料，而走廊通道至直通樓梯的裝修材料應為耐燃二級以上，但若有加裝自動滅火設備及排煙設備者，則不在此限。本案屬於各類場所消防安全設備設置標準乙（十二）以及防焰制度指定場所之六類（托兒所），且該用途大於 150 平方公尺，因此其公共空間走道、遊戲區等地磚地毯必須要有防焰標章的防焰物品。

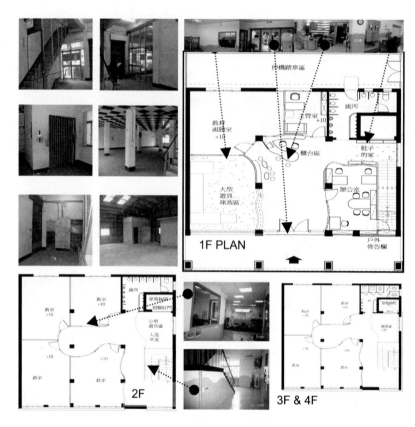

圖 10 幼教空間個案施工前後與配置

（紀錄繪製：謝佳倫、郭豐建、溫靜怡、林僅珍）

3.個案現況分析

個案中天花板的耐燃材料為耐燃二級的岩棉板，室內隔間為耐燃一級的氧化鎂。天花板採用金屬明架輕鋼系統，組合耐燃二級岩棉板，其細部施工大樣、出廠證明與標檢局的輸入檢驗合格證書影本，見下圖所示（圖 11）。室內分間牆以輕鋼架金屬系統為架構，內填鋁箔吸音棉，主要的耐燃材料為耐燃性能一級的單層 9mm 厚

度的無機質氧化鎂板，作為隔間材料，其表面塗裝油漆，搭配不燃強化透明玻璃，作為室內教室的開口部與觀景窗。室內用於公共空間走道的 PVC 材質 OA 地磚、用於直通樓梯的地毯，以及 1F 騎樓、樓梯口、2F 遊戲區的人造地毯，依相關規定，均需要防焰證明及防焰性能認證合格證書（圖 12）。

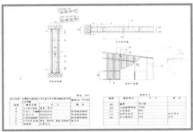

防火時效一小時牆剖面圖

防火時效一小時牆水平剖面圖

圖 11　幼教空間天花板現況、施工大樣、出廠證明與相關檢驗證書影本

（紀錄繪製：謝佳倫、郭豐建、溫靜怡、林僅珍）

防焰物品：地磚現況圖片、出廠證明、防焰性能認證、試驗報告

防焰物品：地毯現況圖片、出廠證明、防焰性能認證、試驗報告

圖 12　幼教空間個案室內分間牆耐燃材料證明、施工細部與立面現況

（紀錄繪製：謝佳倫、郭豐建、溫靜怡、林僅珍）

肆、結語

　　幼兒園所在室內設計防火材料的規劃與運用，必須對應至建築法、消防法與試驗標準需求。在建築法，七十三條之四明訂列表建物使用類組與變更使用辦法，藉以規範該建築用途，並明訂類別組別定義。現今國內對於托育中心與幼稚園定位不一，也隸屬不同主管機關管轄，這也造成建築用途的要求有所差異。技術規則八十八條內裝限制，訂定幼兒園所類組的建築需使用耐燃材料規定，另外，室內裝修管理辦法中所規定的分間牆與裝修材料需比照技術規則，而舊有建築物防火避難設施及消防設備改善辦法，則是因應民國七十三年十一月七日以前的舊建築物訂定。園舍內裝在消防法上，面積達到一定規模或是因應樓層高度與地下室，必須使用防焰物品。

　　再者，透過托兒園所室內空間規劃實例，進行裝修防火材料的規劃說明。天花板的防火性能要求較其它裝修部位高，除了相關法規限制因素外，其它相關研究試驗亦證明，天花板耐燃裝修極具關鍵，而現今施工方式也以金屬系統為主要的架構方式。分間牆、地坪、防焰物品與傢俱，除了以阻燃觀念配置外，也能透過立面造形設計與光線氣氛營造，將防火安全融入室內空間規劃中，使幼兒園所室內空間被動性防災機制有所作用。

參考文獻

丁育群，1992，建築物防火的防火相關法令，空間雜誌增刊：建築技術 2。
丁育群，1998，建築安全管理，研考雙月刊，頁 10～24。

包匡、梁彰甫，1994，都市幼稚園火災避難時間之研究——以台中市私立
　　幼稚園為例，朝陽設計學報第四期，頁 73～89。

內政部建築研究所，1995，建築物室內裝修（飾）防火材料一般手冊，頁
　　1～3。

內政部消防署，2001，消防安全法令輯要，頁 1～12。

胡寶林，1999，從社區共生的理念探討托育機構——幼稚園所之教保空間
　　模式，中原設計學報，頁 109～128。

教育部，2006，校園災害計畫編撰指南，頁 1～14。

教育部，2007，幼稚園及社教館所災害防救計畫試行及檢討，國家災害防
　　救科技中心：防災科技教育深耕實驗研發計畫成果報告書，頁 1～14。

張美雲、鄭芳珠、王昭文、王惠姿，2001，台中市幼兒園安全教育內容實
　　施現況之探討，醫護科技學刊 3 卷 1 期，頁 19～36。

陳火炎，1996，各類場所消防安全設備設置標準解說。

陳俊勳，1995，建築物室內裝修（飾）防火性能要求，建築物室內裝修（飾）
　　防火材料使用講習會專輯，內政部建築研究所，頁 56～58。

陳惠芳，1995，托育機構教學設施及公共安全標準的探討，幼兒保育研究
　　集刊 1 卷 1 期，頁 76～85。

陳海曙，1995，試探提升建築防火安全性能之設計對策，空間雜誌 71 期，
　　頁 21。

陳逸聰，1997，視聽歌唱娛樂場所（K.T.V）室內裝修材料防火性能之研
　　究，中原碩論，頁 17。

陳逸聰，2002，建築物室內裝修耐燃材料與防焰材料運用之探討，九十一
　　年度建築防火材料技術實務研討會論文集，中華建築中心，頁 4-2～
　　4-17。

陳逸聰，2005，室內設計防火材料的理論與實務，高雄復文圖書出版社，
　　頁 29。

謝琇英、李新民，1997，高雄市幼兒園所健康環境現況之探討，學校衛生
　　50 期，頁 1～頁 21。

營建雜誌社，1997，建築技術規則，營建雜誌社，頁 66～68。

外文書籍：

.M. David Egan, 1986, Concepts In Building Firesafety, P.1-P.10。

參考資料網站：

內政部營建署，2010，相關網址：http://www.cpami.gov.tw/law/law/law.htm

內政部消防署，2010，相關網址：http://210.69.173.10/root/law/source/main.htm

內政部建築研究所，2005，相關網址，http://www.abri.gov.tw/achievement/index.aspx

全國法規資料庫，2005，相關網址，http://law.moj.gov.tw/

*　Assistant Professor, Graduate Institute of Architecture and Environment Design, Shu-Te University

**　Graduate Institute of Architecture of Environment Design, Shu-Te University

校園危機管理認知與策略作為

田福連

高雄市左營區左營國小校長

壹、前言

　　危機與轉機的分水嶺，在於正確的判斷、抉擇與管理與否。面對危機、管理危機、處理危機已成了今日任何行政管理最重要的議題。二十一世紀是高度科技文明的時代，相對也是思想多元自由百家爭鳴的時代，更因物質文明過度發展與精神文明追求失調所衍生的種種問題，在在衝擊著人們對事情判斷的價值觀—解構、批判、多元、差異，混亂、建構，如此後現代的圖像，不斷在日常生活中上演，也因如此，從鉅觀的角度而言，其中蘊藏的人與人、人與事、人與大自然的緊張關係；從微觀角度而言，所有任何可能潛藏的危機，正挑戰與考驗我們的思想、價值資本與組織目標。以校園而言，不管是軟硬體建設、思想價值，其中的衍生的危機無一不是考驗著所有教育工作者的智慧，不管你喜不喜歡，不可避免的你必須面對它、處理它；否則，當危機惡化成組織難以挽救的局面時，所要付出的代價是難以估計的，因此為確保學校安全穩定發展，提供舒適和諧的學習環境，也為教師能有效進行專業教學，提升學生最佳學習品質，做好校園危機管理，從認知到策略作為，正是目前最迫切

與亟待學習的重要課題。為有效建構校園危機管理的機制與因應策略，本文擬從二大層面切入：一是認知層面，分成三個議題探討分析：危機與危機管理意涵、校園危機特性、校園危機成因；二是策略的運用與執行層面，分成三個議題來進行：危機管理歷程、案例簡介分析、省思策略作為。

貳、本文

一、危機與危機管理意涵

（一）危機意涵

　　何謂危機，從相關文獻資料發現：危機即「危險」加「機會」。究竟其發展結果為何，端看處事者、管理者如何來因應面對。其相關具體的研究主張如下：

1. 孫本初（1997）：危機係指組織因內、外環境因素所引起的一種對組織生存具有立即且嚴重威脅性的情境或事件。

2. 秦夢群（1997）：危機是在極不穩定的狀況和急迫強大時間壓力下，必須做出力及決定的情勢。

3. 蔡崇振（1997）認為危機狀況至少包含下列幾項：（1）嚴重威脅組織的主要目標，處理不當可能造成生命、財產的損失，名譽信用的傷害。（2）容許作反應的時間有限。（3）具突發性，且不確定性高。（4）危機狀況常常給決策者一種混亂、複雜、不確定而又有時間壓迫的強烈感受。

4. 許韶玲（1997）：危機是一個無法容忍的情境、不穩定的狀況或突然的改變，這些情境、狀況或改變損害了個人、團體、組織或社區的正常運作，因此需要即刻的關注與解決。

5. 余美瑩（2005）的研究指出：危機的概念可以追溯至古希臘時代。「Crisis」在希臘文中為「crimein」，其意義即為「決定」（to decide），故危機是決定性、關鍵性的一刻，是一件事的轉機與惡化的分水嶺，是生死存亡的關頭，是一段不穩定的時間和狀態，迫切到要人立即作出決定性的變革。

6. 詹中原（2004）：危機是在無預警的情況下，突然爆發，帶給人民生命、財產嚴重損失，**迫使決策者須於短時間內作成決策**，採取行動以降低損失的事件。

7. Hermann（1969）：從危機的定義中，大體而言可找出三項共同要素：（1）危機乃**未曾意料而倉促爆發**所造成的一種意外。（2）**威脅到組織或決策單位之價值或目標**。（3）在情況急遽轉變前可供反應的時間有限。

綜上所述可知危機具有以下特性：從危機事件本身而言：**具不穩定性、不可預測性**；從發生時間而言：**具突發性、緊迫性**；從發展的影響而言：**具嚴重威脅性**；從發展結果而言，**具須當機立斷下決定**，否則即會付出慘痛代價：造成組織或個人生命、財產的損失，名譽信用的傷害。依上述對危機特性的探討，研究者將危機定義為：組織或個人在無預警的情況下，突遭突發性的重大事件，讓組織或個人須立即下決定來處理因應，否則會有意想不到的重大損失與後果。

（二）危機管理意涵

危機是需要管理，管理涉及一連串有系統的組織運作與行政規劃執行，從相關的研究發現：危機管理是將危機視為**可管理的歷程，其最高的指導原則在於防患於未然**。危機管理是一種應變準

備，是一種有計畫、連續性、動態的管理過程。整理相關的研究歸納其意涵有如下的觀點：

- **計畫性因應管理觀點**：何俊青（1997）、蔡進雄（1997）、趙剛（1997）、朱延智（2000）范兆寅（2004）、傅天養（2005）、Shrestha（1990）。
- **系統性解決策略觀點**：蔡崇振（1996）、朱元祥（2000）、吳清山、林天佑（2001）、徐士雲（2002）、Booth（1993）、Pearson & Clair（1998）。
- **長期規劃學習適應觀點**：孫本初（1997）。
- **預防先發式管理觀點**：朱愛群（2002）、Fink（1986）。
- **動態歷程管理觀點**：鄭宏財（2000）、吳宗立（2005）。

1. 蔡崇振（1996）認為，一般人常用「危機處理」一詞，強調控制危機狀況，不使其惡化；但是，依照校園危機的特性，若無事前的準備，屆時仍不免慌亂失措，難以在時間壓力下，作出正確的決策，妥善處理危機，所以主張採用「危機管理」的概念。

2. 何俊青（1997）認為校園危機管理係指學校組織對潛在或當前的校園危機，於事前、事中和事後，採用科學的程序和方法，進行計畫性的因應措施，且藉由資訊的回饋不斷修正調適，以有效預防、處理與化解危機的歷程。

3. 蔡進雄（1997）認為：危機管理就是組織對於危機有計畫、有組織的管理措施與因應策略此一管理措施與因應策略包含危機的準備、處理及復原過程。

4. 孫本初（1997）認為：危機管理就是組織為避免或減輕危機情境所帶來的嚴重威脅，而所從事的長期規劃及不斷學

習，適應的動態過程，亦可說是一種針對危機情境所作的管理措施及因應策略。

5. 趙鋼（1997）認為：危機管理就是針對預期或防範可能發生的危機（災難事故）事前有系統、有組織、有計畫的作為，整合政府與民間資源巡減災（mitigation）、整備（preparedness）、訓練（training）、演習（exercise）、應變（response）、復原重建的步驟（recovery），來防止災害的發生，抑制災害的擴大，減輕災害的損失，適時有效率的應變處理與復原重建，以化危機為轉機。

6. 朱元祥（2000）認為：危機管理就是一種系統化的問題解決策略，其是根據理性思考模式步驟性地設置危機管理計畫、了解危機成因或真相、化解危機問題，使危機不必然發生或將損害減至最低的管理策略。

7. 朱延智（2000）認為：危機管理是有計畫、有組織、有系統在危機爆發前，解決危機因子，並於危機爆發後，以最迅速、有效的方法，使之轉危為安。

8. 鄭宏財（2000）認為校園危機管理係指學校的行政體系、全體教職員工，結合社區資源，採用多元的危機管理觀點，針對校園危機作事前準備、危機控制及危機發生後的善後處理。

9. 吳清山、林天佑（2001）認為：危機管理（crisis management）係指組織發生緊急且具威脅的情境或事件，能夠採取有效的處理策略，以避免影響組織生存與發展的過程與活動。

10. 朱愛群（2002）認為：危機管理的有效性在於先發式（proactive），而非反應式（reactive）的危機管理。有效的危機管理是綜合預先的管理措施，使組織能協調與控制緊

急狀況的回應。危機是任何狀況的轉捩點，有效危機管理使組織擴大成功的機會，減少失敗的危險。

11.徐士雲（2002）認為校園危機管理係指學校為避免或解決在執行教育目標過程中發生的棘手事件，運用專業的危機管理技術，並考慮學生、學校人員、教師及社區間的互動關係，有效進行危機管理的活動以建立安全無虞的校園環境。

12.范兆寅（2004）則指校園危機管理係為防止危機產生、消除危機因子、減輕危機危害，而進行有組織、有計畫、有系統的動態管理歷程，而此動態管理歷程包括校園危機發生前的預防準備、校園危機發生時的控制處理，以及校園危機解除後的善後處理等三階段。

13.傅天養（2005）也將校園危機管理定義為：學校針對潛存或當前的危機，於危機發生前、中、後進行有組織、有計畫、有系統的管理措施，以有效預防、處理與化解危機的動態歷程。

14.吳宗立（2005）的研究認為：學校危機管理的重要法則是：「成功在於轉機，失敗在於危機」。學校組織體系的運作，必須重視學校內部人員的意見，也必須傾聽外部環境的聲音，才能使學校校務的推動獲得內部的認同和外部的奧援，透過管理的歷程，有效的處理因應，使學校傷害減至最低。

15.Fink（1986）認為「危機管理」是：組織為防止危機發生所採行的措施，都可稱作是危機管理，且認為有效的危機管理應包括：預測危機、建構危機應變計畫、發現危機、隔絕危機、處理危機，並作好與大眾媒體關係的活動（韓應寧，民76譯）。

16.Shrestha（1990）提出：對校園危機管理的看法認為：（1）應對危機做有計畫的反應，其乃藉由預測來減少環境的不確定性，行政人員可針對既定目標強調程序的標準化，故此種科技分析策略對物理方面的災害有其價值。（2）在不穩定環境中的危機處理，應用政治協商策略，因它迫使行政人員去面對意外及限制，故需要行政人員與周遭環境進行緊密互動，以評估何種反應對於解決危機是可行。

17.Booth（1993）則以策略管理的觀點來剖析危機管理，認為從事組織的危機管理，除了要有一套完整可行的危機管理計劃外，管理者還應從組織環境、制度、文化、行為等層面著手組織設計工作，並從基本面來杜絕組織危機的發生。

18.Pearson & Clair（1998）認為：組織的危機管理是以一種系統的方式，嘗試以組織的成員與其利害相關者，以避免危機或有效地處理已發生的危機。

　　綜上所述，危機管理意涵，從處理的策略著手，則必須對所有的危機進行所謂計畫性規劃安排訓練，才能有效掌握各階段的危機；如果從學校組織內外系統觀來看，要能掌握全貌，則必須以系統性的觀點來因應，並不斷尋求可行的解決策略；如果從學習觀點來看，唯有時時的持續進行有關危機方面的學習，才能有效來適應環境與創新環境；如以預防勝於治療觀點來看，則預防先發式管理也是很重要的思考與作為；不可諱言，危機管理因其特性多變難以掌握，視其為動態管理歷階程，確實可為教育工作者，提供較全面性、全方位的思維來有效掌握與因應。

二、校園危機特性

隨著校園自由民主呼聲日益升高，價值多元紛歧、大自然生態的破壞失衡、科技人文的失調、家長意識抬頭，教育議題更成了政治角力的競技議題重要內容。職是之故，因教育生態的改變，伴隨而來的校園危機已是不可擋的趨勢，且有愈演愈烈的態勢，身為教育工作者，對校園危機更應有清楚的認知與作為，消極方面除發生事情時能有效因應掌控處理，積極而言，當應全面建構安全的防護認知，與創新性的思維與作法，來開創新局，創造學校組織績效。吳宗立（2005）認為校園危機可能對學校經營的影響有：學校聲譽形象受損、家長對學校信心動搖、師生人心惶惶不安、組織成員士氣重挫、學校資源嚴重流失，既是如此，可知校園危機的管理是何等的重要，當然要對校園危機有效管理，首先必須對校園危機特性應有基本的認知，以下就各學者意見對校園危機特性主張摘述如後：

事件發生的成因觀點：突發性、階段性、隱伏將發→迸出星火→瞬間引爆。

事件本身特性觀點：緊迫性、不確定性、複雜性、驚異性、非常態性。

事件發生處理過程觀點：雙面效果性、優先性、立即性反應、時間壓力性、關鍵性。

事件影響層面觀點：威脅性、重大損失性、連續性。

1. 孫本初（1997）指出，校園危機具有下列特性：（1）階段性。（2）威脅性。（3）不確性。（4）緊迫性。

2. 顏秀如（1997）指出，校園危機具有下列特性：（1）緊迫性。（2）不確定性。（3）威脅性。（4）雙面效果性。（5）階段性。（6）原因性。（7）對象性。（8）組織性。

3. 許龍君（1998）認為，校園危機具有下列特性：(1)隱伏將發：有些危機因素是潛伏的，他可能是平時我們都不太會去注意的事務，也可能是一群我們所漠視的人，由於無法引起大家的注意和關懷，於是這些人、事、物慢慢在變質中，形成一不知何時會引爆的炸彈。(2)迸出星火：通常危機問題都會隱隱流露出點滴的訊息，一旦疏忽或漠視這些不起眼的警示，它會像星星之火逐漸燎原。(3)瞬間引爆。

4. 朱愛群（2002）：(1)驚異性。(2)危機威脅到組織重大價值損失。(3)危機具時間壓力。(4)迫使決策者。

5. 詹中原（2004）：危機有如疾病般，是有階段性的發展，可區分為：(1)潛伏期（prodromal crisis stage）是指事件前得階段。(2)爆發期（acute crisis stage）就是一般所認知的危機時期。(3)解決期（crisis resolution stage）此時的處理關鍵，就是盡量控制危機。(4)後遺症期（chronic crisis stage）這段時期也是恢復、善後、療傷止痛的時期。

6. 吳宗立（2004a）認為危機具有下列幾項特性：
　(1)危機的形成具有階段性(2)危機具有時間的緊迫性(3)危機具有不確定性(4)危機具有威脅性(5)危機具有雙面效果性。危機隱含著雙層意義，即「危險」與「機會」。

7. 余美瑩（2005）：(1)危機具有緊迫性－決策者必須立即作出決定。(2)危機具有不穩定性－危機影響的層面或對象，無法事先預知與預防。(3)危機具有突發性：雖然任何的災害事先都會有些蛛絲馬跡的前兆，但往往在被忽略之後，災害的發生都是令人猝不及防的。(4)危機關鍵性－處理得當，危機將化為轉機；處理不當，危機將影響組織的運作，造成一定的傷害。(5)危機具有連續性－危機的處理不是單

一的過程，而是連續性的，有生命力的，因此，其過程無法切割，而是連續性的動態循環過程。(6)危機具有生命週期性－危機不是死的，而是活的，它隨時可從適合的環境中，吸取「養分」，而成長茁壯，甚至爆發出驚人的殺傷力。(7)危機具有威脅性－嚴重威脅組織的主要目標，處理不當可能造成生命、財產的損失，名譽、信用的傷害或形象、公信力的破壞，甚至導致組織的解體。(8)危機具有中立性－可能帶來更更佳的結局，但也可能造成更惡劣的下場，其決定關鍵即在決策者危機管理得能力。

8. 林家慧（2008）將危機之特性，略可歸納成以下六項：
   （1）突發性、(2)不確定性、必須做出決策 (3)急迫性、
   （4）複雜性、(5)威脅性、(6)雙面性。

9. Hermann, J. J.（1994）將認為危機含有下列三種特性：(1)威脅決策單位的高度優先目標。(2)是在情況轉變之前能用的反應時間有限。(3)對決策單位而言，危機是未曾預料而倉促爆發造成的一種意外驚訝。

綜上所述，校園危機特性從不同的觀點確有不同的特性，從事件發生的成因觀點層面分析，其特性即聚焦於突發性、階段性，就因其突發，且突發後便有不同的發展階段結果：隱伏將發→迸出星火→瞬間引爆，因此主其事者時時修練因應思維與策略作為，就成了必要的學習課題。從事件本身特性觀點而言，則校園危機具有緊迫性、不確定性、複雜性、驚異性、非常態性等特性，既是不確定性，又複雜，且發生時又會有令人驚異的震撼感覺，因此如何培養慎謀能斷，處變不驚的膽識與處理能力，有賴平時的心力投入與準備。從事件發生處理過程觀點而言，校園危機具有雙面效果性、優先性、立即性反應、時間壓力性、關鍵性等特性，從此分析結果給

予很好的學習與啟發，校園危機事件發生時，如何掌握關建流程事件，釐清重要優先待處理事件；如何有效整合資源分工，分工負責，善加管理時間，擬訂最佳因應管理策略與措施，使損害降低，化危機為轉機，這就是主其事該學習的智慧知識。從事件影響層面而言，校園危機具有威脅性、重大損失性、連續性等特性，因此如何藉由對事件發生成因、影響層面做有效掌控、分析、歸納、整理與安排，運籌帷幄，使危機發生時，處理得有條不紊、得心應手，甚至沈著穩健、化險為夷，就成了瞭解校園危機特性首要的認知觀念與行動作為。

三、校園危機成因

危機管理是一門處理壓力及威脅最具權變性的藝術（詹中原，2004），為有效管理校園危機，對校園危機的成因，有必要探本究源，釐清觀念，以做為防微杜漸，防範未然最佳因應處理。依相關文獻整理歸納校園危機的成因有以下幾個層面因素：

行政管理觀點：組織結構、組織文化、管理風格產生問題，引起組織危機；組織僵化，處理遷延失機；資訊的取得與處理是否完整。

教育性觀點：少數教師的教育方式有待商榷，如缺乏班級經營能力、輔導技巧與知能及安全警覺等；種族歧視，仇視而犯罪，異性戀暴力（heterosexism），性侵害；學生本身在大環境變動下的狂飆期，自己的定力不夠等。

系統環境觀點：來自學校內、外的環境所引起。天災和偶發狀況、設備故障、操作程序失當、外面陌生人侵入、物理起因、身心起因。

人為性觀點：人為的錯誤、人類的無知、人為的疏忽，該注意而不注意。

1. 秦夢群（1997）認為學校所發生的危機其成因多半為「組織僵化，處理遷延失機」，校園危機基本上是一非常態事件而難以預測。

2. 許龍君（1998）認為，校園危機發生的原因是：（1）天災和偶發狀況。（2）學校行政措施的缺失。（3）少數教師的教育方式有待商榷，如缺乏班級經營能力、輔導技巧與知能及安全警覺等。（4）學生本身在大環境變動下的狂飆期，自己的定力不夠等。

3. 唐璽惠（1998）指出，校園危機的來源有：（1）來自教師危機。（2）來自師生互動危機。（3）來自學生危機。（4）來自家庭方面。（5）來自行政方面。（6）來自媒體方面。（7）其他方面。

4. 林志成（1999）則綜合國內學者對學校危機發生的原因看法，歸納為內在情境因素與外在情境因素兩大因素：

(1) 內在情境因素：包括學校行政暨經營管理缺失、學校危機應變系統不良、盲目從眾的群體意識造成決策偏差、情報訊息不足導致錯誤的決定、高估組織的處理能力等。

(2) 外在情境因素：包括政治、經濟因素、社會、文化等多方面的因素所造成、以及偶突發事件、媒體的推波助瀾等。

5. 鄭宏財（2000）認為校園危機的成因不外乎來自學校內、外的環境所引起。

6. 朱元祥（2000）則認為校園危機的主要成因是種族歧視，仇視而犯罪，異性戀暴力（heterosexism），性侵害等。

7. 吳清山、林天佑（2001）曾表示，就校園危機而言，有些是屬於人為的疏忽，該注意而不注意；有些是使用不當或保養欠佳；有些是外面陌生人侵入，導致校園發生各種意外事件，這些事件包括校園暴行、食物中毒、性騷擾或侵害、學生傷亡、實驗室爆炸等，一旦發生，對於校園師生及家長，都將構成很大的心理威脅，所以必須採取行動。

8. fink（1986）指出，校園危機的原因有：（1）設備故障。（2）操作程序失當。（3）人為的錯誤。（4）人類的無知。

9. Mitroffo & Pearson（1993）認為校園危機發生的主要原因有：（1）核心技術。（2）組織架構。（3）人為因素。（4）組織文化。（5）情感因素。（6）資訊的取得與處理是否完整。（7）成員部署是否完畢。（8）角色的扮演與實作是否純熟。

10. Batsis（1994）認為校園危機的形成，則隨著影響因素的不同而有所差異，在一所學校造成的危機因素，在另一所學校卻未必會造成相同的影響。校園危機發生的原因很多，就它的特性而言，它是不穩定的、非常態的；校園危機時時、處處都可能發生。

11. Batsis（1994）指出，校園危機是指任何迫使學校正在進行中的校園活動暫停之威脅事件；校園危機的形成則隨著影響因素的不同而有所差異，如對一所學校造成危機的因素，在另一所學校卻未必會造成相同的影響。

12. Richardson（1995）指出，校園危機發生的原因是組織結構、組織文化、管理風格產生問題，引起組織危機。

綜上所述，校園危機成因，不同的觀點有不同的成因解讀，任何不同學校危機的成因並不能類推他校。以行政管理觀點而言，危機應聚焦於組織結構、組織文化、管理風格所產生的種種問題，尤

其植基於文化深層有關的價值、制度、信仰、氣氛等等都是危機管理中首要重視的課題。以教育性觀點而言，任何教師學生無論是師生關係互動、班級經營、同儕關係、教學與輔導，尤其是性別、種族平等議題與性侵害、性騷擾都是當今最熱門的話題，這些都應被視為重要造成校園危機不可忽視的重要層面因素。以系統環境觀點而言，舉凡任何來自學校內、外的環境對校園危機足以構成人安、物安、事安種種事件皆屬之，諸如天災和偶發狀況、設備故障、操作程序失當、外面陌生人侵入、物理起因、身心起因。無論是政治因素所引起。針對這部分唯有平時多加注意、關注與預防訓練、從制度面來加以管理是最根本與必要的做法。以人為性觀點而言：校園危機首要的成因，也是最常出現的從文獻得知人為的錯誤、人類的無知、人為的疏忽，該注意而不注意，都是造成重要傷害的主因，因此如何從建立正確觀念認知到實際行動來做有效管理，是探討校園危機應努力的重點。

四、危機管理歷程

了解校園危機的特性與成因後，究竟如何有效來因應與管理，是本文關注的重點，本節即針對危機管理的歷程，蒐集相關文獻整理歸納分析其歷程內涵，以做為創新思維與策略行動的重要參考準據。有關危機管理的歷程主要的研究有以下層面主張：

三階段理論：危機爆發前的預防和準備活動、危機爆發時的解決活動、危機解決後的評估復原活動。

四階段理論：依不同的觀點主張有不同的主張：

1. 事件爆發前中後觀點：事件爆發前的舒緩階段、事件爆發前的準備階段、事件爆發中的回應階段、事件爆發後的復原階段。

2. 危機管理程序觀點：預防、控制、搶救、復原四階段。

3. 危機有漸進與發展的特性觀點：潛伏期（pretrial crisis stage）、爆發期（acute crisis stage）、後遺症期（chronic crisis stage）、解決期（crisis resolution stage）

五階段理論：依不同的觀點主張有不同的主張：

● 整合式危機管理觀點：評估（Assessment）、預防（Prevention）、準備（Preparation）、回應（Response）、恢復（Recovery）。

● 一般式危機管理觀點：（1）危機警訊偵測（signal detection）階段（2）準備\預防階段（preparation \ prevention）（3）遏止災害擴大（回應）（containment \ damage lamination）階段（4）恢復（recovery）階段（5）學習（learning）階段。

1. 危機管理的三階段理論：林錦鳳（民 93）、孫本初（民 86）、許龍君（民 87）、黃瓊慧（民 91）、謝瑾如（民 89）、顏秀如（民 86）、Nunamaker（1989）等人認為危機管理可分為三個階段：

(1) 危機爆發前的預防和準備活動（危機管理與運作活動）：此階段包含危機的規劃、危機的訓練、危機計畫書的草擬與危機的感應系統等。

(2) 危機爆發時的解決活動（危機發生時的處理與運作活動）：此階段包含危機管理小組、危機情境的監測與危機的資源管理。

(3) 危機解決後的評估復原活動（危機發生後的活動管理與運作活動）：此階段是指在危機發生之後，組織必須學習其經驗，並趁記憶猶新時，評估（評鑑）的動作必須於危機

之後立即執行，對於整個調查評估的危機管理活動，必須
作為組織修正危機計畫時的參考。

2. 危機管理的四階段理論：Clarles & Kim（1988）認為，政府
   主要的功能是保護生命與財產，理所當然，危機管理即成為
   當務之急，然而危機管理並非僅牽涉到危機的反應，危機管
   理是要求在問題剛發生時，即要有方法避免，並且組織必須
   為那些無法避免必定會發生的事情而準備，因此和黃新福
   （1992），蔡崇振（1997）等人同樣認為危機管理可分為下
   列四階段的循環：

(1) 事件爆發前的舒緩階段：這階段包括有對危害的評估，以
    及組織必須採取的抑制步驟與消除或減輕災害的可能
    性，即預防損害。

(2) 事件爆發前的準備階段：這階段包括組織以規劃的形式來
    發展其對危機的回應能力、計畫並訓練人員的應變能力。
    如危機警訊，以及其他管理危害的方式。

(3) 事件爆發中的回應階段：這階段包括組織要對危害立即反
    應，提供現場的搜索、拯救的行動、食物、避難所的提供、
    撤離、組織間的服務協調運送，以及預防第二次危機發生
    的可能性。

(4) 事件爆發後的復原階段：這階段包括短期的修護、協助復
    原重建災區，以及長期的恢復活動。

3. 許龍君（1998）認為危機管理的四階段，和上述不同，分別
   是：（1）預防：是最重要的階段，也是危機管理的首要工作。
   （2）控制：危機產生之後，要儘快控制危害，一方面不可
   把安全的人、事、時、地、物，毫無頭緒、毫無準備、毫無
   規劃的投入危機；一方面要控制危機，不可讓危機擴散開

來，並儘量使損害降至最低點。（3）搶救：將所有可以，以及有能力搶救災害的人、事、時、地、物，凝結成有組織的救援力量，並投入救援工作。（4）復原：解除緊迫的危機，只是危機處理的前半段，後續的復原工作能處理的圓圓滿滿，使個體或團體恢復正常的運作，更是一項重要的工作。詹中原（民93）認為危機有漸進與發展的特性，將危機的走向分為四期，每一期都有管理的內容及重點：（1）潛伏期（pretrial crisis stage）就是警告期，又可稱作「事件發生前」的階段，在問題還沒產生或暴發之前，就找出問題點加以妥善處理，可以有防患於未然的效果。（2）爆發期（acute crisis stage）一旦錯過了潛伏期的階段，就進入爆發期，就是一般所說的危機時期，這個階段處理的關鍵點在於盡量減少損失，及把握處理的時間，避免危機擴大。（3）後遺症期（chronic crisis stage）危機爆發後，接著而來的就是後遺症期，這段時期就是善後、恢復的時期，此時應深入探討危機發生的問題點，並探究危機發生的原因，才能採取適當的補救措施。（4）解決期（crisis resolution stage）如果處理得宜危機就解決，倘若補救不足則反致問題的惡化與蔓延。

4. 最早將危機管理工作分成階段來進行者，是1979年美國「聯邦危機管理局」（Federal Emergency Management Agent, FEMA）所建立的整合危機管理系統（Integrated Emergency Management System, IEMS），此一危機管理模式強調其適用於所有的危機情境，同時其應變方法及管理階段是整合性的，其將危機管理的過程分為紓緩（mitigation）、準備（preparedness）、回應（response）和復原（recovery）等四

個階段，各階段的工作重點如下（余康寧，1991；黃新福，1992；周蕙蘋，1995）：

(1) 紓緩階段：此階段的主要目的係針對於人力所能控制及防止的危機，積極加以抑制，以減少其發生的機率；而對於非人力所能控制及防止的危機，則採消極防範措施，以減少受害的人員與財物。

(2) 準備階段：此階段的目的是在發展危機發生時的應變能力，以促使各項危機反應工作能充分運作，其主要的工作項目包括訓練、計畫及警告等。

(3) 回應階段：此階段主要任務在重建組織秩序，賦予人員在危機時的行為準則，使受害程度減至最低。此階段的重要工作項目包括危機處理中心的運作、撤離和收容及二次災難的預防等。

(4) 復原階段：可分為修復性復原及轉型性復原二種。前者是指協助組織復原至能運作的最低限度；後者是指藉由重建的過程，對組織重新規劃，形成組織改造的契機。

5. 危機管理的五階段理論：英國學者 Blackley（1994）認為，整合式危機管理（Integrated Emergency Management）適用於私人與公共組織，具有相當大的效用，共分為五階段：

(1) 評估（Assessment）：利用測量組織危機系統，來達到偵測組織危險的訊息程度，這項技術廣泛地被各種領域所運用，特別是危機評估測量（QRA）。

(2) 預防（prevention）：發展危機規劃作業，對於潛在的危機事件，採取適當的步驟，以預防危機之發生並降低其負面之影響，特別針對組織最弱的部分制定應變計畫。

(3) 準備（preparation）：包含提供充足的危機溝通系統，取得不同單位與組織間的共識與協議，確立大眾警訊系統以及確認可茲運用的資源是否準備妥當。

(4) 回應（Response）：回應的措施著重於知識層次、熟悉操作程序，並發揮組織平日的訓練標準與安全防護成果，尤其是危機行動小組之回應。

(5) 恢復（Recovery）：對於受傷的民眾與其家屬，必須全力支持和照顧，盡力重建組織或公司的形象，最後必須學習經驗，作為下次處理危機之參考。

6. 王垠（2000）、黃新福（1992）等人同樣認為危機管理可分為下列五階段：（1）危機警訊偵測（signal detection）階段；（2）準備＼預防（preparation\ prevention）階段；（3）遏止災害擴大（回應）（containment\ damage lamination）階段；（4）恢復（recovery）階段；（5）學習（learning）階段。

7. 詹中原（2004）認為危機管理是一種動態的規劃過程，包括危機訊息的偵測、危機的準備及預防、損害的控制及處理、復原工作的進行、不斷地學習及修正等五大步驟與三大階段。第一階段是危機爆發前（災前）的活動，主要負責協調組織危機情境作預期，此階段的主要活動為：（1）建立危機計畫系統。（2）危機訓練系統。（3）危機感應系統等。第二階段是危機爆發時（災中）的活動及設備，主要在對於危機小組提供相關的資源，此階段的執行機構可分為：（1）危機指揮中心。（2）危機情境監測系統。（3）危機資源管理系統。第三階段是危機解決後（災後）的活動，主要是對組織的執行工作評估，此階段的重要任務計有：（1）成立評估調查系統。（2）加速復原工作的進行。（3）繼續推展下一波的危機管理計畫。

8. Mitoff（1988）認為危機管理可分為，危機發生前、危機發生中、危機發生後三大階段及五大步驟（如圖1）：（1）在危機爆發前管理者必需及早察覺到危機的警訊，並作好消弭危機於無形；（2）必需有一套完善的預防及準備的計畫，儘早對危機作防範工作，並應用策略管理的理念來對組織的弱點予以強化；（3）對因應計畫實地演練及測試，並從不斷的演練中修正不當之處；（4）重視善後的恢復工作，並擬訂長、短期的復原計畫；（5）根據以往的經驗及實際運作的成效，對管理計畫作檢討及修正，並從不斷學習循環過程中提升因應危機的成效。

綜上所述，校園危機管理歷程因不同觀點有不同的主張，大致而言有三種類型，儘管主張不同，但深究其解決問題的邏輯性思考是一致的，如從預防、解決、善後復原與學習觀點來看，五階段理論是較為完整，但如以簡化危機有效處理流程則以三階段理論較佳；四階段從危機漸進與發展的特性觀點來區分，則提供了另類創新思考，具參考價值。不管如何分類，危機管理歷程應是系統性與整合資源的策略作為觀點，除了當危機發生時，當機立斷的明智決定，更重要的防微杜漸，預防勝於治療、事後的復原療傷，記取教訓避免再犯，增長智慧等等，都是所有教育工作人員應有的正確認知與省思作為。

五、案例簡介分析

校園危機如上述分析，在理念認知上想必有一番清楚圖像，但如果教師們遇上任何有關事件該如何面對與因應，就成了一門亟待學習的功課。為有效說明校園危機具體處理流程與實務操作經驗，本文擬以案例來對照說明，使教師們能更清楚校園危機處理的 SOP

標準作業流程，掌握先機，有效解決問題，確保安全的校園學習環境。因本研究係針對學前教師發表，有關案例則以目前可能發生在學校的事件來舉例說明，並舉就香港校園危機支援計畫網站（http://www.sscmss.org）所蒐集的案例，加上研究者個人實務經驗之得，整理摘述如後：

（一）個案一：學生企圖自殺

學生坐在欄杆，揚言要自殺，你是一位到達現場的老師，該如何因應處理？

1.被通知時

(1) 立即做好心理準備。
(2) 查詢肇事學生背景資料。
(3) 要求學生通知相關單位如教務處、學務處，立即啟動校園危機處理小組以為因應。

2.到達現場時

(1) 評估肇事學生情緒。
(2) 評估與處理在場其他學生反應。
(3) 最重要是肇事學生安全。
(4) 拖延時間以等候救援。
(5) 安慰及關懷肇事學生,讓他安靜,並鼓勵他說出感受。

3.處理方法

(1) 與其他老師分工，疏散學生，避免看到而感恐懼，安排監護人員。通知家長（關注他們情緒）、報警。

(2) 切勿說出會刺激學生的言詞。

(3) 留意肇事學生反應：眼神、呼吸、精神狀態、說話清晰度。

(4) 語氣肯定要求肇事學生離開欄杆，返回老師身邊。

4.後續處理

(1) 由社工師及一名教師陪同，不可獨留肇事學生一個自處。

(2) 安排就醫，作精神狀態評估。

(3) 安慰肇事學生家長冷靜，與家長配合跟進關懷了解肇事學生。

(4) 了解事件對全班學生的影響並展開必要說明與輔導。

(5) 協助同學再次面對肇事學生重返校園。

（二）個案二：性騷擾

當學生告知被性騷擾，教師及學校如何處理？

1.學校處理方式

(1) 馬上通知學校，進行必要處置流程：通知校安中心、召開性別平等會議、展開調查。通報教育局、社會局等單位。

(2) 由訓導處受理，確定是否成案，輔導室對個案學生深入，通知家長會同處理。

(3) 安輔個案學生，並避免與性騷擾者接觸，以免二度傷害。

(4) 處理過程嚴守保密原則。

(5) 依規定召開相關會議：如性別平等會議、教評會或成績考核會議。

(6) 進行對個案學生心理輔導。

2.性騷擾者典型反應

(1) 以不知道為藉口。

(2) 自衛，為自己辯護。

(3) 否認。

(4) 威嚇對方。

(5) 將責任投射於他人身上或責怪其他人。

(6) 充滿敵意，分裂離間和爭取支持者。

3.性騷擾受害者典型反應

(1) 感到羞恥自責和罪咎。

(2) 害怕混亂對人失去信心。

(3) 自尊和自信心降低。

(4) 採取逃避退縮態度。

(5) 出現情緒問題，學業表現成績下降，健康出現問題。

4.教師處理方式

(1) 教導如何自我保護。

(2) 協助提升或挽回自尊心。

(3) 跟進（同理關心與輔導）身心靈所受的傷害。

(4) 通知家長及跟進是否需要驗傷、投訴或報警。

(5) 對全校學生之跟進：培養校園互相幫助的風氣，全面進行性教育，包括兩性身心發展、相處關係等。

（三）個案三：校園霸凌

當學生身上出現不明傷痕，身為教師如何處理？

1.被欺凌者之處理

(1) 深入了解事情始末。

(2) 如查明確有霸凌事件，通知雙方家長到校，請求學務處，代為協調處理。

(3) 通知家長，驗傷與否可由家長決定。

(4) 必要時報警處理。

2.欺凌者之處理

(1) 通知家長，邀請到校了解事情。

(2) 做出處分。

(3) 教導學習解決問題和表達情緒方法。

(4) 了解欺凌同學背後原因。

(5) 讓他們代入對方角色，體會欺凌行為造成他人的傷害。

(6) 表明學校不容許欺凌事件發生的立場。

(7) 學習社交技巧，使他們學習如何與人平等相處。

（四）個案四：學生異常表現

懷疑學生有濫藥情形，教師如何處理？

處理方法
即時性

(1) 停止學習。

(2) 將學生交由適當老師或社工處理，跟進了解原因。

(3) 過程中由專責教師陪同，避免其身體狀況惡化或其他意外發生。

(4) 與家長聯絡講述情況，了解原因及尋求家長協助。

(5) 向相熟同學了解事件，評估學生是否需要入院治療。

後期跟進

(1) 評估學生濫藥文化的嚴重性。

(2) 評估進行有關教育工作的需要，避免不了了之，在學校形成不良文化後才處理。

參、結論

六、省思策略作為

　　危機管理是一種應變準備，是一種有計畫、連續動態的管理歷程（吳宗立，2005），更是一種高度行政處理藝術，因其可變與難掌控的因素太多，除了平時不斷的提醒演練，更重要的是牽涉校長與全體教師們的危機處理能力。很多人以為：校長再怎麼認真辦學，教師再怎麼兢兢業業，也不能保證學校、教師、學生不出事，這是千真萬確的事。校園經常有危機發生，如何處理與應變，是重要的課題，其重要性也是毋庸置疑，且這是當前所有教育者不可不慎的議題。依報載高雄市近來就有多起校園事件，包括性侵害、疑似性騷擾、學童墜樓等事件，透過媒體報導，直接衝擊社會大眾對學校危機處理表現的觀感。凡是不周延的處理方式與過程，有漏洞的說詞，不誠實的態度等等，都無所遁形，成為校園危機處理的反面教材。那究竟該把握哪些原則才能有效控管傷害，降低事情衝擊面，使學校能恢復往日家長的信賴與社會肯定，依國語日報「日日談」校園危機處理所提的見解，確有參考的價值：校園危機處理的

真諦，並非「大事化小，小事化無」，而是「妥善處理，讓教育的價值被彰顯」。因此，處理時，不能失去教育立場，才禁得起檢驗；要有愛心，才不會忽視當事人的權益；必須站穩法理，而非考量利害關係，才能做得公正、正確；即時處理，才不會小事變大；誠實面對，才不會越演越烈。這些法則並不難做到，但是教育心如果偏差了，將種種利害得失置於教育價值之上，很容易就變成錯誤的示範，值得教育人員警惕。（國語日報，2005/4/9）

對於校園危機的管理策略相關研究已著墨甚多，此非本文所關注重點，倒是從研究觀點而言，省思究竟有哪些研究結果可以給我們啟發，以做為行動執行的參考準據與借鏡，此為本節努力重點，茲將各有關研究摘要整理說明如後：

1. 林家慧（2008）的研究結果指出：

   (1) 危機管理機制之危機知覺部分，除應增加危機意識外，尚須輔以實際情境演練。

   (2) 危機管理機制之偵測評估部分，應以定期即時檢視為則，並加強責任制的規劃。

   (3) 危機管理機制之預防準備部分，除將觀念宣導建立外更應將人事物的準備落實。

   (4) 危機管理機制之組織運作部分，應採分工合作以將事件評估處置及通報。

   (5) 危機管理機制之領導協調部分，強調領導者的決策效能應有整合能力並沉穩應變危機。

   (6) 危機管理機制之危機溝通部分，應正視問題，釋放誠意解決問題並由發言人統一發言。

   (7) 危機管理機制之公共關係部分，應注意與大眾媒體之溝通並善用人物力資源。

(8) 危機管理機制之追蹤輔導部分，應掌握時間對受難者及關係者進行協助。

(9) 危機管理機制之評鑑學習部分，強調省思回饋透過經驗學習而獎懲部分應以組織向心力考量。

(10)危機管理機制之建立檔案資料庫部分，乃為日後參考修正之依據應詳實及完整保全。

2. 吳宗立（2005）的研究指出：（1）在危機爆發前管理者必需及早察覺到危機的警訊，並作好消弭危機於無形；（2）必需有一套完善的預防及準備的計畫，儘早對危機作防範工作，並應用策略管理的理念來對組織的弱點予以強化；（3）對因應計畫實地演練及測試，並從不斷的演練中修正不當之處；（4）重視善後的恢復工作，並擬訂長、短期的復原計畫；（5）根據以往的經驗及實際運作的成效，對管理計畫作檢討及修正，並從不斷學習循環過程中提升因應危機的成效。

3. 李家柏（2002）的研究指出，我們可以從以下幾個方面來感知發現校園發生或潛在的危機（1）從校園巡視中發現；（2）從學生意見中發現；（3）從學生記載中探微；（4）從教師觀察中獲得；（5）從家長聯繫中警覺；（6）從班級常規中尋找；（7）從學生事件中發覺；（8）從合作關係中知曉。

4. 林賢春（2003）綜合國內多位學者的看法，認為發言人需接受訓練並遵守下列原則：

(1) 以誠實的態度來提供重要且正確的訊息。

(2) 對於不實的謠言應儘速予以駁斥。

(3) 儘速針對危機可能引發的不良後果加以清除。

(4) 對學校措施表達高度信心。

(5) 定期主動邀請媒體參加簡報或記者會。

(6) 若危機時間加長可多派一位人員負責相關事宜。

(7) 需對採訪記者身分加以確認。

(8) 避免談論對於學校運作產生負面影響的話題。

(9) 避免以煽動的語氣或言詞回答媒體話題。

5. 謝佳真譯（2009）：Spencer Johnson 在峰與谷：超越逆境、享受順境的人生禮物這本書提及高峰與低谷就如同人生的順境與逆境，學校處於危機，在心態與認知上，本書睿智的見解提供了許多悟貴的智慧啟發，茲摘述其要點供參：

(1) 高峰與低谷不僅僅是你經歷的快樂與痛苦的時光，同時也是你內心的感受，以及你對外界事物的回應。

(2) 高峰與低谷相連，在今天的順境所犯的錯誤，會造成明天的逆境。在今天的逆境做的聰明事，將開創明天的順境。

(3) 當今對現況感恩，你就處於高峰，當你渴求自己缺少的事物，你就處於低谷。

(4) 你沒有辦法永遠掌控外在的環境，但你可以掌控個人的高峰與低谷，竅門就在於掌控你的信念與作法。

(5) 你可以將低谷變成高峰，秘訣就在於尋求並運用潛藏逆境裡的契機。

(6) 高峰期曇花一現最常見的原因是自大，是偽裝成自信的自大；低谷期揮之不去最常見的原因是恐懼，是偽裝成安慰的恐懼。

(7) 到達下一個高峰的好方法，就是追隨你的理想願景，想像自己沈浸在美好未來的樣貌，要描繪具體可信的細節，不久之後，你就會為了實踐願景而樂於吃苦耐勞。

(8) 在低谷裡的痛苦是當頭棒喝，可以讓你看到始終忽略的事實。

(9) 在高峰期，要避免對現況過度樂觀，在低谷期，要避免過度悲觀，擁抱現實。

(10)善用工作和生活中的高峰與低谷：擁抱現實、找出潛藏在逆境裡的契機，加以利用、對順境感恩，明智地經營順境、追隨理想願景、樂於與別人分享。

　　綜上所述，從危機管理的機制處理，林家慧確實提供了許多可行的努力重點與方向，諸如危機意識的實際情境演練、危機偵測評估的責任制的規劃、危機觀念宣導人事物的準備落實、危機組織運作採分工合作以將事件評估處置及通報、危機領導者的決策效能應有整合能力並沉穩應變、危機溝通應正視問題，釋放誠意解決問題並由發言人統一發言、危機公共關係注意與大眾媒體之溝通並善用人物力資源、危機輔導掌握時間對受難者及關係者進行協助、危機評鑑學習，強調省思回饋透過經驗學習而獎懲部分應以組織向心力考量、危機檔案管理建立檔案資料庫等等都可提供實務操作時重要參考。吳宗立的善用危機管理歷程從計畫的擬訂、演練到檢討及修正，並從不斷學習循環過程中提升因應危機的成效確實有其參考價值。李家柏的感知發現校園發生或潛在的危機的微觀思維更是強調如何見微知著有效來預防危機，提供了另一深層的參考見解。林賢春的發言人規範與注意守則，確實在危機的處理提供了明確的原則性重點，頗具參考價值。Spencer Johnson 的峰與谷：超越逆境、享受順境的人生，在觀念與信念上，更是校園危機處理過程中，應具備的正向價值思考與激發行動力重要智慧啟發見解。

　　因應複雜詭譎多變的時代，身為教育工作人員有必要執簡御繁，將思維納入行動體系，從觀念啟發、凝聚共識、縝密規劃、資源整合、創新策略到回饋省思有效來管理與處理任何可能發生的校

園危機事件。因此研究者擬整合運用校園危機的特性、成因、歷程，掌握其精神意涵，有效建構創新思維與行動方案，茲說明如下：

1. 以校園危機特性而言，應強調的認知與創新思維與策略做作法有：

   (1) 不穩定性 Instability

   (2) 不可預測性 Unpredictability

   (3) 突發性 Burst characteristics

   (4) 緊迫性 Pressing

   (5) 威脅性 Minacity

   (6) 當機立斷 To make a prompt decision

2. 以校園危機管理意涵而言，應強調的認知與創新思維與策略做作法有：

   (1) 計畫性規劃 Planed plan

   (2) 掌握全貌 Grasps the complete picture

   (3) 可行的解決策略 Feasible solution strategy

   (4) 持續進行學習 Continues to carry on the study

   (5) 洞見式管理 Sees through the type management

3. 以校園危機成因而言，應強調的認知與創新思維與策略做作法有：

   (1) 組織文化 Organization culture

   (2) 管理風格 Management style

   (3) 教育性觀點 Educational viewpoint

   (4) 系統環境觀點 System environment viewpoint

   (5) 人為性觀點 Artificial viewpoint

4. 以校園危機管理歷程而言，應強調的認知與創新思維與策略做作法有：

(1) 預防 Prevention

(2) 解決 Solution

(3) 善後 Damage control

(4) 復原 Restoration

(5) 學習 Learning

　　另外在校園危機處理的原則與正向心理建設與修鍊方面，研究者融入上述理論並參採個人實務經驗提出看法如下：

1. 校園危機處理的原則

(1) 觀照全貌，運籌帷幄

(2) 設停損點，有效化解

(3) 心中有愛，人溺己溺

(4) 勇於面對，坦然承担

(5) 回歸教育，專業對話

(6) 將心比心，公平正義

(7) 謹言慎行，全面動員

(8) 即時處理，善用人力

(9) 整合資源，提升效率

(10)依法行政，公平處理

2. 正向心理建設與修鍊

(1) 危機是必然存在的，端看如何因應與面對：平時培養積極敏銳的觀察力，注意周遭各種可能發生危機事件。

(2) 借鑑危機，圓融提升智慧：今日的疏忽，可能就是明日的危機，今日的謹慎與明智，是減少危機最佳思維與聰明做法。

(3) 處順境更要居安思維，步步為營：時時與人為善，種善因必得善果。

(4) 面對危機應有善用與尋求其潛藏危機中的契機的認知與修為，才能增長智慧，避免重蹈覆轍。

(5) 掌控正向信念，累聚經驗：時時檢視關照內心，與人為善否，正向積極面對事情否？有無系統觀來看待組織的發展與潛藏的危機等等。

(6) 面對危機是否能更沈著冷靜，讓始終忽略的事實，透過各項創新思維與策略，來尋求最佳因應處理方式。

(7) 渾沌理論給予重要啟發與省思：對初始狀態高度敏感、奇特吸引子、蝴蝶效應與回饋機制等，都是管理危機不可或缺的認知與思維。

(8) 知識管理與組織學習的啟發與省思：系統化知識管理與應用是面對危機執簡御繁首要功課，而組織學習是面對危機提升有效化解的根本修鍊。

(9) 激發生命共同體的願景訴求，才能全面啟動與發揮預防危機的整合功能，使危機能轉為契機，讓組織更能善性循環，發揮最佳效能。

(10)順境感恩，逆境沈著，平常心待之。

參考文獻

一、中文部分

王垠（2000）。*談校園危機管理：高中教育*，15，20-23。

朱元祥（2000）。*Are You Ready？──論危機管理*。教育研究月刊，72，52-59。

朱延智（2003）。*企業危機管理*。台北市：五南。

朱愛群（2002）。*危機管理解讀災難迷咒*。台北，五南。

余美瑩（2005）。*屏東縣國民小學校園危機管理之研究*。國立屏東師範學院教育行政研究所碩士論文，未出版，屏東市。

何俊青（1997）。*危機管理在學校經營之應用*。教育研究，5，113-134。

李家柏（2002）。*校園危機管理*。台北縣雙河區教師輔導工作手冊。台北縣。

吳清山、林天佑（2001）。危機管理。*教育研究月刊*，84，119。

吳宗立（2004a）。學校危機管理的理論與應用。*初等教育學刊*，18，51-75。

吳宗立（2004b）。學校危機領導人的特質。*國教天地*，158，44-50。

吳宗立（2006）。學校危機管理機制之建立。*中學教育學報*，13，3-17。

吳清山、林天祐（2001）。教育名詞解釋──危機管理。*教育研究月刊*，84，119。

林志成（2001）。提高學校危機處理能力之對策。*黃坤錦主編：校園危機與師資培育*。台北市：五南。

香港校園危機支援計畫網站。上網日期：2010 年 10 月 11 日取自 http://www.sscmss.org

林賢春（2003）。*台北市大學校院校園危機管理之研究*。台北市立師院國民教育研究所碩士論文，未出版，台北市。

林家慧（2008）。*國民小學校園危機管理機制建構之研究*。國立屏東教育大學教育行政研究碩士論文，未出版，屏東市。

范兆寅（2004）。*國民小學危機管理現況之研究*。國立台中師範學院國民教育研究所碩士論文，未出版，台中市。

唐璽惠（1998）。校園危機處理。*學生輔導通訊*，58，44-57。

徐士雲（2002）。*國民小學校園危機管理之研究──以臺北市為例*。國立臺北師範學院碩士論文，未出版，台北市。

秦夢群（2004）。*教育行政──實務部分*。台北：五南

孫本初（1996）。危機管理專題。*校園危機處理的問題與對策學術研討會專題報告*。

郭俊旭（2005）。*台南縣國民小學校園危機之研究*。國立嘉義大學教育行政與政策發展研究所碩士論文，未出版，嘉義縣。

許韶玲（1998）。危機調適的基本概念及其在學校中的實施。*學生輔導*，5，106-107。

許龍君（1998）。*校園安全與危機處理*。台北市：五南。

黃新福（1992）。*危機管理之研究——從組織層面來探討*。國立政治大學公共行政研究所碩士論文，未出版，台北市。

傅天養（2005）。*校園危機管理之研究——以苗栗縣國民小學為例*。國立新竹師範學院教育行政班碩士論文，未出版，新竹市。

詹中原（1993）。*美國政府之危機管理——組織發展與政府架構*。5(5)，97-99。

蔡進雄（1998）。組織危機管理策略。*人力發展月刊*，4，52-59。

蔡崇振（1996）。從兩個實例談校園危機處理。*教師天地*，82，32-35。

趙鋼（1998）。災難與事故危機管理。研考月刊，頁51-66。

鄭宏財（2000）。校園危機管理及其在學校組織中的應用。*人文及社會學科教學通訊*，4，186-197。

鄭夙雅（2008）。*高雄市國民小學教育人員校園危機管理知能調查研究*。國立台南大學行政管理研究所碩士論文，未出版，台南市。

謝佳真譯（2009）。峰與谷：超越逆境、享受順境的人生禮物。皇冠出版社，台北市。

顏秀如（1997）。*國民中學校園危機管理之研究*。國立台灣師範大學教育研究所碩士論文，未出版，台北市。

二、西文部分

Batsis, (1994). *Crisis management in catholic schools*. National Catholic Educational

Booth, S.A. (1993). *Crisis management strategy: Competition and change in modern enterprises*. New York: Routledge

Fink, S. (1986). *Crisis management: Planning for the inevitable*. New York: American Management Association.15.

Hermann, C.F. (1969). Some consequences of crisis which limit the viability of organizations. *Administrative Science Quarterly*, 8, 61-82.

Mitroff, I. I. & Pearson, C. M. (Eds.) (1993).*Crisis management: A diagnostic guide for improving your organization' crisis-preparedness*. San Francisco: Jossey-Bass.

Pearson, C. M., & Clair, J. A. (1988). Reframing crisis management. *Academy of Management Review*, 23(1), 59-76.

Richardson, B. (1995) Paradox management for crisis avoidance. *Management Decision*, 33 (1), 5-18.

Shrestha, B. (1990). *Crisis management in the schools*: New aspects of Professionalism. Oregon School Study Council, Eugene. (ERIC Document Reproduction ServiceNo. Ed 324 809.).

校園危機管理之探究

黃怡雯

高雄縣茂林鄉茂林國中校長

壹、前言

近年來，我們目睹了一系列令人矚目的危機（crisis）和災難（disaster）：911 事件，南亞海嘯，四川大地震，冰島和印尼火山噴發，澳洲和中國的大洪災，臺灣的 88 風災和凡那比 919 水災等災難。這些特殊的問題，意味著氣候環境地形遽變，人類正面臨危機和災難的侵襲，我們應該意識到災難常態化，學校該如何因應正考驗著教育工作者的危機管理能力。

貳、危機的相關意涵

一、危機的意義

Fink（1986）認為危機乃是產生危險與出現機會之間的一個決定時刻或關鍵時期，兩者發生的機率各佔一半。Everett（1991）認為危機是一種難以容忍，不穩定的狀況或突然發生改變，打斷個人、團體、組織或社區的正常運作，並且需要立即的注意和解決。

李宏才（2003）提出危機一方面會造成個人或組織的危險狀態，另一方面卻也帶給個人與組織轉化、成長或發展的機會。同時會帶給人民生命、財產嚴重損失，迫使決策者須於極短時間內作成決策，採取行動降低損失的事件（陳啟榮，2005）。危機出現時可能是負面或危險的後果，但處理得當亦是轉機生機。

二、危機的特性

　　有效處理危機、化解危機與預防危機，就應先瞭解危機之特性，以利採取適當解決的方法，從容不迫地將危機化為轉機。朱愛群（2002）歸納各家學者的見解，歸納危機的共通特性包括：（一）危機具有威脅性（二）危機具有時間的緊迫要素（三）危機具有不確定性（四）危機具有階段性（五）危機具有複雜性（六）結果具有雙面性（七）危機具有新聞性（八）危機會產生壓力。Krauss（1998）認為危機的主要特性包括：緊急性（urgency）、模糊性（ambiguity）、複雜性（complexity）、以及不確定性（uncertainty），其中緊急性係指對於危機情境的評估，對於變通方案的形成與評估以及做決策等可資運用的時間非常有限；模糊性係指資訊的來源缺乏或品質低落；複雜性係指組織結構或科技系統之間的相互依賴、相互影響；不確定性係指個人對於系統之內的變化結果無法了解與預測，不確定性與前述模糊性與複雜性又有相當的關聯，這四種特性造成整個危機情境的壓力，壓力越大，危機之下如何下決策更是難拿捏。

　　綜觀國內外研究有關危機之特性，可以歸納以下六項：

（一）危機具威脅性

危機乃是由組織內外因素所引起的一種威脅性情境並對組織生存具有殺傷力（Hermann, 1969）。而且危機發生後常常伴隨著威脅，會引起損失、傷害或死亡。假如不採取相關補救措施，就會對個人或是組織產生負面的影響（Dutton, 1986）。

（二）危機具複雜性

危機就像是感冒一樣，來自許多不同之管道，因為範圍太過寬廣，因此無法列出可能的危機類型（邱昌泰，2003）。危機的產生更非單一原因所造成的，往往是許多原因所形成的。此外，危機發生的原因（cause）時常與後果（effect）互相錯綜複雜交織持續不斷的惡性循環互為因果，讓危機更為複雜讓人捉摸不定（孫本初，1997; Fink, 1986）。

（三）危機具不確定性

危機的出現具有高度的突發性與不確定性，危機的不確定性可分為三種。第一是危機發生的不確定性：對危機何時會爆發與會發生於何地並不能事先確定；第二是危機過程的不確定：當危機真正產生後之情形並無法做預估掌握；第三是影響結果的不確定：指危機發生後之後續影響無法正確預測（陳啟榮，2003）。因為危機的變數往往是不確定的，因此人若只是按照正常思考模式去處理問題，就會忽視一些認為發生機率不高的負面資訊，而造成重大傷害。

（四）危機具急迫性

危機的爆發常常令人出乎意料之外，雖然任何的危機在事前都會有一些蛛絲馬跡的徵兆可尋，不過處置的時間非常短暫而且又非

常急迫（Hermann, 1969），在時間的壓迫與資訊的缺乏下，並無法按照平常的標準作業程序來解決，往往在一剎那就爆發出來，若稍一不慎就會適得其反損害擴大後果不堪收拾讓人防不勝防，所以常常造成個人或組織的混亂與著急（蔡培村，2002）。

（五）危機具雙面性

Fink（1986）分析危機如果發生，局勢不是會惡化，就是會有轉機，兩者的機率常各佔一半。危機是一種轉機也是危機。危機本身具有雙面性，分別是「危險」與「機會」兩種特性。換言之，危機具有一體兩面效用。

（六）危機具新聞性

危機所產生之效應常常具有新聞性，因此每當危機發生之際一定會受到大眾傳播媒體的大肆宣傳與報導。

三、危機的發展階段

Fink (1986)將危機發生後之週期區分為五個階段，如以下所述：

（一）醞釀期

說苑：「患生於疏忽，禍起於細微。」而當危機將要發生之前會透露出種種蛛絲馬跡現象，與蝴蝶效應（butterfly effect）的觀念是互通的，均強調鉅細靡遺的重要，任何現象均隱藏特定意義，因此對於不起眼的小事情要特別注意不可輕易忽略，否則就會造成更大的損失或傷害，因為此階段常有「浮雲初起日沉閣，山雨欲來風滿樓」的一些跡象與徵兆出現，故又稱為警訊期（吳清山、林天祐，2003）。

（二）爆發期

突破危急的預警防線，危機便進入爆發期，並會威脅到生存和發展，如果不能立即處理，危機將進一步上升，其殺傷範圍與強度會變得更為嚴重。

（三）擴散期

危機發生後，會對其他領域產生連帶影響，有時會衝擊其他領域，而造成不同程度的危機。

（四）處理期

該階段進入關鍵階段。後續發展完全取決於危機管理決策者的專業能力。通過建立危機預警機制，將其消滅於萌芽之中是最佳的危機處理途徑。

（五）處理結果與後遺症期

危機經過緊急處理後，可能得到解決，但無效的處理，可能使危機的殘餘因素經過發酵，使危機重新進入新一輪醞釀期。後遺症期係指危機爆發後所產生的種種後遺症之現象，此階段乃是針對每一個後遺症分別加以妥善處理，避免危機所造成的損失或傷害再度擴散開來，又可稱為善後期。

四、校園危機之類型

校園內領導階層依然保守固執絲毫沒有任何危機意識，造成校園組織僵化與資訊流通不足，此種現象實在令人感到十分不安（秦

夢群，2002）。當前校園安全已受到嚴重的挑戰，若是意外或災難突然爆發時，那麼校園成員將會措手不及，進而造成無法彌補的傷害和不幸。

　　為了讓校園成員知悉校園存在何種危機？綜合國內外研究歸納整合出校園常見的八項危機，臚列如下。

（一）天然災害

　　是指颱風、雷擊、地震與洪災、土石流等天然災害，這些天災均會對校園成員與設備財產造成相當嚴重的傷害與損失。

（二）意外事件

　　是指午餐食物中毒、學校設施漏電、建築物倒塌、疫情蔓延、運動傷害與上下學發生交通事故等之危機。

（三）學生違規

　　是指學生曠課逃學中輟、互毆械鬥、偷竊、性騷擾、恐嚇勒索、私自濫用藥物等之危機。

（四）教師犯罪

　　是指教師不當體罰學生成傷或是在校外從事非法事業等之危機。

（五）校園衝突

　　師生衝突、親師衝突、親子衝突、體罰事件、學生抗爭即申訴事件等，以學習或管教所形成的事件。

（六）行政弊端

效能低落、組織鬆懈、業務不振、違規違法。

（七）外力影響

是指校外人士綁架學生、校園設施遭人破壞、民意代表的介入關說、不明人士傷害上下課學生與誘騙學生從事不法活動之危機。

（八）自我傷害

是指學生自閉、自殘、自虐與自殺所造成之危機。

參、危機管理的基本概念

一、危機管理的意義

Mitroff（1986）提出危機管理乃是在於執行五個重點工作計畫：分別是危機訊息的偵測、危機的準備、損害的控制與處理、危機的復原工作以及不斷的學習與修正。而危機管理的主要精神乃是指能迅速發現危機，遏止危機的發展，並能立即化解危機，讓危機的走向從潛伏期轉向解決期，使危機不至於過度爆發而造成難以彌補的損失或傷害（Fink, 1986）。Harris（1990）認為危機管理是經由事先的規劃、溝通、協調與執行，因此能預防與減少危機對組織成員身心的威脅。

朱愛群（2002）以為危機管理係指如何改變風險或不確定因素，讓自己獲得更多掌控命運之方法而所為之危機規劃。

陳啟榮（2005）認為危機管理是指針對潛在或當前的危機，基於動用資源最少、使用時間最短、波及範圍最小、損害程度最低的

理念，有組織有計畫有步驟的採取最有效、最可行、最切實的對策和行動，通過必要的危機意識、危機處理、危機控制，以達危機解除之目標。

　　謝謹如（2008）指出危機管理就是組織為避免或減輕危機情境所帶來的嚴重威脅，而所從事的長期性規劃及不斷學習、適應的動態過程，也可說是一種針對危機情境所作的管理措施及因應策略。

　　綜上所述，危機管理是一種有規劃的、系統的、持續改善的以及動態的一套管理歷程。至於危機管理的功能主要有三項：第一項功能是「減少危機的威脅」，對於不確定性事件所產生之危機，假如採用事先模擬過的計畫，能減少真正危機事件所帶來的威脅。第二項校園危機管理機制之建構功能是「化解疑雲，澄清流言」，當危機發生時訊息的傳播非常快速，但卻都是人云亦云以訛傳訛謠言不止，並引起許多恐慌，妥善運用危機管理可以化解疑雲並澄清流言；第三項功能是「化險為夷」，是指當危機管理機制已建構完成，任何危機將被有效預防並遏止（謝謹如，2008）。

二、危機管理與危機處理之差異

　　另外，危機管理（Crisis Management）常常與危機處理（Crisis Control）彼此間產生混淆，針對兩者之特性加以分析並予以釐清（王坦，2000；顏秀如，2001），如表 1 所述：

表 1　危機管理與危機處理的區格表

危機管理（Crisis Management）		危機處理（Crisis Control）
考量範圍	事前、事中與事後的管理	事後的處理
主要功能	事前的有效預防	事後的有效解決
策略之性質	主動的與積極的	被動的與消極的

構成要素	事前預防、事中化解與事後學習	事後善後

資料來源：陳啟榮（2005：125）

肆、校園危機管理之意涵

一、校園危機管理的意義

　　危機管理一詞主要是指組織在危機發生的前後調集資源、致力恢復組織的穩定性及活力，迅速恢復有效經營所採取的相應對策及行動。鄭燕祥、伍國雄（1997）從組織理論的研究取向論述校園危機管理，認為校園危機管理之重點乃在於危機發生前、發生中、及發生後等不同時段，作出相應的策劃、組織、指導、及控制之行動；而目標則在減低學校在結構、人員、設施、及資源方面的損失，使學校組織在歷經意外損失後，仍能存在並發揮功能。

　　危機管理是為了避免或減少危機的負面後果，並保護組織、相關人士、或產業等免於傷害。危機管理有四個基本要素，即預防、準備、實施以及學習（林文益、鄭安鳳合譯，2002），危機管理是預防、準備、實施以及學習的過程，四個階段構成一個完整的循環。危機管理係指一種有計畫的、連續的及動態的管理過程；亦即政府或組織針對潛在或當前的危機，於事前、事中或事後，利用科學方法，採取一連串的因應措施，且藉由資訊回饋不斷修正調適，有效預防、處理與化解危機的歷程（陳啟榮，2005）。

　　危機管理區分為危機前、危機中、危機後三個階段，危機前重視預防與準備，危機中強調處理與控制，危機後則重視追蹤與學習。

二、校園危機管理的原則

教育部（2010）建議各學校處理危機的原則，認為「各項危機及其處理之概念在教育上宜以確保人、事、時、地、物的安全無虞為基礎加以規劃」，處理原則如下：

1. 防患未然：對可能危害安全的人、事、物等因素，事前評估、推測、檢查與預防。

2. 尊重人性：尊重人性需求，考量全人格的發展，提供安全無障礙的學習環境。

3. 科學管理：利用電腦記錄、整理可用資訊，隨時代提升安全品質與效率。

4. 共同參與：結合教育、學校行政人員、建築師、教師、學生、社區人士、管理人員等分別貢獻心力，一同發揮效用，確保公共安全。

5. 專人負責：依園務行政管理功能、建立專人負責的管理組織，逐級負責檢核，提高幼稚園公共安全管理的效能。

6. 聯繫溝通：各分層負責的工作族群之間密切協調與溝通，使計畫、執行與考核三程序聯結為堅固而靈活的安全體系。

7. 主動積極：改變「好逸惡勞」的懶惰心態，，養成「主動積極」的態度，建立完整的管理網路，有效發揮公共安全管理功能。

8. 整體持續：以全方位的整體觀念及做法，來取代單層面，臨時性的安全維護措施，亦隨時偵測危機因素，謀求妥善的防範方式。

9. 教育訓練：利用各種相關的課程、活動、模擬的狀況、設計的情境來指導訓練學生。

10.把握時效：為了減低損害程度與後遺症，幼稚園及其他相關人員應該切實把握時效，冷靜、快速、妥善、圓滿的予以處理或化解。

除了教育部的建議之外，校園危機管理之原則，可分三大部分來說明：危機前應防範於未然，先了解組織內的「潛在危機因素」，其次成立「危機處理小組」，建立職掌分工表與校內外資源聯絡網，訂定作業流程加以演練，同時要把潛在危機因素告訴師生，以建立危機意識，並教導其有關的處理常識（余美瑩，2005）。在危機中應把握時效，盡速界定危機的型式和範圍、提供學校人員危機情境的訊息，並告知他們應採取何種適當的行動，盡速使危機事件落幕。危機後應成立評估系統並進行評估、加速復原工作的推行、並從過程中學習與危機管理的再推動（林錦鳳，2004）。

三、校園危機管理的策略

危機管理各階段之工作重點（即危機前的舒緩與預防、危機中的積極介入與處理、危機後的復原與學習），敘述如下：

（一）危機發生前的策略

鄭宏財（2000）認為如果組織能提早發現危機，採取適當的管理措施，便能將危機消弭於無形。雖然危機的種類很多，但不論是屬於何種性質的危機，及早發現徵兆絕對位居首要，因此建立危機的預警機制極為重要。因此學校組織成員若能從了解環境、蒐集資訊、多注意校園中的潛藏危機及預估危機的等級，發揮「居安思危」的危機認知，將可避免或預防危機的發生。在危機發生前的策略部分，可分為下列兩點來說明：

1. 危機的舒緩工作：教育部（2010）認為災害管理各階段都有其重點的作法。在減災階段是災害的預防與迴避，預先做好所有可能潛在的災害分析、評估傷害程度，策定迴避災害的策略與計畫，不但要做到減災，進而更要讓災害不要發生。任何災害不要有意外，要發生也是在意料之中。因此，學校組織成員必須隨時留意校園危機的警訊，全面性來建立危機偵測的機制，做好減災計畫，並將危機訊息告知全校師生，以避免危機發生。教育部（2010）明訂減災階段旨在減少災害發生或防止災害擴大，各教育行政單位及學校應依權責實施下列事項：

(1) 潛在災害分析與評估。

(2) 防災預算編列、執行、檢討。

(3) 防災教育、訓練及觀念宣導。

(4) 老舊建築物、重要公共建物及災害防救設施、設備之檢查與補強。

(5) 建立防災資訊網路。

(6) 建立防救災支援網絡。

(7) 其他災害防救相關事項。

2. 危機的預防工作：余美瑩（2005）認為可分為，在校園危機的預防工作上，可從下列幾點來說明：

(1) 學務處的預防工作：成立校園安全維護會報、成立危機處理小組、設定危機處理作業要點、建立各單位、人員之緊急連絡地址及電話號碼、做好安全教育宣導、指導學生校外活動之安全防範工作、加強學生校外生活輔導、加強學生生活教育、建立申訴制度、預防青少年犯罪、加強宿舍安全管理、強化校外寄宿生的輔導。

(2) 輔導室的預防工作：主動輔導學生、展開協同輔導、建立緊急個案處理辦法、舉辦教師輔導知能研習。

(3) 總務處的預防工作：確保校園設施、設備的安全；維護校園環境衛生；加強門禁管制；強化學校駐衛警功能；落實防護團之編組與功能。

(4) 全體師生共同性的預防工作：建立安全警覺性；經營良好的師生關係；適度調整教師心態；開闢學生言行宣洩的空間；有效運用多元化的資源以維護校安。

在危機預防的部分，學校組織可以從下列幾部分來著手：

(1) 擬定危機（緊急）應變計畫：危機應變計畫是預防性、獨特性、時效性、綜合性、簡單、明確且有彈性，有助於了解和執行，它可以提供正向的方式來處理威脅情境。危機應變計畫應針對較大範圍的危機而設計，而不是針對任何單一型態的危機作計畫（Fink, 1986；顏秀如，1997）。學校應訂定校園災害管理實施計畫，明定減災、整備、應變及復原等階段具體作為及作業流程（教育部，2003）。

(2) 成立危機應變處理小組：危機處理小組是一個團隊，可說是因應危機環境與學校組織特性所形成的專業性組織，可以減少學校危機的發生或縮小危機的影響範圍。危機處理小組最主要的目的是使學校運作，儘速回復到正常的狀態。

(3) 建立良好的溝通管道與夥伴關係：學校若能與其他機構建立明確的溝通管道，所傳遞的訊息是即時且正確的，有助於釐清事實的真相。所以學校平時應與社區建立深厚的工作關係，則危機發生時，才可以有快且合作的回應。

(4) 建立緊急通報系統：學校可建立一套正式或非正式的溝通網路，層次越簡單越好，除了可傳播正確資訊，避免謠言

外，也可利於訊息的快速傳遞。緊急通報系統可使危機處理小組人員在學校上班時間以外，也能迅速通知學校人員或上級機關緊急事件。

(5) 編制危機處理手冊：危機處理手冊可以提供組織成員，在緊急情況下，對於自己的責任和任務，有明確的指導方針。其主要內容應包括：明確的目標和責任範圍、危機處理小組的電話、學校環境的相關資料、危機處理小組管理中心、緊急事件處理計畫、完整的訓練計畫及所有人員的紀錄（包括學生、及學校人員）。

(6) 完善的環境設備：設置夜間的照明設備、危險地區設置警示標誌、隨時檢視建築物的安全性、校園死角設置監視系統、確保校園周圍道路及設施的完善、設置完善的通訊設備、建置完善的系統資料（如基本資料、醫療紀錄等）。

(7) 足夠的法律諮商：學校教育人員對危機，除了道義責任外，尚負有行政和法律責任；尤其公立學校的教育人員為廣義的公務人員，故對於學校危機相關的法律事務及責任不宜不慎。

教育部（2010）認為在整備階段，是根據減災階段所得出來的結果去實際推動和準備。旨在有效執行緊急應變措施，各教育行政單位及學校平日應實施下列準備工作：防救災組織之整備、研擬應變計畫、訂定緊急應變流程、實施應變計畫模擬演練、災害防救物資、器材之儲備、災情蒐集、通報及校安中心所需通訊設施之建置、維護及強化、避難所設施之整備與維護，及其他緊急應變準備事宜。具體而言是要擬定各項工作計劃，籌措設置各項硬體設施，並對幹部與學生進行必要的宣導、講習、演練。俗語說：「多一份準

備，少一份災害。」因此，學校平時應作好校園危機的預防工作，以避免校園危機或減少損害。

（二）危機發生中的處理（回應）策略

余美瑩（2005）認為在危機處理的過程中，有幾項重點是不可忽略的，包含危機處理小組的運作、校長在危機管理過程中扮演的角色、危機溝通。校園危機處理的要領是沉著冷靜，調適危機壓力、迅速投入救援力量、掌握狀況，判斷危機因素、尋求最佳解決方案。其注意事項是：主動、先制、運用統合力量、尋找著力點、優先處理重點、防止案情擴大、防範後續的發展、採取適當的保密措施等。綜合而言，當危機發生時，學校組織的作法如下：

1. 啟動危機處理小組的運作與功能（教育部，2010）：
   (1) 界定危機性質：確認事件的性質，並評估危機事件的嚴重性。
   (2) 蒐集與危機相關的資訊，並了解危機是否衍伸其他問題。
   (3) 建構解決之方案或策略。
   (4) 召開危機處理會議及校務會議。
   (5) 學校組織成員依照工作分配，各司其職，分工合作。
   (6) 對危機事件作適當的反應，並統一對外發言，避免訊息誤傳或扭曲。
   (7) 運用有利資源，儘速處理。
   (8) 呈報上級單位。
2. 校長發揮領導與協調的功能（李宏才，2003）：
   (1) 校長應扮演「平衡者」的角色，一方面傳達正確訊息給民眾，一方面讓校務正常的運作。
   (2) 指導學組織成員對危機事件作出正確的反應。
   (3) 校長處於危機時期，應運用其地位、人脈作強勢領導，有助於減低危機的負面影響。

(4) 校長應有效掌握全局，當機立斷、適度授權，有效發揮聯繫的功能。

3. 建立良好的公共關係，發揮積極的溝通功能（邱昌泰，2003）：有效的危機管理有賴於危機溝通機制的建立，危機溝通可說是危機管理過程中的「心臟」，應注重危機通訊系統的建構、媒體公關的重要性。

4. 啟動應變計畫：教育部（2010）認為一旦不幸災害爆發時，就進入災害處理應變階段。此時應變計畫啟動，所謂應變計畫，就是對潛在危險或曾發生過的危險，設計出一系列的處理、組織與報告的作業體系。它的主體應敘明災害處理的編組、職責、通報處理優先順序、行政支援與特別規定或協調事項。還有一些附屬計畫，則是針對個別災害不同的處理作法。其內容應力求周延、深入、明確而富彈性，要避免過於複雜而窒礙難行。

5. 蒐集資訊，並管理資訊：先蒐集各種有關資訊，掌握基本的事實情報，才能知道危機發生的真相與處理的重點。

　　教育部（2010）認為在資訊發達、權益高漲的時代裡，任何災害不但不能掩飾，還要儘可能在透明化狀態下，充分與各界溝通，才能減少各種可能附加的傷害。並明訂各教育行政單位及學校應實施緊急應變措施，其項目如下：成立緊急應變小組、召開決策小組會議、災情搜集與損失查報、受災學生之應急照顧、救援物資取得與運用、配合相關單位開設臨時收容所、復原工作之籌備、災害應變過程之完整紀錄、其他災害應變及防止擴大之措施。

　　在緊急回應方面溝通是關鍵（Veil, 2007）。沒有即時的資訊在危機中，人們必須依靠謠言對於他們的信息，越來越不確定性和使情況惡化（Ojeda & Veil, 2010）。媒體作為資訊資源，與媒體建立

夥伴關係在危機回應（Ojeda & Veil, 2010）。學校必須有統一發言人，查明並坦誠面對災害事實，儘快並隨時簡明扼要說明狀況。

（三）危機發生後的復原策略

Fink（1986）認為在危機發生時，組織因為忙於處理危機，往往無暇追究危機發生的原因，一旦進入後遺症期（又稱為善後期或恢復期）後，就要回頭找出危機發生的原因了。李宏才〈2003〉認為危機發生後之學習策略必須包含：改進學習的內容、教學方法、態度及動機、強調成就並非能力、創造以學習為中心的教室、放棄榮譽排行榜、學習希望無窮的態度、心治、理治、法治。危機後的復原階段，學校應有的作為如下：

1. 成立評估系統並進行評估：項目包括功能（電腦、溝通）、合作（感應系統與決策群體）、知識能力、溝通網路、知識的轉化、決策效果。

2. 加速復原工作的推行：可以減少或避免損害，也可以預防下一次損害。

3. 從教訓中學習與危機管理的再推動：學習再學習、分享知識、執行創造性的決策，可預期並避免下一個危機。

4. 建立追蹤輔導的時間表，協助學生處理悲傷情緒，提供教師諮商服務，以利於輔導學生，或其他危機受害者。

5. 回顧整個危機始末，比較危機處理的優缺點，不責備以往的危機管理過程，並把學習經驗變為正式文件，作為學校危機管理檔案。

6. 追蹤評鑑：各教育行政單位及學校應定期檢討校園安全及災害管理工作狀況，據以辦理獎懲，以提升實施成效。

而教育部（2010）認為當災害告一段落後，就進入復原階段復原的工作依所需時間的長短可以分為二類：

1. 是修復性的復原（restoring recovery），目的在於早期復原階段，迅速重建至災害前的面貌。

2. 是轉型性的復原（transforming recovery），指經過災害檢討學習後，針對缺失重新做結構性、長期性的改變再造。災害管理的四個階段其相互間均有其關聯性，可以構建成一個環狀體系，亦即減災、整備、應變、復原四個階段，每一階段的作為都受到上一階段結果的影響，而且還會影響下一階段的行動。例如：整備階段的活動可能會延伸到緊急應變的活動，而緊急應變的活動也可能同時具備復原的功能，至於復原的工作也會造成一些減災的效果。

另外，各教育行政單位及學校於災後應實施復原重建工作，其重點如下：災情勘查與鑑定、復原經費之籌措、捐贈物資、款項之分配與管理及救助金之發放、硬體設施復原重建、受災學生之安置、受災人員心理諮商輔導、學生就學援助、復學、復課輔導、召開檢討會議、及其他有關災後復原重建事項。

伍、校園危機管理的具體作法

為有效建立校園危機處理機制，減低天然和人為災害對校園造成重大傷亡，以維護學生安全，確保校園安全，同時藉校園危機處理機制，正確掌握災害與意外資訊，以通報、指揮、管制、協調、聯絡、支援等方式，掌握機先，爭取時效，迅速應變突發重大災害與意外，以降低災害之損傷至最低。

　　藉校園現有之行政資源與人力，整合社會資源，依校園災害管理機制實施計畫，平時測試協調機制與校安通報系統之可行性，突發狀況發生時，能依訂定之作業規定與處理程序，採取妥當之措施。

一、落實危機管理機制

　　學校的危機管理，除應擬定危機應變計畫外，亦應啟動危機應變計畫的流程，每學期進行為機應變小組人員的訓練與模擬演練，增強學校成員的應變能力。確實辦理校園實際防災演練，檢視學校災害處置能力及各項應變流程，整合災害處理效能，並從中汲取經驗，以強化學校災害防救應變處置暨善後復原重建作業能力。藉由學校師生演練與觀摩，瞭解災害防救的實際操作，大幅降低受災人數，深化學生防災素養，達成校園防災的目標，奠基永續安全校園。

　　演練方式包含減災、整備、應變及復建等四階段，透過災害演練使校內職員熟悉災時緊急應變作業方式，進而加強各組間之協調與合作，提昇校內災害防救相關工作運作效能。研擬應變中心運作程序，以高雄縣發生斷層錯動產生地震為境況模擬，參酌實兵操演運作模式，邀集各分組人員進駐，依災情之演進運用學校之設備，通報、聯繫、指揮救災，並對於本校學生進行疏散演練，以執行災害應變推演模擬處置措施，演練後召開工作檢討會議與問卷調查。

二、與媒體建立夥伴關係在危機回應

　　與媒體主動聯繫，維持夥伴關係；把握先機，不隨之起舞；統一公開發言，避免各自一把號；掌握底線，先沙盤推演擬好新聞稿；當機立斷，必要澄清；周詳準備，精準發言。處理危機的方式如下：

準備冷靜面對（Preparing in the face of indifferent.）；覺知危機的湧現和演變（Making sense of an emerging and evolving crisis.）；管理大反應網絡（Managing large response networks.）；提供可信任的答覆（Offering credible answers.）；在壓力下學習（Learning under pressure.）（Boin, 2009）。

三、利用各種信息和通信技術以提高災難管理

　　有效的災難風險管理，有賴於所有利害關係人能獲取相關的消息和情報並據此做出決策，將資訊管理的新發展與已建立的傳統方法加以整合，可使人們對災害和風險有更深的了解，同時資訊也可透過公共察覺方案加以宣傳，對災難減緩體系和早期預警系統的建立皆有所幫助（詹中原，2007）。Sarah（2010）認為利用各種信息和通信技術以提高災難管理。柯春旭（2004）研究將防救災知識作妥善的保存與利用，透過探討了解知識管理的架構和理論基礎，並提出合適的知識管理模式，將其應用在地震災害防救上。正確有效的資訊與通訊技術有助於防災與救災。

　　災難管理的挑戰是減少災難對社會、經濟、個人生活和社區造成的危害。與解決常見問題所採取的方法和手段相比，這一任務要求災難管理人員需要更大規模和更快速度地減少不確定性，計算和比較成本和效益以及資源管理；信息技術能幫助人們更清晰地掌握災難的動態變化情況，幫助他們更快地形成更好的決定（Sarah, 2010）。

　　災害發生，許多地區因為斷訊無法與外界聯絡，資訊的不明朗成為問題，資訊的通暢才能掌握災區新訊息，如何維持資訊的通暢是重要課題，需賴中央建置資訊及溝通的平台，結合民間資訊平

台、媒體緊急救難系統，在第一時間掌握救災需求。平時就應該內建政府（包括警、消、軍）、民間（包括公司、學校、非營利機構）的各種救難機械、人力、物資。並且在災難來臨時，讓各種民間機構、地方政府，透過網路，將可供調派的資源，即時輸入資料庫，並且讓災害防救中心統一指揮調派，讓網路媒體能成為「垂直整合」及「水平整合」的資訊平台。

四、中央政府設立防災專責機構，重視防災預警與救災

　　鄉鎮、區級之基層體系，依防災會報規畫係由鄉、鎮長或區長負責指揮防災救災，惟鄉、鎮長、區長或因缺乏專業知識、或因人員、器具不足無法擔負起指揮權責，多臨時委由消防分隊長、甚或隊員負起實際指揮工作，出現低階消防隊員指揮較高層級公務人員之不正常現象（詹中原，2007）。

　　由於現代災變的不可預期性、複雜性、急迫性，各先進國家都成立專責的災變管理機構。反觀，台灣防災系統格局小、位階低，中央政府缺乏部級之防災專責機構，民間熱心卻缺乏系統整合，資源重複運用之情形屢屢發生，中央與地方政府單位步調不統一，防災經費缺乏，救災局限於傳統方法，缺乏科學技術與工具，常常延緩救災第一時機。

　　重大的災害不是縣市政府有能力解決的，更不是學校單獨能處理的，需要軍方及各單位的支援，因此，政府必須設立專責機構，平時進行可能災變的研究、調查、監測、管制以及災變的紓解、防備、應變及善後重建等工作，建立危機預防的全民防災共識。預防、減災、緊急通報、緊急應變、災後重建等是一體的，不能被切割，每一個環節也要扣得緊緊的，實際的演練才能確實了解問題點，

更重要的是全民防災的意識，落實防災準備，學習與災害共存的能力。

　　全村的相關人員應有教育訓練每一個人都有通報責任，應接受相關教育訓練，教育民眾災難時不是只能等待救援，要形成防災文化，才能彼此協助應變與避難工作（簡賢文，2009）。當災難發生時，學區居民因地利之便，不只熟悉學區環境，更能立即投入工作；因此，每個學區成員都是最佳的救災者，故而應加強學區災害聯防的觀念，並組織學區災害聯防系統。危機管理對於學區都是重要的，無關學區的大小，或危機經驗；學區所有成員，都應接受危機預防、危機處理以及危機後的追蹤等在職訓練。

五、編列防災經費與持續的教育訓練

　　災害可能隨時存在，因此平時準備非常重要，我們不能總是依賴台灣內部各界的善心捐款或外國援助，因此平時就必須有妥善準備，例如：避險與安置地點、避險物資、救難器材、逃生器具與避險路線的規畫、通訊系統等，當隨時發生狀況時，可以遠離災難。

　　所以學校應編列避險安置經費以防不時之需，這龐大的經費來源應由教育部編列預算給學校，使學校作好萬全的準備，以防災、減災與離災。

參考文獻

一、中文文獻

于鳳娟譯；Lerbinger, O. 原著（2001）。**危機管理**。台北：五南。
王垠（2000）。談校園危機管理。**高中教育**，15，20-23。

朱愛群（2002）。**危機管理——解讀災難謎咒**。台北：五南。

何俊青（1997）。**危機管理在學校經營之應用**。教育研究，5，113-134。

余美瑩（2005）。**屏東縣國民小學校園危機管理之研究**。國立屏東師範學院教育行政研究所碩士論文，未出版，屏東縣。

吳清山、林天佑（2001）。危機管理。**教育研究月刊**，84，119。

李宏才（2003）。**混沌理論應用在國小校長危機管理之研究**。國立政治大學教育研究所博士論文，未出版。

邱昌泰（2003）。建立校園危機預防機制。**現代教育論壇**，9，274-279。

林文益、鄭安鳳合譯；W.Timothy Coombs 原著（2002）。危機管理與傳播。風雲論壇。

林錦鳳（2004）。後 SARS 時代的學校經營及危機管理策略。**人文及社會學科教學通訊**，14，95-103。

柯春旭（2004）。**地震災害防救知識管理模式之先期研究**。行政院災害防救委員會委託研究報告。臺北市：行政院災害防救委員會。

孫本初（1997）。校園危機管理策略。**教育資料與研究**，14，11-20。

徐士雲（2002）。**國民小學校園危機管理——以台北市為例**。國立台北師範學院國民教育研究所碩士論文（未出版）。

秦夢群（2002）。教育在知識經濟時代的角色。**中等教育**，53（3），64-83。

教育部（2010）。**各級學校校園災害管理要點**。2010 年 9 月 18 日取http://gazette.nat.gov.tw/EG-FileManager/eguploadpub/eg016071/ch05/type2/gov40/num6/Eg.htm

教育部訓育委員會（2003）。**學生事務危機處理**。台北：教育部訓育會編印。

陳啟榮（2005）。校園危機管理機制之建構。**教育研究與發展期刊**，1〈2〉，117-125。

黃建嘉（2008）。**校園開放政策之安全管理機制研究**。國立中山大學高階公共政策研究所碩士論文，未出版，高雄市。

詹中原（2007）。**公共危機管理之知識網路分析：以台灣九二一地震為例**。國家科學委員會委託研究報告。

詹中原（2007）。**當前國內外災害防救知識管理之相關研究**。2010 年 9 月 3 日，取自 http://www.npf.org.tw/post/2/3612

蔡培村（2002）。**學校經營與管理**。高雄：麗文。

鄭燕祥、伍國雄（1997）。學校危機的理念和管理：多元觀點的分析。**香港中文大學教育學報**，25（1），1-23。

謝謹如（2000）。**高雄市國民中學學校環境與危機管理關係之研究**。國立高雄師範大學教育學系碩士論文，未出版，高雄市。

謝謹如（2008）。**國民中學學校危機管理模式指標建構之研究**。國立高雄師範大學教育學系博士論文，未出版，高雄市。

簡賢文（2009）。**災難常態化之因應——公聽會建議**。2010 年 9 月 10 日，取自 http://webhost3.ly.gov.tw/11100/bo-blog/read.php?19

顏秀如（1997）。**國民中學校園危機管理之研究**。國立臺灣師範大學教育研究所碩士論文，未出版，台北市。

二、英文文獻

Boin, A. (2009).The new world of *crises* and *crisis* m*anagement*: Implications for policymaking and research. *Review of Policy Research, 26* (4), 367-377.

Cale, D. A., & Dye, C. B. (1988). *Why disaster recovery plans are usually not adequate*. Ohio CPA Journal, 47 (1), 37-38.

Christensen, L. K. (2001). *Crisis management plan characteristics in elementary schools as perceived by Nebraska public school principals.* Unpublished doctoral dissertation, University of Nebraska at Omaha.

Cohen, S. E. (1998). *Principal's experiences with school crises.* University o Virginia, Ph. D. AAT9840461.

Dutton, Jane E, (1986). The Processing of Crisis and Non-crisis Strategic Issues. *Journal of Management Studies, 23* (5), 8-10.

Everett, J. E. (1991). *Crisis management in schools. Master of education requirements*, Colorado State University. (ERIC Document Reproduction Service No. ED334 491).

Fink, S. (1986). *Crisis management: Planning for the inevitable.* New York, NY: American Management Association.

Harris, Morag B. Colvin (1990). *Crisis management: a school district response to suicide.* Alaska state dept of education, Juneau.(ERIC Document Reproduction Service No. ED 339 973)

Herman, J. J. (1994). *Crisis management: a guide to school crises and actions taken*. Thousand Oaks, Calif. : Corwin Press.

Mitroff, I. (2000). *Managing crisis before they happen: what every executive and manager needs to know about crisis management*. New York: AMACom Books.

Ojeda, F., & Veil, S.R. (2010). Establishing media partnerships in crisis response. *Communication Studies, 61* (4), 412-429

Richtig, R., & Hornak, N. J. (2002).*12 Lessons from school crises. Principal Leadership. 3* (4), 35-38.

Sarah,W. (2010). Improving disaster management. *Communications of the ACM; 53* (2), 18-20.

Wheeler, G. A. (2002). *Crisis management needs: Perceptions of Virginia principals*. Unpublished Doctoral Dissertation, University of Virginia.

形塑幼兒園防災教育之教學目標架構
——ICES 的發展及其內涵

洪福財

國立臺北教育大學教育經營與管理學系副教授

壹、前言

2000 年通過實施《災害防救法》，從制度面以健全災害防救體制並強化災害防救功能。只是，從行政法令層面建制災害防救體制的作法固然重要，如何落實人民對災害防救的意識、甚至習得災害防救的基礎知能等，非從教育難盡其功。

教育部顧問室在「國家災害防救科技中心」的協助下，自 2003 年度開始實施為期 8 年的防災科技教育計畫。該計畫共區分為兩期，第一期（2003-06 年度）為「防災科技教育人才培育先導型計畫」，其總目標為針對天然災害與人為災害「整合防災教育資源，建立良好學習環境，進而強化社會抗災能力」，重點包含教材編撰、師資培訓活動、校園災害防救計畫編撰及網站知識庫建置等項目；第二期（2007-10 年度）為「防災科技教育深耕實驗研發計畫」，總目標係將歷年防災教育相關研發成果，予以實驗、深耕、研發，建立落實模式與制度，俾便在 2010 年度結束時，完整且有系統地移

轉至教育部相關司處，促成常態、持續進行防災科技教育（國家災害防救科技中心，2009）。

　　前述第二期「防災科技教育深耕實驗研發計畫」，96 年度開始規劃及推動「中小學防災教育深耕實驗研發專案計畫」，透過深耕落實的過程滾動修正與回饋各面向機制，促使防災教育能向下扎根，進而建立永續之推動模式（國家災害防救科技中心，2009）。前述實驗研發計畫，陸續發展出大專校院、高中職，乃至於國中小九年一貫等不同階段別的防災教育課程、教學，以及教學實驗等；2008 年度，有感於教育階段應再向下深耕，委託國立台北教育大學翁麗芳教授等人執行「幼兒園防災教育教材開發計畫」，從架構幼兒園防災教育的內涵為始點，期能自幼教到高教階段，逐步建置完備的防災教育內容，相關研究成果亦將於完成後同步建置於「防災教育數位平台」供各界下載參閱。本文在前述研究之基礎下，說明幼兒園防災教育之教學目標發展情形及其內容，茲將研究動機與目的說明如後。

一、研究動機

　　本研究動機主要有三，茲列述如後。

（一）發展幼兒易理解、教師易上手的防災教育教學型態

　　台灣雖然出現少子化的現象，但幼兒接受學前教育的機會與人數卻不斷增加，顯示家長對於幼兒教育的需求殷切，另方面更令人對幼教的內容更形關注。依據〈幼稚教育法〉（2003 修訂）第三條：「幼稚教育之實施，應以健康教育、生活教育及倫理教育為主，並與家庭教育密切配合」，如何維持幼兒身心健康、養成幼兒良好的

生活習慣等，是幼教應具的重要目標。但依據 2001 年行政院衛生署國民健康局、國家衛生研究院、管制藥品管理局等進行國民健康訪問調查發現，0 至 6 歲幼兒最常跌倒受傷的地方是客廳，7 至 12 歲的兒童最常發生跌傷的地方則是學校。其中 3,675 名 12 歲以下兒童事故就醫資料分析幼兒意外發現，0 至 6 歲幼兒意外傷害就醫的前三名原因是：跌落傷害（63%）、燒燙傷（13%）、交通事故傷害（8%）（李樹人，2006）。前述調查顯示，意外事故是造成幼兒身心傷害的重要原因之一，年幼縱使是意外事故發生的可能肇因之一，但如何藉由適當的教育，讓幼兒擁有相當程度的防止或面對意外事故的知能，應是積極且正面的作為。是以，如何針對幼兒的需求與身心發展，另方面協助幼兒教師的不足、甚至引領教師教學策略逐步開展適合幼兒理解的防災教學型態，是為本研究動機之一。

（二）幼教教學型態多元，教學目標誠為教學發展之始

近年幼兒園的教育品質持續受到關切，強化師資的專業知能、充實園內軟硬體設施等，不僅成為致力改善的核心，也獲致一定的成效。在教育內容方面，藉由師資養成強化教師對幼兒發展與學習特性的了解，另方面培養教師體察幼兒生活脈絡及需要以規劃適切的課程內容，都已成為現階段教師自我提升的焦點能力。在此同時，幼兒園教學理論的多元化、教學型態的多樣化，讓人感受幼教的多元與活潑的特性，對於教師應具備的教學專業知能，也有更多的期待。

綜觀當前常見的幼兒園教學型態，單元教學、大單元教學、主題教學、方案教學，或稱萌發課程者兼而有之，各教學型態基於各有學理與經驗，教師與幼兒便成為創發課程的核心人物。無論幼兒園採取的教學型態為何，確立教學目標總是教學之首，防災教育同

此。對於教師而言，單元或主題的選擇總起於孩子周遭的生活世界，防災教育的探討，同為幼兒生活的環節，但其間則牽涉許多災害與災害預防的知能，教師是否具有完全掌握的自信，則會影響教師與幼兒共同探討的相關議題的意願或態度。是以，若能提供教師便利、易操作的教學目標發展型態，增加教師與幼兒發展防災教育相關議題的自信，對於防災教育的推動將更為助力，是為本研究動機之二。

（三）紮根教師能力有益於豐富防災教育的教學內容

防災教育向下紮根是台灣教育應走的方向，如何營造良好的教育環境、提供第一線教學適切的教育資源，便是現階段防災教育應積極發展的徑路。以日本為例，日本社會對於地震、火災、洪水等災害意識甚強；以地震為例，日本官民對於地震具有相當高度的防禦意識，如 1923 年「關東大震災」、1995 年「阪神大震災」等對日本社會帶來重大傷害，使得日本對於震災形成高度的防災意識。東京都於 1948 年創立東京消防廳，轄有 18,000 餘名職員－消防工作之外並負責都民災害消弭業務。近年來，東京消防廳持續推動小、中學生的防災教育，在幼兒方面，採取「透過防災訓練培育防災意識」的方法，為提高防災教育的成效，擬自 2009 年度發展幼兒教材計畫，前述發展值得借鏡（翁麗芳、蔡元芳、洪福財等，2009）。其次，教育部顧問室與國家災害防救科技中心，自 2003 年度開始實施為期 8 年的防災科技教育計畫，其中第二期（96-99 年度）為「防災科技教育深耕實驗研發計畫」，逐步發展出中學、小學等不同教育階段的防災教育教材。若能強化教師發展防災教育的能力，將同時協助補足幼兒園階段的防災教育內容，協助前述發展持續向下紮根，豐富我國防災教育的內涵，是為本研究動機之三。

二、研究目的

依據前述研究動機，本研究目的主要有三：

1. 研擬幼兒園防災教育的教學目標發展架構；
2. 擇取災害試擬前述發展之教學目標內容；
3. 瞭解前述教學目標發展架構內涵及應用的適切性，並提出具體應用建議。

三、名詞釋義

本研究的重要名詞有三，茲說明如後：

（一）幼兒園

依據台灣目前幼教現況，幼兒受教育的機構主要有幼稚園與托兒所；本研究不以幼兒受教機構為限，泛指招收幼兒之幼稚園與托兒所。

（二）防災教育

係指為避免災難造成禍害、影響人們生活與環境的永續維持，所實施的災害預防、因應以及災後重建等教育即稱之。本研究係以研發幼兒園防災教育之教學目標為焦點，所指防災教育係指幼兒園教師，針對幼兒生活可能產生的災害，提供幼兒有關災害認識、預防、因應等以「自我協助」為主要目的之教育；前述防災教育的實施，同時納入幼兒園與幼兒家庭為範疇，期能較全面地達成前述目的，並加入家庭成員的力量共同參與。

（三）防災教育教學目標

　　係指為獲致防災教育教學成效或解決相關教學問題，由教師獨力或加入幼兒參與，所設定之教學目標。本研究旨在探討防災教育教學目標的發展型態，故將以教師為發展主體探討前述發展型態的內容，歷程中也參酌幼兒主體的特性，讓幼兒有參與教學目標設定的對話機會。

貳、文獻探討

　　文獻探討擬分兩部分探討如後。

一、防災教育的範圍與實施

　　茲分就防災教育的範圍與實施現況等探討如後。

（一）防災教育的範圍

　　依據〈災害防救法〉（2002）第 2 條，所謂災害係指包含「風災、水災、震災、旱災、寒害、土石流災害等天然災害」所造成的禍害，以及「重大火災、爆炸、公用氣體與油料管線、輸電線路災害、空難、海難與陸上交通事故、毒性化學物質災害等災害」。前述災害定義係以國家防救的角度加以界定，包含天災、事故，以及意外等不同類型，重在擇取對人民可能造成與擴大影響的災害類型，故許多災害類型如公用氣體與油料管線、空難、海難與陸上交通事故等，與學童的生活經驗顯然有所差距。

　　為使防災教育融入學童生活經驗，葉欣誠（2004）曾就學校教育的角度完成九年一貫課程防災教材，將九年分三個學習階段設計出三套教材，每套教材涵括「人為、地震、颱風、坡地」四種災害類別，分類概念以天災、事故或意外為主，期能以近乎學童經驗的角度，提供適切的防災教育內容。

　　由於防災教育與學童生活經驗有所關連，不同教育階段的學童，對於防災教育類型的認識需求也有所差異，其中事故與意外類型的差異較為明顯。2001 年行政院衛生署國民健康局、國家衛生研究院、管制藥品管理局等單位曾進行國民健康訪問調查，以 3,675 名 12 歲以下兒童事故就醫資料分析幼兒意外，調查指出 0 至 6 歲幼兒意外傷害就醫的前三名原因為：跌落傷害（63%）、燒燙傷（13%）、交通事故傷害（8%）；7 至 12 歲兒童的意外受傷同樣以跌落傷害居多（64%），其次為交通事故傷害（15%）以及扭傷拉傷（6%）。該研究進一步分析跌落傷的意外傷害地點，發現 0 至 6 歲幼兒最常跌倒受傷的地方是客廳，7 至 12 歲的兒童最常發生跌傷的地方則是學校（李樹人，2006）。可見防災教育的範圍，必須依據學童所處的教育階段別而有所區別。

　　有鑑於防災教育與學童生活經驗結合的重要性，翁麗芳、蔡元芳、洪福財等人（2009）進行幼兒園防災教育研究時，首先即就防災教育的內容進行範圍的界定。依據該研究的結果，將災害分成人為與天然等兩大領域，據以將幼兒園防災教育的範疇界定為火災、交通、颱風、跌撞傷事故、水災、暴力事件事故、地震、燒燙傷、流行病、動植物災害等十類防災教育，對於防災教育的範圍做出明確且更為細緻的界定。

　　另依翁麗芳、洪福財、邱瓊慧等人（2010）的研究，進一步就前述已發展的十項防災教育類別，考量與幼兒的生活經驗的相近，

將類別定為「四災五事故」：四災包含震災、火災、風災、水災；五事故分別為腸病毒、交通事故、暴力事故、跌撞傷事故、燒燙傷事故。此等分類可包含我國幼兒的主要生活經驗，對於幼兒園防災教育的實施，具有參考價值。

（二）防災教育的實施

我國自 1996 年全國科技會議決議「加強防災科技研究」以來，不僅重視防災科技研究，並且重視研究成果落實於防災應用體系以及防災工作的系統性整合推動。有關防災教育的實施，在研究機構與教育部等努力下，學校系統的防災教育規劃與推動，近年已成為一重要的發展主軸，此外，社會教育或家庭等，同為實施防災教育一併考量的範疇。

1997 年，行政院國家科學委員會（以下簡稱國科會）正式成立防災國家型科技計畫；2003 年，行政院災害防救委員會授權國科會設立國家災害防救科技中心，負責防災國家型科技計畫之運作（國家災害防救科技中心，2009）。中心業務涵括防災「研發推動」、「技術支援」及「落實應用」，防災課程與教材的編訂等教育推廣活動亦屬之，換言之，防災教育的推動為龐多業務之一角。

在學校教育方面，教育部於 2003 年啟動四年期的「92～95 年度防災科技改進計畫」，2005 年委託編撰國中小防災教育教材，其後又持續委託研發九年一貫防災教學資源與課程，國民教育的防災教育，並致力研發成果的落實應用與推廣（林明瑞，2008）。葉欣誠（2004）認為，九年一貫的防災教育在整體防災教育中扮演關鍵性的角色；學校防災教育的重點應在於防災教育教學內容的重整、製作教學計畫、製作並使用課外教材與視聽教材、在學生居住的社區推廣防災教育、推動以教師為對象的防災教育等。九年一貫防災

教育教材之設計準則能彰顯台灣地區各類天然與人為災害特色；能符合各學習階段學生程度；符合各學習階段教師需要與便利性；涵蓋知識、態度與技能三方面與具有使用上的彈性。發展防災教育課程的過程方面，首先成立課程發展小組，籌畫課程發展目標架構。接著確定教育目標與課程發展目標、發展課程範圍順序與組織，最後編製環境課程，包括課程試用、課程評鑑、課程修訂與推廣等。

　　九年一貫防災教育教材公開之後，教育部防災教育推動辦公室（2007）針對防災教育提出如下的六點困難與問題：

1. 防災教育內容並未納入課程綱要，亦非教育部六大議題之一，且現今教育環境多以升學為導向，而考試內容涉及防災相關內涵極少，要讓教師主動將防災教育課程融入現今科目授課，實屬不易。

2. 各級學校災害防救實際經驗不足，校園內具有災害防救專業背景之人員佔極少數，且高中職以下學校，並無專責人員負責災害防救相關推動。

3. 社區大學課程內容多元且活潑，若開設災害防救相關課程，則民眾之參與率不高，且部分社區大學因縣市政府規定必須收費，更降低民眾參與熱情。

4. 未來幾年需要大量服務團成員，素質如何控管以及學校是否支持老師參與防災教育服務團工作，如何讓服務團成員在學校及防災教育推動間找到平衡點。

5. 由於學校單位平時有自身教學及常態性業務執行，對於非交辦業務或外界活動亦採取消極態度。

6. 在科技經費劇烈的競爭下，而防災教育處於相對弱勢地位，為能否持續推動之重大不確定因素。

　　2007 年度，教育部推動「防災科技教育深耕實驗研發計畫」，工作重點包括「運作與支援機制建立」、「課程發展及推廣實驗」、「防災教育師資培訓機制建立」、「實驗推動」、「學習推廣」及「成效評估機制建立」等六大項，計畫推動內容包含防災教育服務團之成立與運作、防災教材編修、防災師資培育、校園災害防救計畫編訂、防災教育創意競賽與宣傳活動，以及防災教育數位平台建置等，期能全面規劃並推動學校防災教育的實施，實施成效值得持續關注。

二、幼兒園防災教育的實施

（一）幼兒園實施防災教育的相關規定

　　在幼兒園課程規定方面，以《幼稚園課程標準》為例，該課程標準詳細列出幼稚園應包含之課程內容與實施方式等，但綜觀其內容，自 1929 年發布迄今經過五次修訂，並未言及幼稚園應包含防災教育課程，可見防災教育並未成為幼教內容的重點議題，實施與否，則端賴幼兒園與教師對防災教育的意識與課程主題的發展情形。相較於其他教育階段陸續重視防災教育的實施，學前階段或可見意外事故的討論，尚未見有幼兒防災教育內容的系統論述。

　　雖然幼兒園對於防災教育內容的實施未見明確規定，幼兒園安全環境的提供，則是近年官方的主要著力之處。依據 2003 年公布之〈兒童及少年福利法〉、2007 年修訂之〈兒童及少年福利機構設置標準〉第 4 條，其中對於托兒所等兒童及少年福利機構設置規定如下：

　　1. 機構內設施設備，應符合衛生、消防、建築管理等規定，並考量兒童及少年個別需求。

2. 機構內設施設備應配合兒童及少年之特殊安全需求，妥為設計，並善盡管理及維護。

3. 機構內設施設備應使行動不便之兒童及少年亦有平等之使用機會。

4. 機構之環境應保持清潔、衛生，室內之採光及通風應充足。

　　就前述規定內容言，相關法令內容標準要求設施設備的安全，以提供幼兒健康發展的環境為主要目的。

　　除機構設置規定外，機構評鑑也是要求機構落實環境安全的重要途徑。以 1980 年代開始由官方（教育部、教育局、社會局等）主導開辦幼兒園評鑑制度為例，大致將幼兒園評鑑大致將評鑑內容分：行政、教學與保育、環境與設備等三大項；其中在「環境與設備」項下，列有包含安全考量的空間規劃以及滅火器材的擺放等的消防安全項目，由於「評鑑」制度連結主管當局的「獎勵及輔導」，促使幼兒園重視防災設備以及建物安全等防災措施，至少顯示幼兒園主管當局建立了幼兒園防災意識以及措施的推動。

　　進一步深究幼兒園防災教育的實施，可發現依園而異，沒有絕對的要求依據。以 2002 年「臺北縣公私立幼稚園評鑑實施要點」規定為例，對於受評鑑私立幼稚園列有「不予提名獎勵」的條件。

　　未申報或未通過公共安全及消防安全檢修申報者。

　　未按時呈報教師名冊或呈報不實者（掛名者）。

　　違規使用幼童專用車或聘用不合格駕駛者。

　　「未申報或未通過公共安全及消防安全檢修申報者」是禁止受獎的第一對象；可見幼兒教育主管當局對於園舍硬體安全的重視。但綜觀前述，幼兒園每日的課程並無依循標準，防災教育的實施難以考據；是以，微觀地訪查現有幼兒園實施防災教育的情形，則是另一了解幼兒園防災教育實施的可行路徑。

（二）幼兒園防災教育實施實例

　　翁麗芳、蔡元芳、洪福財等人（2009）的研究中，曾選取台灣北區包含台北市新湖國小附設幼稚園等 6 所幼兒園作為防災教育實地調查對象，茲就各園實施防災教育的情形說明如後。

　　訪查之幼兒園名單如下：台北市新湖國小附設幼稚園、台北市松山附幼、台北市私立榮光托兒所、台北市私立景美托兒所、台北市私立愛德幼稚園汪慧玲園長，以及台北市立南海實驗幼稚園等 6 所，茲彙整防災教育實施現況如表 1。

表 1　幼兒園防災教育的實施情形

園名	資料提供者	實施現況
北市新湖國小附幼	張紹盈園長	台北市教育局提供幼稚園防災教育方面的相關資訊，如：園長及負責人年度防災安全會議、幼童專用車安全接送守則、交通車管理規則、校園安全手冊等。
北市松山國小附幼	蘇月霞老師	每個學期初的一週至一個月內，老師會帶領各班小朋友認識遊戲場中的器材，並在課程中與孩子協商訂定出使用規則。
北市榮光托兒所	林存英所長	透過生活數學的方式，帶領孩子認識環境（例如：滅火器與我的距離為幾步？）。
北市景美托兒所	許明珠所長	每個月底皆有演習教育，演習主題（地震與火災）採輪替方式進行，在配合不同時令進行各種防災教育，如：1-2 月時因年關較近，而延伸出火災課程，7-9 月因颱風發生頻率較高，則進行颱風與颱風相關之課程。
北市愛德幼稚園	汪慧玲園長	運用戲劇與錄影帶的方式進行防災與衛生安全教育，並邀請消防局人員到校協助防災演習，學校會於上學期演練安全逃生梯的使用方式，下學期會進行無預警演習，演習期間，以不同的鈴聲作為不同危險程度的區別。此外也會透過時事對孩子進行機會教育。
北市南海實驗幼稚園	林娟伶組長	每年度既定之防災逃生演練外，依方案課程主題，也進行適切之相關防災教育。例如 2009 年 4 月正值每學期例行的身體檢查，教師在健康檢查前的團體討論

		中，跟幼兒進行遭遇突然的危險時如何自保的討論；另有實施「搭捷運」方案主題的班級，進行捷運逃生避難體驗營以及實際搭乘捷運等體驗活動，建立幼兒安全搭乘捷運與正確逃生概念

綜觀前述幼兒園防災教育的實施，可以彙集出兩項發現：

1.主管當局的督導、評鑑政策直接影響幼兒園防災教育

前揭偏重地震、火災學校式演習活動的台灣幼兒防災教育特色，源於教育局、社會局的幼兒園評鑑，以及消防局等單位的防災宣傳。現行〈幼稚教育法〉、〈兒童及少年福利法〉內容雖然未涉及幼兒園防災教育，而地方政府制定的幼稚園/托兒所評鑑辦法即代表主管當局的直接或間接督導，對於幼兒園防災教育的推動與實施有實際影響力。

教育、兒童福利主管當局之外，消防、衛生、警察單位的防災活動也影響幼兒園的防災準備以及教育推動。

2.台灣幼兒園防災教育雖已見實施，然未盡落實

台灣幼兒園防災教育，採定期（每月或每學期、每學年）或不定期方式實施，偏於地震、火災的學校式演習活動。台灣幼兒防災教育的實施現況採取的方式包含有實施防災演習（定期與不定期逃生演練）、災害情境體驗教學、應用戲劇災害教學等，但實施的方式各有落差，以防災演習為例，一般幼兒園有兩年實施一次，甚或止於書面作業情形者。

總結而言，台灣幼兒園防災教育偏於幼兒被動性演練，距離建構防災意識，落實培育防災知能目標尚有極大的改進空間。另外，災害範疇廣泛，相關資訊內容時有更新，防災教育之規劃與內容界定愈來愈顯困難；此亦影響防災教育的落實。

參、研究實施

本研究主要採取之研究方法有二，茲將方法與實施分述如後：

一、小組對話

研究小組自 2009 年 1 月至 8 月每兩週召開小組會議，研商相關內容並掌握研究進程。其次，為利研發能切合教學現場之需，本研究並邀請具備幼兒園實務教學經驗教師，加入研發與試用等。

表2 小組對話成員

姓名	服務機構／系所	職稱
翁麗芳	國立臺北教育大學幼兒與家庭教育學系	教授
蔡元芳	國立臺北教育大學社會區域發展學系	教授
洪福財	國立臺北教育大學教育經營與管理學系	副教授
邱瓊慧	國立臺北護理學院嬰幼兒保育學系	助理教授
孫秉筠	台北市三暉托兒所	主任
張紹盈	台北市新湖國小附幼	園長
洪玉燕	台北市新湖國小附幼	教師

二、焦點座談

為期發展的教學目標型態適合幼兒園，本研究邀請北、中、南等地專家座談會，徵求各地幼教專家對教學目標發展型態提出建議，分別於 2009 年 3 月至 6 月完成三地的焦點座談。茲將各地邀請的專家成員名單列述如表 3。

表3　焦點座談成員

地區	服務機構	姓名
北區	北市松山國小附幼	蘇月霞老師
	北市榮光托兒所	林存英所長
	北市景美托兒所	許明珠所長
	北市愛德幼稚園	汪慧玲園長
中區	台中市車籠埔國小附幼	劉淑美園長
	台中縣中正國小附設幼稚園	陳翠螢老師
南區	高雄市裕誠幼稚園	李郁青園長
	高雄市哈利幼稚園	黃平園長
	高雄榮民總醫院附設榮華幼稚園	蔡瑞驊園長
	高雄市前金幼稚園	鍾鳳嬌園長
	高雄市巧安哲幼稚園	麥秀萍園長

肆、教學目標架構與試擬

關於教學目標之發展架構，茲分述如後：

一、防災教育內涵的再界定

由於防災教育範圍甚廣，要明確規劃範疇與內容甚為困難，本研究將防災教育之為內涵為「減災教育」- hazard mitigation、hazard reduction、hazard prevention。

二、防災教育的應用對象

由於幼兒園的招收對象橫跨 2 至 6 歲，混齡學習的情況極為普遍。考量幼兒園班級配置現況與教師應用之利，教師可斟酌幼兒的年齡與理解狀況進行適度修正。

三、幼兒防災教育素養的確立

　　幼兒階段的學習特性為「體驗學習」，故本教材開發特色即基於幼兒「體驗學習」的特性，力求幼兒能透過體驗的學習歷程，掌握教材內容並獲得良好的學習成果。其次，在幼兒應具有的防災教育素養方面，經過小組對話多次研商，茲將目標界定為「培育幼兒對於災害的基本認識；災害發生時，幼兒能依循指示，在別人協助下完成逃生避難」。前述幼兒防災教育素養，將成為後續教材發展的重要參據。

（一）教學目標的發展架構

　　瞭解教材研發的邏輯，對於教師使用教材或未來進一步自行研編教材，將具有導引作用，而除了需清楚地交代前述研發邏輯外，若能將前述發展邏輯轉化為教師易懂易記的口訣，對於教師將極具幫助。有鑑於此，小組對話經過多次研商，並利用焦點訪談的機會與現場教師對話，建構並修正出防災教育的教學目標發展架構「ICES」（見圖1）：

1. 影響（Impact）：係指對孩子生活產生的實際影響。考量災害產生的可能危害，可以分成身體危害、物品損失以及情感調適（因災害引起）等三部分進行探討。

2. 肇因（Causes）：係指對災害形成原因的討論或探討。依據本研究將災害分成天然與人為，在天然災害部分，部分災害的成因迄今仍為「假說」（如地震），教師與幼兒討論天然災害時，可以簡述災害形成的類型，但關於真實的成因，可以是幼兒的理解狀況深入討論或略去。

3. 場所（Environment）：係指生活場所有哪些地方可能潛存或產生災害。考量幼兒生活的範圍，此部分可包含家庭、幼兒園或社區，教師可引領幼兒討論災害可能存在哪些場所，以及在不同場所發生時可能產生的危害。

4. 自我保護（Self-protection）：係指災害發生時，幼兒如何應變以保護自己的身心安全。本研究將目標界定為「災害發生時，幼兒能依循指示，在別人協助下完成逃生避難」，教師引導幼兒討論時，應以如何避開災害或儘速離開災害現場為主。

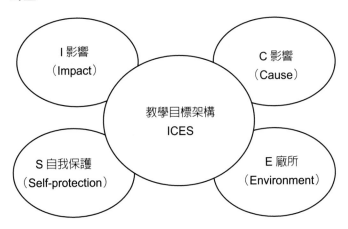

圖 1　教學目標 ICES 的發展架構

（二）教學目標架構的試擬

茲以「火災」為例，依據前述教學目標發展架構將其教學目標內涵試擬如後：

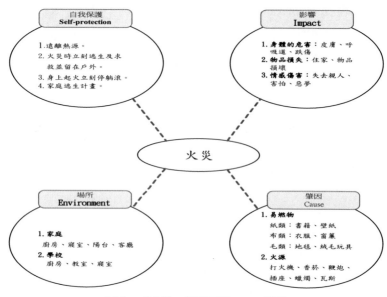

圖 2　「火災」教學目標 ICES 試擬

伍、結論與建議

茲將本研究的結論與建議分述如後。

一、結論

本研究結論歸結有八，茲列述如後：

1. 官方以評鑑方式掌握幼兒園落實防災教育的型態應予調整，如何微觀地強化幼兒與教師的防災教育素養應列為下階段的重要目標。

2. ICES 的教學目標發展架構應有益於教師理解與使用。

3. 影響（Impact）可包含身體危害、物品損失以及情感調適（因災害引起）等三部分。

4. 肇因（Causes）依據災害形成原因，針對人為且幼兒易理解的原因可加深討論，部分天然災害且幼兒不易理解者則可簡化討論內容。

5. 場所（Environment）應提出生活場可能潛存或產生的災害，可包含家庭、幼兒園或社區。

6. 自我保護（Self-protection）應以如何避開災害或儘速離開災害現場為主要焦點。

7. 防災教育教學或教材內容，應與教學目標對照檢視。

8. 教師對於防災教育教材有實際需求，但如何融入既有課程型態仍須更多專業對話或經驗分享。

二、建議

依據研究結論，茲提出九項研究建議如後：

1. 教師可使用 ICES 的教學目標發展架構，引領幼兒討論災害的發生成因、影響、對環境的威脅，以及自我保護等措施。

2. 教師可依據研發的 ICES 目標架構進行防災教育教材的試擬與試用。

3. 應支持幼兒園防災教育教材的研發與試用經驗分享，鼓勵幼教教師針對防災教育議題形成專業對話。

4. 應支持先進國家幼兒防災教育及其教材研發經驗的研究。

5. 增加不同教學型態幼兒園的教學試用並請教師分享試用心得。

6. 教師應針對幼兒園當地特性，調整防災教育的實施重點項目與內容。

7. 教師宜依據幼兒防災教育教學目標的發展經驗，檢視自行研發的教學內容與交流經驗。

8. 可依據本研究提供之教學目標發展模式，進一步發展防災教育教材內容，或轉化為數位化的學習介面提供幼兒園便利取用。

9. 教師可記錄與幼兒的發展經驗，以學習檔案或學習單等形式提醒家長瞭解防災教育的重要性，或邀請家長參與討論。

10.師資培育階段應納入防災教育知能相關課程。

參考書目

幼稚教育法（2003 修正）。2009 年 9 月 20 日下載自 http://law.moj.gov.tw/Scripts/NewsDetail.asp?no=1H0070007&KeyWordID=1559&KCDate=2009-10-4&FL=。

李樹人（2006）。大家一起來照護兒童安全，讓兒童健康無憂、安全成長。衛生報導，126，20-21。

災害防救法（2002 修正）。2009 年 9 月 20 日下載自 http://www.tnf.gov.tw/html/law3_1.htm。

兒童及少年福利法（2003 修正）。2009 年 9 月 20 日下載自 http://law.moj.gov.tw/Scripts/newsdetail.asp?no=1D0050001。

兒童及少年福利機構設置標準（2007 修正）。2009 年 9 月 20 日下載自 http://law.moj.gov.tw/Scripts/Query4.asp?B2=%AAu%A1@%A1@%AD%B2&FNAME=D0050015。

林明瑞（2007）。九年一貫防災教育教學資源發展與課程推廣計畫期末報告。國立台中教育大學環境教育研究所。教育部顧問室 96 年度「防災科技教育深耕實驗研發計畫」。

翁麗芳、蔡元芳、洪福財、邱瓊慧（2009）。幼兒園防災教育教材開發計畫期中報告。教育部 2008 年度「防災科技教育深耕實驗研發計畫」。

翁麗芳、洪福財、邱瓊慧、孫秉筠（2010）。幼兒園防災教育教材編修與推廣計畫期末報告。教育部 2009 年度「防災科技教育深耕實驗研發計畫」，臺北：教育部。

國家災害防救科技中心（2009）。防災教育數位平台。民國 2009 年 9 月 15 日下載自 http://hmedu.ncdr.nat.gov.tw/Index.htm。

葉欣誠（2004）。九年一貫人為防災教育教材之編訂試教與師資培訓計畫。教育部科技防災教育改進計畫成果報告。

蘇銘宏（無日期）。幼兒防災教育重要性。2009 年 2 月 19 日下載自 http://www.wfc.edu.tw/ecsec/s2.php。

從莫拉克風災經驗談幼兒的防災教育
——以原鄉勇士小學為例

林蓉儀

高雄縣桃源鄉建山國小校長

壹、前言

　　台灣的地理位置特殊，經常會面臨天然災害的威脅，像是地震、颱風、水災等天然災害。除了無法避免的天然災害之外，另一個不可忽視的災害類型便是人為災害。無論是天然災害或是人為災害，時時刻刻都在威脅著我們生命及財產的安全。面對隨時可能發生的災害，雖然無法完全避免，但是透過教育的方式，傳遞正確的防範措施及防災觀念，可以達到一定程度的避災效果，減輕或防止災害所造成的傷亡及損失。而災害的存在、發生過程和因應行為又與知覺有關，因此要預防發生災害、減輕其傷害，必須先從防災教育著手（黃朝恩，2000）。

　　寧靜的村庄，一切都是如此的祥和。學校位處於南部偏遠山區原住民部落，傍山而建，學區部落雖然遠離溪床，但部落週遭卻是土石流警戒區域。長久以來，縱有大風大雨侵襲，部落總是安然無恙，從未危及部落區民的生命及身家財產。久安的日子導致不論是

學校的同仁或社區的家長、民眾從不會擔心颱風、大雨、土石流會威脅部落，更沒想過會因而撤離。天有不測風雲，2009 年 8 月的莫拉克颱風改變了大家習以為常的生活現狀，颱風夾帶豪大雨，部落緊鄰的山開始崩塌了，路坍橋斷，土石流掩埋了村民的房子與農作物，因為大家害怕成為「第二個小林村」，所以居民開始向外求救、決定撤村，這一切的一切都變了。

貳、莫拉克颱風的災情

2009 年襲台的中颱莫拉克颱風，夾帶著相當驚人的雨量，從 8 月 6 日到 8 月 10 日長達 96 小時的強降雨，大量傾洩而下的超大豪雨，造成了台灣中南部及東部地區河川近五十年最嚴重的災情。房屋倒塌、河水氾濫導致淹水，有部分地區淹水達 3 天以上，災民受困；洪水沖斷橋梁高達 196 座，聯外道路中斷造成許多山區原住民村落形同孤島，無法對外聯繫而影響生活；土石流造成農林漁牧受損、坡地坍塌掩埋部落村庄；最慘的莫過於高雄縣甲仙鄉的小林村，全村死傷慘重，面臨滅村的危機。

政府與民間單位、企業團體等在這次的風災期間，投入大量的人力與物力進行災害救援及災後重建工作。根據行政院災害防救委員會統計至 2009 年 10 月 14 日為止，莫拉克風災投入救援出動人力約為 105726 人次，車輛 41702 輛次，艦艇（含橡皮艇）2342 艘次，空中救援出動 5989 架次，共計搶救 52717 人，物資運送超過 50 萬噸。

此次風災，截至 2010 年 2 月 4 日莫拉克颱風災後重建推動委員會統計，死亡人數為 677 人，大體未確認身分 25 件，失蹤 22 人，重傷 4 人。另外農業損失達 194 億元以上，其他民眾的損失無

法估計，學校因嚴重淹水、土石流、土石滑動或有建築物主結構受損共 516 所，其中災情嚴重須重建有 13 所。更有別於過往的災害，許多居民至今無家可歸，等待家園安全或重建時暫住中繼屋，或遠離原居地搬遷至由政府與慈善單位提供的永久屋。

參、防災教育的論述

「防災教育」為防治災害教育，其根本的概念並非企圖控制災害發生，而是減緩災害發生時或災後對人類所造成的傷害。防災教育的目的，即是要透過教育的方法，幫助民眾養成積極的防災行為，讓人們在下次災害來時，能將災害降至最低（林秀梅，2001）。就災害管理觀念上，學校擔負著災害防救教育之責任，同時亦是災害來臨時之避難收容場所。但從另一方面看，學校學生卻是最需要被保護的對象，因此提供一個安全無災的校園環境，應是從事教育者更該切身投入之議題並起而落實。

一、防災教育的重要性

防災教育主要於提昇一般民眾對災害的認識，進而了解災前準備和緊急應變的重要，培養民眾具備良好的防災素養，強化抗災的能力，減少人民和社會的災害損失。

防災教育著重的是具體行動的實踐，對災害知識層面的認識，及災害防救安全體系的建立進而維護生命財產安全。因此，學校透過強化災害防救之觀念與認知、擴展災害防救教育之學習管道與課程、強化災害防救教育之相關設施、培育災害防救教育之專業人才及團隊、累積充實災害防救教育之經驗與知識、結合學校社會與政

府相關部門之資源與活動等策略，深植防災的理念於社會各階層，讓民眾認識台灣本土性的災害及增加災害防治的知識，進而達到防範於未然、未雨綢繆之功效（江宛蓉，2008）。

二、防災教育的理念

防災教育發展在於建立安全的文化與深植安全的觀念，避免讓個人產生危險的行為或陷入危險的情境，進而減少傷亡。在教育部「防災教育白皮書」中提及了四個防災教育的基本理念（教育部，2004）：

（一）深植預防重於治療的觀念

災害發生的時機與嚴重程度，有時是無法預測的，而分析災害發生的原因，多數是與人們不安全的行為與不安全的環境有關，因此，若要降低災害所造成的影響，第一步就是要先對災害有一定程度的認知，避免不安全的行為，其次便是要對環境周遭可能存在的危險因子進一步的了解與確認，提出改善的方案與實施。

（二）防災教育導向永續發展

教育是一個持續發展的歷程，在發展的過程當中，會朝向於兩個重心發展，一個是人格行為的發展，一個是社會的進步，如果完整的防災理念藉由教育的推行，其成效可以從個人行為特質發展出來，並帶動社會的進步與環境的改變，進而建構人類生存之永續發展的環境。

（三）建立主動積極的安全文化

防災教育理念的推廣並非一蹴可幾，唯有防災教育主動持續的推行，才能喚醒一般民眾的知覺，逐漸提高大眾對於安全的警戒心，達到具體積極的成效。

（四）邁向零災害的願景

災害的發生是無法避免的，因此落實減災的工作，做好與風險共存的準備，以降低災害所帶來的危害。防災教育需從基層做起，並由學校內部推展至社會，使得全民皆具備防災與緊急應變措施的常識與能力，如此才能讓災害的發生降至最低。

三、防災教育的內涵

學校防災教育主要採取積極的方式，期望能培訓出正確的防災觀念與主動採取正確防護行動力的人員，Whitehead（1996）認為以學習者角度而言應涵蓋：

1. 覺知自然與人文環境中，對人類社群可能造成的害因子。
2. 發展有關自然與人文環境系統如何被天然災害影響的知識。
3. 獲取可能發生災害地區有關的技術、社會、文化、政治和經濟知識。
4. 發展積極「探索」與「解決問題」的技巧，以及適當的價值觀，引導處理減災和共同安全行為。
5. 能被鼓勵應用行動策略去維持共同安全與環境品質間的平衡。

四、學校防災教育的現況

學校學生涵蓋幼稚園及國小部，幼稚園防災教育課程取決於教師對防災教育的專業態度與知能，與對環境災害的危機意識，才會進行相關課程的規劃設計與實施。而國小的防災課程內容存在於各科教科書中，內容卻偏重防災及災害的知識，缺少防災技能與態度的培養、災害的應變逃生演練、心靈創傷復健，無法讓學生學得全面性、系統性的防災教育（江宛容，2008）。

學校在防災教育相關宣導方面，多為發放宣導手冊、看錄影帶、光碟片、張貼標語、海報等方式，另外也舉辦防災教育宣導活動、比賽、社區講座等方式宣導防災觀念，由於來自各單位的資源與支援，常造成資源零散，缺乏統整性與橫向連結。

現在許多學校不論是主動覺知，或是符應教育上級的要求，都配合實施防災教育並制定防災應變計畫，但是真正落實演練、宣導的學校並不多，且現有防災教材，散布在各科教育課程中，學生無法有系統學習整體性防災知識與技能。綜觀教育對象多為學生，對學校教師、行政人員知教育訓練則不多見，導致防災教育的第一線教育者缺乏專業一致性的防災知識，同時因教師工作繁忙，無暇充分準備防災安全教育材料與教具，導致防災教育成效不彰（陳文龍、李明憲、趙勇維，2003）。

肆、當幼兒防災教育遇上莫拉克颱風的時光機轉：過去、當時與現在

莫拉克颱風著實讓當地社區上了一堂震撼教育。在莫拉克颱風發生前，學校所位處的區域是相對安全（非緊臨河床），雖然村庄

部分地區是為農委會水土保護局所列管的土石流危險警戒區域，一直以來並沒有發生任何重大災難，導致該校人員、社區及家長不太在乎防災教育課程，甚至是莫視的態度，直到莫拉克風災帶來的災損，才喚起大家對災害防制的共識。

一、過去——莫拉克颱風發生前的幼兒防災教育

　　長久以來，學校的教育從未正視防災教育。老師的主題課程通常是與幼童的生活相結合，著重於生活、品德、常規及原民文化的傳承，在防災教育方面，大多只是配合縣府教育處的要求例行性的宣導，缺乏防災課程的充實與無實際的操作演練。在莫拉克颱風之前，該校的現況為：

（一）在學校行政方面

　　整體上學校屬於特偏小學，人員編制少，行政作為大都簡化處理，再加上學校位處偏遠山區，更少有上級長官蒞校督導，極易導致行政作為散漫，便宜行事。對於上級所交辦的事務，或該執行的教學活動，也容易抱持著「天高皇帝遠」的態度應付了事，大多紙上作業，交交書面成果報告而已，即所謂的「上有政策，下有對策」。學校多數同仁在防災的觀念及災害防制的知識與知覺更是匱乏。

　　該校附設的幼稚園自民國 90 年成立，於民國 94 起納編入教育部試辦的「國幼班」體系，行政系統屬於學校單位，學校扮演著行政協助的角色，但在教學上，課程教學總是依循著教育部所規範的訪視輔導重點及課程檢核內容來實施，學校完全尊重幼教師的專業自主，也鮮少要求配合參與國小部相關的宣導活動。

（二）在教師的專業知能方面

學校規模小，教師的編制少，聘請專業講師跋山涉水到校授課困難度極高；與鄰近學校採策略聯盟方式辦理教師進修，經常遇到同意辦理進行規劃後，研習時參加的學校及老師卻又是稀稀落落，非常不符合經濟成本效益；鼓勵教師參加區域的研習或研討會更因為路途遙遠，僅就參加附近城鎮的研習，下山一趟時間就耗費1個多小時，老師參加的意願更加低落，更遑論到大學進修、拿學位。

在偏遠山區的學校，家長對教學的成效要求較低，導致不論行政同仁或第一線的老師對「專業知能提升」這一議題常不當一回事。學校裡所謂的教師專業進修，容易流於紙上談兵；周三進修成長、或被派參加縣府指定的種子教師研習，老師參與其中常常抱持著聽聽罷了，完全無法發揮種子教師的功能，回校後更少有學習分享與精進的後續活動。老師專業知能的不足與多一事不如少一事的心態下，完全忽視教育的重要性。

（三）在教師課程教學方面

學校的附設幼稚園屬於教育部試辦的國幼班，每一年教育部都有訪視與輔導重點，如99學年為「教師適性教學」、「幼兒生活教育」、「親職教育」、「幼小銜接」、「園所本位」課程等，另外另聘教授、巡迴輔導員定期訪視，並給於回饋建議。此外針對教師專業能力訂有指標系統，依規定時程自評，上網登錄填寫並備妥相關文件檢核。所以老師大都依照教育部所要訪視的重點規劃其教學主題，鮮少將防災等議題納入教學主題網，學校尊重教師的專業自主，僅提供建議，而不直接介入課程設計。

　　幼稚園的教學屬於主題式教學，老師會依學生特性、學校所在區域及家長的期望而訂定主題。因為學區先前完全沒有大型的災難發生，所設計的主體不外乎生活經驗的加深加廣，防災教育頂多配合學校行政的宣導，口頭稍微提及而已，鮮少涉及防災教育單元課程的相關設計與教學等活動。

（四）在親職教育方面

　　原鄉的家長，對於學校教育的參與就相對的消極，一般時間極少涉及學校事務，學生的生活常規及教育完全仰賴學校教師。再加上單親、隔代教養或為生計打拼常常早出晚歸等因素，孩子的教養可能採取放任制，親師溝通大都由導師主動以行動電話連繫，談及的問題不外乎孩子的生活常規溝通及待補交的補助證明文件等零碎事務。

　　在該校，親職教育、親師溝通大都利用班親會或教會聚會的時間宣導，社區民眾或家長給的回饋並不熱烈，尤其防災教育更是被忽視的一環。值得省思的是，該學區的領導人員身為部落土石流第一線警戒員，平日在社區聚會鮮少提及此一話題，更遑論會主動辦理社區的防災教育或實際演練。

二、當時——莫拉克颱風期間至異地上課期間的幼兒防災教育

　　風災期間，該校正面臨著史無前例的災難，巨變的衝擊讓政府官員，到學校單位、社區民眾都措手不及。不過站在教育的第一線，學校沒有時間蹉跎，勇敢的面對並執行防災教育中的避災階段。

（一）莫拉克颱風期間

1. 政府啓動居民撤離、安置工作

去年莫拉克颱風，發生在暑假期間，且適逢父親節節慶，在外的青壯年都攜家帶眷返家與親人團聚同歡，部落裡的人口數較平時多。超大豪雨刷破了歷年的降雨紀錄，也造成南部山區土石鬆動、道路中斷，形成的堰塞湖、土石坍塌、土石流侵襲民眾居家安全的威脅隨時都可能發生。

該校所在的部落在此次風災中沒有遭受嚴重的損害，但聯外道路柔腸寸斷，形同孤島；學區後山大量土石崩塌，並且形成一堰塞湖，村民擔心身家性命不保，更擔心成為小林村第二，所以由地方士紳及村長主持，召開部落臨時會議，取得共識，決定撤村。該校的同仁在山上的工作為：

(1) 檢視學校受災的情形，並於通訊恢復正常時回報。

(2) 回報上級單位災害情形，並請求空投糧食及派遣直升機協助撤村。

(3) 協助搬運空投物資，並協助部落糧食的配給，讓大家都不致於挨餓。

(4) 分配搭乘直升機的順序，維持搭乘直升機的秩序，以順利撤離村民。

災後第五天終於排到撤離班機，村民扶老攜幼分批搭乘直升機撤離到鄰近山下地區，由政府社工單位、社區姊妹教會的協助，安置到各臨時收容中心（寺廟、營區、教會等）。

2. 學校設置臨時辦公處所

風災發生後的週一，全縣各級單位都還在放颱風假，該校已經啟動危機處理機制，在教育處的指示下，校長商借山下國中的教室

與辦公設備成立學校臨時辦公室,立即召集身在平地的行政同仁到臨時辦公處所上班,統籌處理學校行政業務,讓學校行政系統正常運作。到週三卻僅有行政人員 2 人上班,其餘行政人員(6 人)皆被困在山上,直到政府以直升機協助撤離、開闢河床臨時便道與打通隧道,學校行政人員才全員到齊。這段時間學校的工作重點為:

(1) 行政運作正常化,緊急處理當下行政問題(向其他學校借用印信、收發公文紙本化或借用他校文書系統,學校公庫轉移等問題)。

(2) 持續追蹤、聯繫全校教職同仁,轉達學校在山區的狀況、目前臨時的辦公處所及家長、學生的動態。

(3) 持續追蹤家長與學童撤離的狀況及被臨時安置的地點並做成紀錄。

(4) 確實掌握學校災情,回報教育部、教育處學校的現況、損害情形、師生的人數、傷亡與安置處之動態。

(5) 參與教育部、縣府會議,依指示處理災害學校復原後續工作。

(6) 接受社會資源,與慈善機構、企業團體等接洽,處理後續金錢、物資、人力的贊助與協助。

3. 啓動安心工作

　　政府在撤離居民的第一時間,各級單位都很投入、相當用心,因時間短促,來不及妥善規劃後撤居民的臨時安置場所,導致該校學區的村民被安置在多處的臨時安置所,對於學校要在短時間內掌握家長學生的落腳處,是一項重大的考驗。

（1）尋找確認村民去向

學校召回全體教職同仁，任務編組，並每天派一位同仁駐守直升機降落點現場——莫拉克風災應變中心前進指揮所，密切追蹤、紀錄、回報學區民眾撤離的情形，同仁們再一一確認村民、學生的動向。小小一個部落，村民安置地點竟高達 6 處之多。

（2）安撫村民的情緒

該校確實掌握村民的安置地點及人數後，依所在安置所遠近，以兩天的時間，由校長帶領學校團隊到緊急安置場所探視。在每一個安置所召開村民會議，告知學校所掌握的訊息、學校目前進行的工作及未來可能的措施，讓師生情感交流、讓親師溝通意見，撫慰家長與學生不安的情緒，更讓學校社區形成一生命共同體。

4. 學校執行開學準備工作

在教育部宣布全國所有學校將於 8 月 30 開課的訊息下，該校為了能順利開學，積極找尋並籌畫安置全校師生上學的臨時學校，準備如期開學相關事項。

（1）確認異地上課地點

確認、簽約異地上課地點。因應當初撤離中心在山下的鄉鎮，返鄉的距離較近，所以臨時學校的設置以撤離當地為原則，且距離開學不到一個月時間，返鄉之路卻還遙遙無期，縣府下達「學校自覓異地上課地點」的指示更讓學校措手不及。開完會，各校各自尋找合適地點，在因緣際會下，由友校校長找到一所閒置的專科學校，經與教育處長官實地勘查後，發現足以容納鄉裡所有的國中小

學校，校長們立即聚會商討，會勘、定案、簽約，確定異地上課的校址，並回報教育處。

（2）擬定聯合學園行政運作

成立聯合學園，考量各校的家長被臨時安置的場所遍及高雄縣各地，以該校為例，包含寺廟、營區、教會及部分家長帶著孩子投靠他縣市的親戚等因素，也為顧及孩子的安定與照顧、減輕家長的接送的困擾，聯合學園便規畫為住宿型學校類型，意即從幼稚園到小六、國中的學生，依家長的意願，學生可以選擇住宿或通勤上學。

確認學校校址及運作方式後，校長再一次帶領學校團隊到各安置所對家長學生做相關說明，並保證道路搶通、社區經鑑定安全無宜後，學校會與社區同步返鄉。

（3）設置臨時學校前置作業

聯合學園校區原為專科學校，且僅 2 棟大樓部分教室供學園使用，環境空間及其內部設備皆不足、不適合，例如教室間數不夠，洗手台、廁所數量不足，再加上將成為住宿型學校，沒有宿舍空間，淋浴設備缺乏，所以需要經過大改造。另外在行政、教學方面也面臨國中小整合的問題。

①在教學行政方面

　A 成立聯合學園，共同事務採統一原則，各校行政獨立運作。

　B 依所在學園地理特性、學生特質，配置行政辦公室區、教室區、遊憩區及住宿區。

　C 教室間數不足，採取兩個國小、同一年級的班級合班上課。

　D 統一作息時間（不論國中、國小），以求統一。

②**在教學設備方面**

A 學生用課桌椅、辦公桌椅,由教育處協調其他學校提供。

B 增購辦公用品及教學所需教具(白板、櫃子等)。

C 企業集團協助設置專科教室——電腦教室、視聽教室。

③**在課程教學方面**

A 因應合班上課,每班兩個老師採協同教學、共同班級經營。

B 由兩兩學校的教導主任、教學組長協調統一班級的課程表。

C 統一國小上課所用的教科書版本。

④**在住宿設備方面**

A 某慈善機構以一周時間為學校組合設置住宿床鋪、棉被、風扇,提供近四百名師生(含保母)住宿。

B 某企業集團派遣一位工程師駐校,以二周時間,規劃監造設計施工,協助學校設置洗衣場、曬衣場、淋浴間、洗手檯、廁所改造、電力設備、及相關安全設施等。

5. 社會資源投入支援工作

此時期,各界愛心源源不斷湧進,包含設置臨時學校工程、增置行政教學辦公用品、環境整理與布置、提供學生生活用品及助學金等事項,各大專院校、企業集團、慈善團體等單位協助,支援著學校能如期開學。

(二)異地上課期間

聯合學園在異地上課,開學的前置作業,每位教職同仁都以戰戰兢兢的態度面對,直到開學前夕,大家都還相當緊張與興奮,深怕有些許的閃失。開學當天,學園團隊以愉悅的心情在大門口迎接我們孩子,伴隨大家的還有大批的媒體記者。

1. 學園的行政運作

(1) 聯合學園的校長每天例行性會議，以求學園行政運作的一致性。

(2) 成立聯合學園校務運作聯合委員會，依事務類別訂定負責學校。

(3) 校護、工友、廚工、保母及替代役任務編組，由各負責學校統一調度。

(4) 商借臨近國小廚房，納編廚工，提供學園師生午、晚餐。

(5) 指定學園發言人，統一對外發言或接受媒體採訪。

(6) 增聘醫師、護理人員、保母、保全員，以照顧師生及維護學園安全。

2. 學生的學習教育

(1) 合班上課，隨時修正教師教學方式及班級經營模式。

(2) 某教育發展基金會結合企業集團，執行「希望校園」計畫。

(3) 某基金會協助進行學生夜間課業輔導。

3. 學生的生活教育

(1) 訂定學員學生統一的生活常規及作息時間。

(2) 安排通勤學生的車次分配、常規訓練及安全維護。

(3) 訂定早、午、晚餐的用餐規範及地點。

(4) 訂定盥洗的時間表，以滿足近四百名師生的需求。

4. 師生的心靈撫慰

(1) 某企業集團各公司認養聯合學園，為全體師生提供一系列活動，藉由活動撫平師生的驚嚇與傷痛。

(2) 大學教授帶領其專業團隊為教師進行心靈輔導，一方面安撫老師的情緒，另一方面也提升老師輔導的知能。

(3) 基金會、企業集團等單位贈送書籍，豐富與安定孩子的心靈。

(4) 某教育發展基金會安排身心安頓課程，用遊戲陪伴孩子度過生命中的驚恐歲月，也針對教師舉辦體驗式學習研習及社區家長的周末親子營。

5. 師生的住宿安排

(1) 教師依其意願選擇在校住宿，或在外租房子，由政府補貼租金。

(2) 增編保母制度，協助夜間照顧及清洗孩子的衣物。

(3) 依學校、家庭編配住宿床位及保母。

(4) 聯合學園的校長們進行夜間輪值，以維護住宿師生的安全。

(5) 此段期間遇到防疫問題，其中三所學校的學生搬至鄰近山莊住宿。

6. 外界的資源注入

在這段異地安置的期間，學校的重建基金、學校的行政教學設備費用、學生的學用品助學金及師生的生活用品與服裝等，都源源不斷從各界湧入，滿滿的愛心溫暖了師生流離失所漂浮的心，也安定了師生徬徨無助不安的情緒。

三、現在──原鄉復學後的幼兒防災教育

98 年 10 月中旬，災後的二個月，縣府下達返鄉的指示，學校帶著大家的祝福，成為該縣第一批返鄉復課的學校。返校後隔天，

師生聽聞颱風警報，緊繃害怕的情緒又再度湧上，孩子躁動不安的情緒瞬間在校園間蔓延，一句「校長，您會在山上陪我們嗎？」讓人聽了相當不捨，八八風災的陰影又籠罩著孩子。今年的雨季尚未結束，返鄉後，學校團隊一刻都不敢鬆懈，全體同仁立即著手進行災後重建及扎根防災教育。

（一）在災後重建方面

經歷莫拉克颱風的肆虐，學校外觀無礙，但基本的設施卻慘不忍睹，尤其是提供師生基本生活的飲用水被破壞殆盡，重建工作迫不及待的啟動著：

1. 啟動校園重建

(1) 返鄉復課前，配合縣府工程技師到學校做校園建物總體檢。

(2) 確定返校時間後，安排全體同仁先行返校整理校園、檢修水電等設備、清洗教室、佈置環境。

(3) 尋找因山崩被掩埋的水源頭，重新施作取水工程；學校衛生飲水檢修、更新。

(4) 跑道流失級配裸露、風雨球場殘破不堪、校舍漏水相關設備損壞，進行整修校舍、宿舍、廚房，以提供完善的學習、住宿環境。

2. 親師生心靈重建

(1) 縣府文化局故事媽媽安心列車，進行情緒紓壓陪伴。（一學期）

(2) 文教基金會的假日心靈陪伴。（20 周的周日）

(3) 北部童軍聯團的生活陪伴。（每月兩次，目前持續進行中）

(4) 學生諮商中心對創傷嚴重的孩子定期陪伴治療。（目前持續中）

3. 原民文化重建

(1) 社會福利機構協助成立社團傳承原民文化。

(2) 某些文教基金會辦理「社區文化尋根，發現故鄉之美」的彩繪社區地圖及「希望校園異文化交流」，協助社區家園重建。

(3) 藝術劇團以藝術結合原民神話的藝術培訓及展演活動。

（二）在防災教育扎根方面

有了莫拉克風災的前車之鑑，為了使該校的行政及教學不致因災害而影響運作及學生的受教權，返校後即著手進行防災教育扎根：

1. 行政作為

(1) 落實學校的防災計畫，強化防災應變組織結構。

(2) 宣導學校、社區的安全地圖及避災路線並不定期演練，強化師生對災害的敏覺度。

(3) 因應小災害威脅採取就地避險，規畫學校就地（在校、10分鐘返家計劃）的計畫及演練。

(4) 因應大災害威脅撤村時，採取異地避險，依照社會處安置村民的地點，規劃學校異地避險計劃並進行前置作業。

(5) 訂定雨季來臨學生無法到校上課之課程應變措施：廣播告知、進行補課或採取延後或是提前開學。

2. 深耕防災教育

(1) 培育學校防災種子教師，強化學校在防災教育的自主能力與行動力。

(2) 結合大專院校、政府專業單位，辦理教師、學生、社區的防災教育研習。

(3) 課程融入防災教育理念與實務，增進學生的防災的素養與判斷力。

（三）在結合社區防災方面

1. 與社區結合，增設學校為社區第二避難所，提供村民臨時安置場所。

2. 建置大型發電機、50 噸儲水水塔，並備糧、睡袋、照明設備、通訊設備、醫療用品等，以備不時之需。

3. 監控紀錄社區土石流危險區域的情形，不定期辦理全村避災演練。

4. 與紅十字會結合，培訓社區、學校的專業防災救災人員。

伍、莫拉克颱風對幼兒防災教育的衝擊與因應

　　莫拉克颱風在原鄉地區的揉撂，致使學校校園受損，部落土地流失，道路中斷，土石流與堰塞湖危機環伺，師生、村民離鄉背井被安置在山下，學校運作不便，家長謀生不易，在種種不定、不安的因素下，不論對學校、對教師、對學生、對家長亦或是對社區，都產生了重大了傷害與衝擊。

一、影響層面

（一）學校方面

對於各類災害，從敷衍、漠視的態度轉變為重視、主動積極的作為，落實事前預防、及時面對處理，事後檢討改進，讓災害所造成的損失降到最低。

（二）教師方面

從忽視防災教育的重要性轉為主動、積極的充實防災專業能力，提升自己對各類災害的敏覺度，並將防災教育融入課程及生活教學。

（三）幼兒方面

經歷風災的洗禮，孩子對周遭環境變化相當敏感，心靈受創傷，情緒躁動不安，老師需要花費相當長的時間及精神陪伴、安撫。

（四）家長方面

賴以維生的山林農地流失或毀損，生計更加的困難。對於班級學校事務原本就鮮少涉入的心態，現在為了生活打拼，更加沒有心思了。

（五）社區方面

社區環境不再安全無虞。後山的堰塞湖隨著雨量增大隨時有潰堤的危險；土石流警戒區不斷擴大；社區山泉水水源枯竭等問題，激起大家團結的力量，組成委員會監視並提出改善方案，以解決全村所面臨的問題，也更重視防災議題。

二、未來因應與強化重點

在面對環境變遷與災害的嚴峻挑戰，我們必需要有新的思維、積極而明確的行動才能面對這些因氣候與環境變遷所帶給我們的挑戰。學校更要落實防災教育的預防教育、平時演練，讓防災教育的知識、態度與行為與生活結合，減短災害發生的反應時差。

（一）未來因應

1. 學校行政措施

(1) 審視全校校園與社區的環境，建構安全地圖及緊急避難地圖。張貼於學校公布欄，讓全體師生明瞭。

(2) 校園建築物的定期檢修，救災物資的整備。

(3) 成立學校社區防災處理小組，責任分組。定時、不定時開會檢討改進。

(4) 規劃完善的緊急（就地、異地）避難場所，增設避難設備與支援網絡。

(5) 舉辦定時及不定時實施避難演練，強化全體師生的危機意識。

2. 師生防災知能

(1) 因應學校的地理環境極易發生的災害（土石流、風災等），鼓勵教師參與學校或校外的增能研習，以提升自我防災的知識及應變能力。

(2) 規劃教師及學生防災教育專業知能研習、研討及演講，增長教師學生的專業知能，達到自救救人的目的。

(3) 結合學術單位，培訓學校防災、救災與創傷輔導的種子人員。

3. 防災課程教學

(1) 以學區災害類別，將防災議題融入生活及課程中，涵養學生防災素養。

(2) 結合視聽媒體與多元評量，讓防災教育的知識、態度與行為與生活結合。

(3) 深耕社區、家長的防災教育，結合村長辦公室、教會、紅十字會辦理社區防災教育研習與演練。

（二）強化重點

1. 活化學校行政的結構與通報，分層負責，以完備防災應變的能力。
2. 蒐集在地的災害防災資料、擬訂學校本位的防災課程。
3. 規劃避災場所與儲備物資軟硬體設備及分配。
4. 強化學校全體教職員的防災、救災及輔導專業知能。

陸、結論

　　古諺說「天有不測風雲，人有旦夕禍福」，不過教育和社會資源的注入是可以扭轉情勢的。地球氣候變遷加劇，台灣所處的地理位置長久以來都無法免除天然災害的侵襲，所造成人民的財產損失、生命安全的危及更是多不枚舉，讓民眾苦不堪言。解決之道，我們可以藉由教育來減少人為災害的發生及降低天然災害的損傷。身為教育人員，我們更要正視防災教育的重要性與急迫性，將防災教育課程做系統性的規劃、設計與實施，經由學校擴及到家庭、社會的執行、演練與配合，達到「平時減災」、「災前整備」、

「災時應變」、「災後復原」的目的，讓防災教育知識的學習成為我們生活的常態，抱著實踐的態度，達到防災教育的終極目標——安全、安心、永續。

柒、參考文獻

江婉容（2008）。國小五年級學童人為災害防災素養之研究，國立臺中教育大學環境教育研究所碩士論文，未出版，台中市。

李文正等人（2008）。臺灣學校防災教育推動概況與展望，國家災害防救科技中心電子報，41 期。

林秀梅（2001）。國民中學防震教育課程概念分析，國立臺灣大學地理環境資源學研究所，未出版，台北市。

國家災害防救科技中心（2010）。莫拉克颱風之災情勘查與分析。民國 99 年 10 月 1 日，取自 http://map2.ncdr.nat.gov.tw/morakot/index.htm

陳文龍、李明憲、趙勇維（2004）。國小防災教育教材與教師手冊之規劃與初步成果。消防月刊，5 月號，40-53。

教育部（2004）。防災教育白皮書。台北：教育部。

黃朝恩（2000）。自然災害的研究方向和因應對策，地理教育，26：11-18。

蔣偉寧（2004a）。防災教育白皮書。台北市：教育部。

廖琬晴（2006）。九年一貫防災教育量表之發展，國立臺中教育大學自然科學教育研究所，未出版，台中市。

Whitehead, P. (1996). National hazards: a question of implementation strategies. International Perspectives on Teaching about Hazards and Disasters, the Cromwell Press in Great Britain, 19-13.

從莫拉克颱風災區學校復原重整實務談防災工作之應為

洪秀熒

高雄縣湖內鄉文賢國民小學校長

壹、前言

2009 年 8 月 8 日的「莫拉克颱風」，重創南臺灣，使高雄縣湖內鄉成為淹水鄉，全鄉 14 村有 13 村淹水（大湖村除外），全鄉 6 所中小學有 5 所中小學（大湖國小除外）淹水，帶來本校 50 年來空前的重大災損：國小部、特教班及幼稚園一樓大淹水，淹水達 65 公分高，社區垃圾漂流、污泥遍佈；魚塭魚群（鰻魚等）游入校園，使學校成為一個大魚池，塭泥滿地。8 月 9 日省公路積水高深，車子無法通行，因此無法進校搶救重創的校舍及設備。8 月 10 日積水才退，學校屋頂破損、行政及教學設備泡水、污泥（糞泥、塭泥）滿地、樹倒盆倒、社區垃圾橫陳。救災是為減災，進一步避災、防災，學校行政團隊評估災損，規劃復原重整工作，並結合政府、社會、社區、家長等各方資源協助，使學校儘速復原重整，迎接新學期的開學。

貳、莫拉克颱風造成學校重大災損的原因

　　莫拉克颱風造成高雄縣湖內鄉五所中小學（湖內國中、海埔國小、文賢國小、明宗國小、三侯國小）重大災損的原因，說明如下。

1. 氣象局預報莫拉克颱風會往台灣中北部移動，但莫拉克颱風卻毫無預警地突然轉向南台灣，以致中小學防颱不及，學校重創。

2. 二仁溪陳年淤積，河寬變窄，河床變淺，疏洪成效大降，無法宣洩莫拉克颱風幾近一年的超大雨量，臨近的湖內鄉受到波及因此淹水。

3. 二仁溪整治工程未完工，新工程缺口和舊河堤缺口無法宣洩莫拉克颱風帶來幾近一年的超大雨量。

4. 鄉內水溝不夠寬深，排水不易，一時無法宣洩莫拉克颱風幾近一年的超大雨量。

5. 鄉內五所中小學一樓的教室、辦公室、校長室、教具室、圖書室、健康中心等有重要的教學、行政設備（尤其是電子資訊設備）及檔案資料（含公文、人事資料、會計帳冊等）；湖內國中舉重室位於地下室，有一批貴重的舉重設備；廚房有整套廚具等多泡損。

參、莫拉克颱風學校復原重整的原則

　　莫拉克颱風學校復原重整的原則：決策、合作、激勵、領導與管理，說明如下。

1. 決策是行政人員計畫、組織、管制的方法，其本質就是抉擇（Robbins, 1994）；行政管理的核心在於決定，大大小小的決定（黃昆輝，1990）。搶修學校災損，校長親自坐陣督軍，帶領學校行政團隊研議復原重整的重大決定。

2. 組織是兩個或兩個以上之個體所組成，為達成共同目標在有意識的合作下，持續運作的單位（Robbins, 2000）；協調學校組織成員間互助與合作，以創造學校的價值與效能（蔡培村，1996）；社群就像一艘船，每個人皆必須準備掌舵（Barth, 2006）。督促學校行政團隊（主任、組長、職工、校護等）各就崗位分工負責，搶修學校災損。

3. 運用激勵管理的策略：符合需求性、掌握時效性、注意階段性、策動認同性（鄭彩鳳，2002）；嘗試以一份新的責任，去做那些應做而未做的事（周旭華譯，1995）。引導學校同仁建立共識：搶修學校災損之需求性、時效性、階段性及認同性，使學校「順變」、「應變」、「求變」，發展新基。

4. 彈性運用火線領導、服務領導、E化領導、雁行領導、策略領導、全方位領導及權變領導，綜合團隊管理及績效管理、人力管理及目標管理、聯盟管理及資源管理、專業管理及合作管理、本位管理及合夥管理、危機管理及整合管理、民主管理及環保管理，解除危機，恢復生機，創造轉機。

肆、莫拉克颱風學校復原重整實務分享

　　莫拉克颱風造成本校50年來空前的大災難，救災是為減災，進一步避災、防災，學校行政團隊在慈濟、教育部、縣政府、鄉公所、六軍團、八軍團、替代役、家長會、樹仁醫專、台北市政府、台南

航空站、台灣長工會、大湖慈善會、福德基金會、台灣理光公司、台北市西湖國小、技嘉教育基金會、台灣 BENQ 公司、行政院原住民委員會、財團法人賑災基金會、家樂福股份有限公司、KKBAND 公益關懷協會、行天宮文教發展促進基金會、TVBS 關懷台灣文教基金會等協助下，使學校儘速復原重整，迎接新的學期。莫拉克颱風災區學校復原重整實務分享，從領導與管理上分析，說明如下。

一、火線領導、團隊管理及績效管理——學校行政團隊合力復原

8 月 10 日，社區垃圾遍佈校園：長沙發椅堵住校長室門口，大大小小的塑膠桶散佈廁門，長短木頭堆積在車庫，盆栽、洗衣板……，操場和跑道上的垃圾滿目瘡痍，慘不忍睹，整個校園如一座大型垃圾場。向鄉公所要兵力支援救災，但兵力接受旨令要先清除道路垃圾，搶通社區道路，讓交通順暢，因此無法支援學校，便親自率領（火線領導）學校行政團隊（團隊管理）於 8 月 10 日、8 月 11 日分工清除校園漂流物及垃圾，移到校門及側門讓垃圾車載運（績效管理）。陳議員到校關心學校災情，非常驚訝並肯定學校（cooperative school）行政人員（救火隊）積極救災的高效率表現。學校有愛，感謝學校行政團隊清除大大小小的垃圾，使學校前庭、中庭、後庭快速恢復原貌。

二、服務領導、人力管理及目標管理——六軍團與八軍團搶救復原

（一）六軍團搶救復原

8 月 11 日，清除風災垃圾，一直忙到下午六點才結束一天的救災工作，並親自（服務領導）跑到鄉公所填寫救災兵力申請單。8 月 12

日早上，北部六軍團到校準備救災，請主任與六軍團指揮官協調、規劃8月12日、8月13日、8月14日共190名兵力的救災工作任務（人力管理）：資料室、公文收發室、健康中心、辦公室與校長室地面污泥（塭泥、溝泥及糞泥）之清除與清洗（目標管理）。地面泥濘，污泥黏濁，學校與軍方合力用鏟子、刮刀、竹掃把及塑膠帚用力刷洗完成任務。軍人講求高紀律及高效率，是救災路上的最佳前線與好夥伴。北部有愛，感謝六軍團「遠水救近火」南下救災，使學校資料室、公文收發室、健康中心、辦公室與校長室地面恢復原貌。

（二）八軍團搶救復原

8月14日，學校繼續申請救災兵力。8月15日、8月17日、8月18日南部八軍團共48名兵力到校救災：清除與清洗學校警衛室地面、桌椅污泥，清除與清洗學校水溝、車庫、視聽室、教具室、羽球場及校長室置物櫃之污泥。污泥黏濁，學校與軍方合力鏟泥、刮泥、洗泥，才完成清除與清洗的任務。南部有愛，感謝八軍團協助救災，使學校水溝、車庫、視聽室、教具室、羽球場及校長室置物櫃恢復原貌。

三、E 化領導、聯盟管理及資源管理－樹人醫專大專青年送愛復原

莫拉克颱風造成南臺灣重創，高雄縣學校災損嚴重，教育部推動「大專青年參與校園重整送愛計畫」，因此請主任上網填報電子表單（E 化領導），申請大專青年救災人力，規劃大專院校合力救災（聯盟管理）。樹人醫專雖是風災受損（輕微）學校，但卻抱著「校園重整送愛」的精神認養本校。教官帶領133名大專生（志工）於8月17日、8月18日、8月19日到本校救災：清洗資料室、收發室、健康

中心及辦公室鐵櫃，清除與清洗教室桌椅、警衛室污泥與消毒（含校長室消毒）、書籍整理、電腦維修等（資源管理）。風災多日，污泥已乾厚，清洗既費時又費力，很辛苦。大專有愛，感謝樹仁醫專「大手牽小手」協助救災，使學校資料室、收發室、健康中心及辦公室鐵櫃、教室桌椅、警衛室、校長室、書籍排放、電腦運作恢復原貌。

四、雁行領導、專業管理及合作管理－替代役支援復原

　　8月19日、8月20日向縣府分區（岡山區）救災中心申請54名替代役人力協助學校救災。岡山榮民之家人事主任數位長官蒞臨指導（雁行領導）替代役協助清除學校水溝、魚池、早覺亭及二座倉庫之污泥，並清洗早覺亭內桌椅及櫥櫃。二座倉庫內的化糞池亦因莫拉克颱風污泥沉積滿溢，學校請清潔公司（專業管理）清運二車次才見清。另一名岡山農工替代役於8月19日、8月20日、8月21日、8月24日及8月25日到校服務，與樹人醫專大專生、縣府分配的替代役合作救災（合作管理），沖洗辦公室及教室的椅子及鐵門，清洗及消毒警衛室及校長室，並挖除魚池之污泥。軍人有愛，感謝岡山榮民之家長官、縣府替代役協助救災，使學校水溝、魚池、早覺亭及倉庫恢復原貌。

五、策略領導、本位管理及合夥管理－台南航空站、鄉公所、慈濟、教師及家長（會）協力復原

（一）台南航空站協力復原

　　臨近學校（明宗國小）停水，學校協助供水救災，致使本校水源不足，無法沖洗校舍地面，於是向台南航空站（策略領導）申請

大型水車用水柱沖洗車庫、校門地面、操場 PU 跑道、升旗台二側看台及羽球場遊樂器材。操場 PU 跑道污泥乾厚，商請台南航空站主任加派一輛水車，台南航空站主任並加派五名水夫沖洗 PU 跑道、刷洗跑道，一直忙到下午六時才收工。台南航空站主任及人事於午休時間親臨指導，主任還捲起褲管幫忙舀除升旗台二側地面之積水，服務至深。台南有愛，感謝台南航空站主任、人事、水夫協助救災，使學校車庫、校門地面、操場 PU 跑道、升旗台二側看台及羽球場遊樂器材恢復原貌。

（二）鄉公所協力復原

向鄉公所申請經費救災。湖內鄉有愛，感謝鄉公所補助經費，使學校新建川堂步道、遊戲區地墊、升旗台兩側連鎖磚步道、跑馬燈字幕機，展現新象。

1. 拆除龜裂積水的川堂磨石地面，新建黃黑二色相間的大理石步道。
2. 拆掉遊戲區泡損的黑色地墊，新建綠色地墊。
3. 修繕升旗台兩側龜裂、低窪、積水的水泥地面，新建紅灰二色相間的連鎖磚步道，提高行進、運動的安全性，並解決積水問題。
4. 裝設跑馬燈字幕機，公告訊息。

（三）慈濟協力復原

學校淹水，走廊泥淖，（身著青衣白褲的）慈濟志工於週六到校協助沖刷走廊乾厚的污泥，假日無休，辛苦您們了。慈濟有愛，感謝慈濟團隊協助救災，使學校走廊恢復原貌。

（四）教師協力復原

　　督促學校人事以電話連絡請教師返校整理各班教室、個人辦公桌椅（本位管理），教師、眷屬（先生、女兒等）及家長一起擦洗桌椅、櫥櫃及地板。教師有愛，感謝學校教師協助救災，使學校教室、辦公桌椅恢復原貌。

（五）家長會協力復原

　　家長有愛，感謝家長會協助救災，使學校木棧道、川堂、電話、水銀燈、庭園燈、教室恢復原貌。

1. 家長會潘會長向鄉公所申請經費補助，修繕泡損的木棧道，並向社區借機器協助沖洗泥濘的川堂。
2. 學校電話通訊故障，全體教職員工只能用自己的手機對外通訊，劉副會長協助搶修電話，使學校電話通訊恢復正常，並向鄉公所申請經費補助，修繕故障的水銀燈及庭園燈。
3. 學校水源不足，家長委員從社區推車送水到學校沖洗教室（合夥管理）。
4. 家長會提供午餐便當慰勞辛苦的救災人員。

六、全方位領導、危機管理及整合管理－社會資源挹注復原

　　學校重創，校長 360 度評估（全方位領導）全校災損損失，與主任、組長以團隊救災（危機管理），合力爭取各方社會資源協助學校復原重整（整合管理）。社會有愛，感謝教育部、高雄縣政府、台北市政府、台灣長工會、福德基金會、大湖慈善會、台灣理光公司、台北市西湖國小、技嘉教育基金會、台灣 BENQ 公司、行政院原住民委員會、財團法人賑災基金會、家樂福股份有限公司、KKBAND

公益關懷協會、行天宮文教發展促進基金會、TVBS 關懷台灣文教基金會等單位提供財力、物力及人力資源，更新學校行政及教學設備，使學校行政及教學儘快恢復正常運作，營造教育的新契機。

1. 財力：教育儲蓄戶經費、助學金、急難慰問金等。
2. 物力：電腦、長桌、圖書、印表機、掃瞄器、錄影機、投影機、冷氣機、置物櫃、辦公桌椅、不斷電系統等。
3. 人力：八八水災音樂關懷活動－「愛與希望」寓教於樂的音樂巡演活動。

七、權變領導、民主管理及環保管理──永續資源重建校園

透過災變，運用「權變領導」，營造多功能硬體建設（遊戲空間、綜合球場、多功能戶外教室）；運用「民主管理」，開放員工提出校園規劃設計（教學看台）；引進「環保管理」，營造環保校園（連鎖磚步道）。

1. 向教育部申請經費補助：修繕幼稚園龜裂、高低不平、積水的地面，新建水泥地面及整理水溝，提高幼童空間行進及運動之安全性，解決積水問題，並增加幼童遊戲的空間。教育部有愛，感謝教育部協助救災，使幼稚園新建水泥地面，展現新象。
2. 向縣政府申請經費補助（議員建設經費），使學校漆畫綜合球場、新建教學看台、新建連鎖磚步道，展現新象。
(1) 修繕綜合球場龜裂、高低不平、積水的地面，並漆畫籃球、躲避球地面，解決籃球、躲避球教學安全及積水問題，並提升體育課教學成效。

(2) 拆除綜合球場老舊、斷劣的鐵網，新建粉紅、粉綠、粉黃三色相間的三層式教學看台；於菩提樹周邊新建連鎖磚步道，解決積水問題，並增加教學活動空間。

3. 向岡山慈善會申請經費補助：拆除髒亂、積水、青蛇出沒、蚊蠅滋生的垃圾場，新建多功能戶外教室（有六座彩色曲線椅的教學廣場）。社會有愛，感謝岡山慈善會協助救災，使學校新建多功能戶外教室，展現新象。

伍、從莫拉克颱風談防災工作之應為

莫拉克颱風重創校園，學校結合政府、社會、社區、家長等資源重整校園。歷經莫拉克颱風一年多的的校園復原重整工作，並省思旗山區原住民學校被土石流覆蓋、校舍傾毀的災情，從莫拉克颱風談防災工作之應為，說明如下。

一、氣象局應加強「颱風動向」正確報導之績效

莫拉克颱風突然轉向，毫無預警，如何防颱？防颱不及，超大雨量如何宣洩？暑假期間學校人力吃緊，如何動員救災？尤其是偏郊地區學校，更是難上加難。氣象局報導莫拉克颱風北移，莫拉克颱風卻突然轉向南台灣，重創高雄縣學校與家園，本校就遭遇到50年來空前的大災難，淹水65公分高，設備泡損，屋頂損毀，災情慘重。莫拉克颱風使高雄縣部份聯外道路中斷，有12所國中小易地安置復學；等道路搶通，水電恢復，才返鄉復學。面對久違的校園，返鄉復學的師生有感而發：「回家的感覺真好！」，但至今仍有學校有家歸不得，需覓地重建。因此颱風季節，氣象局應加強

「颱風動向」正確報導之績效，俾便學校預作防颱準備，降低「不必要的」災損與傷亡。

二、政府應徹底整治「河圳工程」

二仁溪淤積，河寬變窄，河床變淺，疏洪成效大降，颱風季節若連續大雨量，湖內鄉必定淹水。莫拉克颱風連續超大雨量（一年的雨量）使湖內鄉全鄉 14 村有 13 村淹水，災情慘重。災校必須靠政府及社會協助，才能即時復原重整正常運作。要防颱、防水患，政府應編列適足的經費預算，徹底整治「河圳工程」，才能避免因經費不足形成工程缺口，造成水患，以保護學校校舍及設備，維持學校教育（行政與教學）的正常運作。

三、鄉鎮公所應妥善規劃「排水系統」

湖內鄉水溝窄淺，排水系統不順暢，若遇颱風季節連續雨量，容易積水，造成校園安全疑慮，影響學校行政與教學正常運作。因此鄉鎮公所應慎重檢視積水地區、積水問題，編列適足的經費，妥善規劃「排水系統」，俾便宣洩颱風季節（或雨季）連續雨量。

四、學校應適當規劃財產設備、檔案資料之「存放位置」

學校應適當規劃財產設備（教室、廚房、辦公室、校長室、教具室、圖書室、健康中心等行政及教學設備，尤其是電子資訊設備）及檔案資料（公文、人事資料、會計帳冊等）之「存放位置」，以免防颱不及，財產設備、檔案資料慘遭泡損，嚴重影響學校行政及教學。

五、政府及師資培育機構應加強校長、主任或教師「防災及救災訓練」

　　莫拉克颱風使校園滿目瘡痍，垃圾遍佈，校舍毀損，設備泡損，如何復原、重整？如何救急、應急？如何應變、轉變？校長、主任站在第一線重整校園，無論是爭取人力、財力及物力，都需要勇氣、智力及戰力，也倍受極大的壓力。救災工作百廢待舉，千頭萬緒，資源不足，巧婦難為無米之炊。因此政府及師資培育機構應加強校長、主任或教師「防災及救災訓練」（理論與實務），以加強其防災、救災之領導力、資源力及專業力，使學校災損降至最低。

六、政府應重新檢視「天災重創之分類」

　　家園破滅、人員傷亡，非天災重創解讀之唯一因子，校舍毀損、設備泡損亦是覆水難收。莫拉克颱風使湖內鄉成為淹水鄉，鄉內國中小災損嚴重，然因無人員傷亡，不受傳播媒體重視，導致政府輕忽湖內鄉慘重的災情，以致延宕至 8 月 18 日行政院各部會才南下鄉公所召開災後會議，關心災情；8 月 27 日縣府才蒞臨鄉公所召開災後會議，關心災損。因此政府應重新檢視「天災重創之分類」，才能適時挹注資源救援災區學校，讓校舍毀損、設備泡損之學校亦能獲得重視儘快復原重整。

七、政府應指定單位負責「兵力調度作業」

　　莫拉克颱風，到鄉公所填寫兵力申請單傳真，結果有六軍團到校救災；到縣政府教育局網站填報申請救災人力電子表單，結果有樹人醫專大專生到校救災；回覆縣政府人力需求電話，結果有替代

役到校支援。填寫傳真、上網填報或回覆電話都是為申請救災兵力，但是鄉公所、縣政府兵力調度作業重疊，致使學校無法確認當日是否真有兵力？共有多少兵力？嚴重影響學校救災規劃安排。因此政府應指定單位（縣政府或鄉公所）負責「兵力調度作業」，以提高救災時效與績效。

八、政府應擴大「軍人及替代役救災」

莫拉克颱風使湖內鄉成為淹水鄉，全鄉 14 村有 13 村淹水，兵力（六軍團、八軍團）先清除道路垃圾，搶通社區道路，交通順暢，才被安排到校救災。然校舍毀損、設備泡損必須即時搶救，才能讓財損降至最低，以免影響學校教育正常運作，尤其是重災學校救災人力補足更顯迫切。因此政府應擴大「軍人及替代役救災」，提供行政、教學及輔導支援，協助校園復原，才能讓災區學校傷害降至最低。

九、學校應結合「公部門與私部門救災」

莫拉克颱風使學校重創，慈濟、教育部、鄉公所、六軍團、八軍團、家長會、替代役、樹仁醫專、高雄縣政府、台北市政府、台南航空站、台灣長工會、福德基金會、大湖慈善會、台灣理光公司、台北市西湖國小、技嘉教育基金會、台灣 BENQ 公司、行政院原住民委員會、財團法人賑災基金會、家樂福股份有限公司、KKBAND 公益關懷協會、行天宮文教發展促進基金會、TVBS 關懷台灣文教基金會等嘉惠助學金、慰問金、認養清洗、音樂巡演關懷活動、學校行政及教學設備，成效卓著。因此學校應結合「公部門與私部門救災」，協助學校復原重整。

十、政府應重視災區學校「學生受教權益」

　　莫拉克颱風使高雄縣大地變樣，那瑪夏鄉原住民偏遠小校受到土石流覆蓋，校舍傾毀，復校之路遙遙無期，沒有時間表。「原住民族基本法」第 32 條規定：政府除因立即而明顯危險外，不得強行將原住民遷出其土地區域；「原住民族教育法」第 8 條規定：各級政府得視需要，寬列原住民重點學校員額編制，於徵得設籍於該學區年滿二十歲居民之多數同意，得合併設立學校或實施合併教學；「高雄縣小型學校調整作業要點」第 5 條規定：原住民地區學校，適用本要點之併校規定者，依原住民族教育法相關規定，得徵詢當地居民大多數同意後，適用辦理。依賴山上的土地和大自然，是原住民教育的一部分，以天災裁併校、減班、裁師資、縮減教育資源，犧牲山上孩子的受教權益，違反社會正義。因此政府重建委員會應審慎評估災區教育後續重整工作（道路修復，學校基礎生活設施的恢復，行政、教學及輔導等人力的支援補充，或重建土地的取得等），鑑定重災區的地域安全問題，重視學校中繼安置過程、復學時程，優先考量受災學校「學生受教權益」，重建其教育環境與文化環境。

十一、政府及學校應妥善規劃學校「易地安置與校園重建」

　　莫拉克颱風使高雄縣重災學校易地安置：民生國中老師白天忙上課，晚上到孩子住宿的高雄農場照顧，週末也沒有下班時間，師生都累壞了，現雖已返鄉復學，但仍必須努力積極重建山上的教育環境及文化環境，給原住民孩子就學的品質與安定；校舍毀損嚴重的民族國小和民權國小則繼續安置。遷徙對部落可能是傷害，亦可能阻斷部落文化延續，政府若粗糙地以天災滅校或減班，對災後偏

鄉地區的學校教育是雪上加霜。因此政府及學校應妥善規劃重災學校「易地安置與校園重建」－原地重建或異地重建。

陸、結語

　　莫拉克颱風重創高雄縣湖內鄉五所中小學（湖內國中、海埔國小、文賢國小、明宗國小、三侯國小），的原因：一、氣象局預報莫拉克颱風會往台灣中北部移動，但莫拉克颱風卻毫無預警地突然轉向南台灣，以致中小學防颱不及，學校重創；二、二仁溪陳年淤積，河寬變窄，河床變淺，疏洪成效大降，無法宣洩莫拉克颱風幾近一年的超大雨量，臨近的湖內鄉受到波及因此淹水；三、二仁溪整治工程未完工，新工程缺口和舊河堤缺口無法宣洩莫拉克颱風帶來幾近一年的超大雨量；四、鄉內水溝不夠寬深，排水不易，一時無法宣洩莫拉克颱風幾近一年的超大雨量；五、鄉內五所中小學一樓的教室、辦公室、校長室、教具室、圖書室、健康中心等有重要的教學、行政設備（尤其是電子資訊設備）及檔案資料（含公文、人事資料、會計帳冊等）；湖內國中舉重室位於地下室，有一批貴重的舉重設備；廚房有整套廚具等多泡損。救災是為減災，進一步避災、防災，本校行政團隊秉持復原重整的四個原則：一、校長親自坐陣督軍，做下復原重整的重大決定；二、學校行政團隊各就崗位分工負責；三、學校同仁建立搶修學校災損之需求性、時效性、階段性及認同性之共識，順變、應變、求變；四、彈性運用各種領導與管理，解除危機，恢復生機，創造轉機，組成莫拉克救災小組，並結合慈濟、教育部、縣政府、鄉公所、六軍團、八軍團、家長會、替代役、樹仁醫專、台北市政府、台南航空站、台灣長工會、大湖慈善會、福德基金會、台北市西湖國小、技嘉教育基金會、行政院

原住民委員會、財團法人賑災基金會、KKBAND 公益關懷協會、行天宮文教發展促進基金會、TVBS 關懷台灣文教基金會等，落實學校復原重整工作：一、以火線領導、團隊管理及績效管理－學校行政團隊合力復原；二、以服務領導、人力管理及目標管理－六軍團與八軍團搶救復原；三、以 E 化領導、聯盟管理及資源管理－樹人醫專大專青年送愛復原；四、以雁行領導、專業管理及合作管理－替代役支援復原；五、以策略領導、本位管理及合夥管理－台南航空站、鄉公所、慈濟、教師及家長（會）協力復原；六、以全方位領導、危機管理及整合管理－社會資源挹注復原。

莫拉克颱風重創南臺灣，使高雄縣學校被土石流覆蓋、校舍傾毀或全面大淹水，救災省思，從莫拉克颱風談防災工作之應為：一、氣象局應加強颱風動向「正確報導」之績效；二、政府應徹底整治「河圳工程」；三、鄉鎮公所應妥善規劃「排水系統」；四、學校應適當規劃財產設備、檔案資料之「存放位置」；五、政府及師資培育機構應加強校長、主任或教師「防災及救災訓練」；六、政府應重新檢視「天災重創之分類」；七、政府應指定單位負責「兵力調度作業」；八、政府應擴大「軍人及替代役救災」；九、學校應結合「公部門與私部門救災」；十、政府應重視災區學校「學生受教權益」；十一、政府及學校應妥善規劃學校「易地安置與校園重建」。

參考文獻

周旭華譯（1995）。Charles Handy 著。覺醒的年代。台北：天下。
黃昆輝（1990）。教育行政原理。台北：三民。
蔡培村（1996）。學校經營與管理。高雄：麗文。
鄭彩鳳（2002）。學校行政理論與實務。高雄：麗文。

Barth, R. S. (2006). Foreward. In G.. Moller & A. Pankake, (Eds). *Lead with me: A principal's guide to teacher leadership* (pp. vii-viii). Larchmont, New York: Eye on education.

Robbins, S. P. (1994). *Organizational behavior: concept, controversies, applications.* New Jersey: Prentice-Hall.

Robbins, S. P. (2000). *Organizational behavior* (9th ed.). Englewood Cliffs, NJ. : Prentice-Hall.

幼稚園生活防災課程發展與教學的模式

蘇明俊

樹德科技大學休閒事業管理系助理教授

壹、前言

一、台灣的地理位置特殊容易發生生活災害

　　台灣位於火山島弧中的一個島嶼,受到菲律賓海板塊與歐亞大陸板塊的聚合性擠壓而形成,地理環境與大陸環境有相當的差異,經常遭受到地震、颱洪、坡地滑動等天然災害,潛在威脅更是難以評估。2005 年 1 月 18-22 日聯合國在日本兵庫縣神戶市舉行「世界減災會議（World Conference on Disaster Reduction, WCDR）」,發表了「兵庫宣言」（Hyogo Declaration）,是世界各國減災的決心與聲明,及「2005-2015 兵庫行動綱領」,加強國家與社區的抗災能力,作為下一個十年國際減災防治的總策略,具體提到行動重點的優先工作,且明白地宣示永續發展和減災策略整體規劃的密切關係。

　　世界銀行 2005 年出版的報告「天然災害的熱點:全球風險分析（Natural Disaster Hotspots: A Global Risk Analysis）」中將天然災害分為地質（例如地震）及水文（包含洪水、颱風、土石流）兩

大類，台灣曝露於三種及兩種天然災害下之人口與面積比例均為世界之冠，同時暴露於三項以上天然災害之土地面積為 73.1%，面臨災害威脅之人口亦為 73.1%；而台灣遭受各項天然災害造成高死亡率的風險也是全球第一，有 90.2% 之區域及 95.1% 之人口有高死亡率之風險，均突顯台灣天然災害的嚴重性。加上近年來全球氣候變遷越來越明顯，極端氣象的頻率日益嚴重，我國應及早提出因應的方案，以面對未來嚴峻的災害考驗。

二、生活災害的嚴重性

　　天然和人為的災害直接造成人員傷亡與財產損失，也間接影響國家產業和經濟的發展。當台灣受到地震、洪水、颱風及山崩這四種天然災害威脅時，有 97.0% 地區及 96.6% 人口可能遭受多種天然損失造成之高經濟風險，更有 96.5% 的國內生產毛額（GDP）也處於高經濟風險下，說明天然災害對台灣的嚴重衝擊。大部分的天然災害非人力可以抗拒，只能藉由預防來減少損失，而多數的人為災害卻是由於疏忽或是蓄意所造成，因此是可以加以預防或制止的。但由於一般民眾對於防救災的觀念薄弱，以及相關教育與宣導不足，導致生命及財產蒙受損失。

三、生活防災應落實在教育

　　民國 89 年 7 月 19 日「災害防救法」公佈實施，其中第二十二條第二項明文規定：「為減少災害發生或防止災害擴大，各級政府應依權責實施災害防救教育、訓練及觀念宣導」。要避免災害的發生或降低災害所造成的損害，唯有透過教育的方式，強化社會各階

層的災害防救觀念與認知，擴展災害防救教育之學習管道與課程，強化災害防救教育相關設施，才能確實讓民眾認識台灣當地天然災害與其相關之防救知能，建立零災害生活環境與無災害的生活品質。在政府正視防災教育的重要性之下，教育部顧問室於民國 91年 3 月提出 92～95 年度「防災科技教育改進計畫」四年中程綱要計畫書，並在國家災害防救科技中心的協助下，邀集各地區具經驗之學術研究單位，成立地區性推動中心，共同進行相關教材編撰與初步試教、課程規劃、防災師資培訓、各級學校災害防救計畫擬訂、宣導活動，與網站知識庫初步建置等工作。目前在「防災科技教育成果落實暨第二期（96～99）中程綱要規劃整合型計畫」下，主要工作乃在積極推動與落實防救災教育，完整之防災計畫包括減災、整備、應變及復原這四個階段。林高永、唐先梅、劉嘉年與胡怡謙（2007）在執行教育部生活防災教育遠距教學計畫時，將生活災害分為：（一）氣象災害：例如颱風、梅雨季的豪雨、乾旱與寒潮、重大氣象災害、（二）洪旱災害：例如八八水災、（三）坡地災害：台灣坡地土砂災害、崩塌災害、土石流災害、（四）氣候變遷：全球暖化、（五）地震災害、（六）人為災害：瓦斯、機電所造成的火災與爆炸；交通、校園、及環境中的毒性化學物質、居家環境中的危害因子。檢視這些種類的災害，都可以透過防災教育來減低財產的破壞，以及生命的較高保障。

四、科學博物館是生活防災教育的適當資源

　　博物館的展示物件（object）是極佳的學習媒介。博物館擁有豐富多元的資源，對參觀者而言，是一個新奇的環境，可以提供學習者有機會透過親身體驗而發生學習（Chin, 2004）。博物館展示物

件之所以不同於電視、影片、電腦等媒體,就在於博物館多了親身體驗;博物館之所以不同於遊樂場或運動場,就在於博物館中的學習者不只是感官的刺激或肢體的動作,而多了動腦觀察與探索,這也正是安排兒童參觀博物館的理由。

　　況且現代的博物館教育在功能與定位也都已經有相當的改變(葉蓉樺,2004),例如:新社會教育、概念教育、新實物教育、新輔助教育、即時教育等,都是現代博物館應該思考的方向,從現代博物館辦理繁多的教師研習來看,博物館顯然肩負重要的教育功能。

　　對於防災教育而言,博物館更提供逼真的情境體驗場所,例如國立科學工藝博物館展出「災害防治廳」,內容則包含情境逼真的地震屋,而其他展廳(例如海盜船展廳的噴水區)的展示物件也都具有災害防災教育的功能。

五、博物館的科學學習以探究為主,教師應主動建構教學資源

　　縱然科學博物館在教育上扮演重要的功能,然而,左曼熹、蔡怡君(2005)分析了英國與台灣四個博物館的教學活動後,主張成功的關鍵在於「教學者能適時地扮演學習的引導者與促進者的角色,……運用適當的問題或提示,引導出觀察和探索的方向。」同時她們也認為:在台灣,博物館環境中「以物件為中心的學習(object-centered learning)」仍是有待開發的領域,無論是博物館的從業人員或學校教師,多不熟悉這樣的博物館教學。因此建立一個以物件為中心的課程發展與探究教學的模式,讓第一線的教

師或義工都能夠自行發展課程、自行用於教學之中，就成為重要
的課題。

六、本文的目的

基於上述討論，本研究的目的在提供一個開發幼稚園生活災害
課程發展及其教學的模式，並選擇兒童展廳「海盜船」內的展示物
件作為實例說明課程發展的歷程及其教學活動。

貳、文獻探討

一、經驗學習在科學教學的重要性

（一）建構主義者重視經驗學習

建構主義者的教育理論是近年來教育界最新的口號之一，它不
但強調主動的學習，也要求學生與教師一齊發現及建構知識
（Zhao，2003）。Boddy, Watson, Aubusson（2003）, and Skamp（2000）
都認為「建構主義」能夠促成有效教學的原因，就是以經驗的學習
讓學生產生高度的學習動機，和高階層的思考技能。Shepardson,
Harbor, Bell, and Meyer（2003）在介紹環境教育願景（Envision）
計畫時，認為該計畫的理論基礎乃基於社會建構論的觀點，強調藉
由與科學社群或文化進行體驗（experiencing）科學，例如：行動
（acting）、思考（thinking）、觀看（seeing）、對話（talking）。

建構主義的課程觀強調運用真實情境作為教學的題材，營造問
題解決的環境，以協助學生在解決問題的過程中活化知識，成為解
決問題的工具。Boddy, Watson, Aubusson（2003）, Skamp（2000），

and Heuwinkel（1996）都承認學生在學習之前就已經存在關於世界現象的觀點，學生必須暴露在學習的環境之中，讓他們與原有的觀點做協調，去建構自己的知識與學習歷程。因而，學習者應該基於自己與世界相互作用的獨特經驗去建構自己的知識，並將經驗賦予意義，持續不斷的發展與修正，將新的概念整合到現有的知識結構之中，而學習到新的觀念。

Gibbons（2003）在發展一份建構主義理念的科學教育評量工具時，整理建構主義的特徵，約有下列各項：

1. 學習者主動投入學習，而不是被動的接受知識。其中主動投入學習是指：主動參與問題解決、批判思考的學習活動；藉由學生的先備知識與經驗作為基礎，去檢證觀念與方法的正確性；將自己建構的知識，應用到新的情境；將新獲得的知識與先前存在理智的建構整合在一起（Martin, Sexton, Wagner, & Gerlovich, 1997）。因此，教師應當建造能促進主動學習的體驗課程。

2. 學生能夠論證概念的理論，而發生對學習內容的理解。

3. 大腦在情境與體驗之下建構知識，受到進度、內容、聯結、先前的理解、學生的能力、學習的自由度等影響學習（Kruse, 1998）。

4. 以實作（performance）為本位的評量方式，而不是只有紙筆測驗。

5. 教師是促進者或教練，透過學習過程引導學生並且刺激和激發學生批判思考、分析、以及綜合的能力（Krajcik, Soloway, Blumenfeld, & Marx, 1998）。

6. 教師應當與學生一起探究，透過科學教學增進探究的熟練與素養。透過學習者的具體經驗，例如先行的組織者、合作學

習的活動、想像、和交互寫作，來建構知識（Fradd & Okhee, 1999）。

Trowbridge, Bybee, and Powell（2000）從科學學習效能的角度認為：自從 1960 年以來，科學教育的主要觀點已由教科書所支配的教學，改變為以活動為主的課程。因為教科書雖然可以幫助教師作有效率的教學，但卻不能考慮學生的經驗與學習，蘇明俊與江新合（2004a）認為：強調「經驗」與「探究」的學習，才能符合建構主義的特徵。

美國國家研究委員會（National Research Council, NRC）在《人如何學習：大腦、心智、經驗與學校（How People Learn: Brain, Mind, Experience, and School）》一書中，提到近年來在教學的研究上發現三項重要的學習原則（Donovan, Bransford, & Pellegrinp, 2000）：

1. 有效的學習應由學生的先有概念出發，新的理解應該建構在既存的理解和經驗上；

2. 有效的學習應是在概念架構的脈絡下理解事實和概念，事實知識需要放入概念架構中才能獲得有意義的理解，而概念架構也因而更完整豐富，而更有利於未來的學習；

3. 有效的學習應該是隨時監控自己的理解，將新知識與舊經驗比較，質問自己新知識是否支持或挑戰舊經驗，而激發進一步的探究，導致更深入的學習。

這三個原則都指出「經驗」在學習上的重要性。如果參觀博物館的目的是為了「學習」，那麼，老師、家長和解說人員就應該體認到博物館不是單向傳輸知識的地方，而是提供參觀者親身經驗的地方。兒童藉由與物件的互動，不只獲得豐富的親身經驗來建構知識，更能作為將來學習所需的基礎。

（二）科學教學應提供兒童豐富的經驗，作為未來學習的基礎

博物館是非制式的教育場所，是參觀者主動建構知識的學習所在。許多學校老師及家長都為了兒童的自然科學或文化的學習，利用畢業旅行或戶外教學的機會，安排參觀博物館的行程。許多研究也認為兒童參觀博物館的目的就是為了「學習」（范賢娟、范賢媛，2002；張譽騰，1987；漢寶德，2000；Chin, 2004; Hein, 1995; Semper, 1990），漢寶德（2000）就認為「博物館是開放的學校，是不給學位、不打分數、不點名的學校。」他並指出「觀眾的學習是在他們自己意志控制下的行為，學習與感受都是實在的，並將成為他們生命智慧中的一部份。」基於這個觀點，設置博物館的主要功能之一就是彌補或輔助學校教育之不足，或提供成人教育的機會。而博物館中的學習，最可貴的地方便是允許參觀者在博物館環境中以親身經歷來建構知識（Anderson, Lucas & Ginns, 2003; Hein, 1995, 1998）。

林明良與蘇明俊（2010）的研究也指出：科學博物館對於探究式課程及其教學模式的需求殷切，與展示廳教學活動有關的人員包括：帶隊參觀的教師、服務志工、家長、以及博物館人員等，都對物件中心的探究課程及其教學模式需求殷切，因為原有的學習單，大都僅要求兒童找到答案，完成紀錄，對於兒童的探究學習成效非常有限。建議上述有關人員藉由 ODIC 模式，針對博物館的物件發展適當的探究學習課程，以及採用 OHM 模式在現場引導參觀者進行活動。

二、幼稚園的生活防災教育應以「體驗」為核心

（一）兒童的認知發展階段

認知發展在 Piaget 的具體運思期階段，開始了解別人的想法，逐漸擺脫自我中心的思考方式，該階段的兒童思考特徵是：

1. 能對具體、可觀察到的事物進行思考，但無法對抽象的、假設的、或機率的情境進行思考。
2. 開始發展邏輯因果關係的認知思考，由運思前期以自我為中心的思考方式，逐漸轉變成能以較客觀的方式來理解因果關係（Gredler, 1991；邱上真，2003）。

然而 Metz（1995, 1997）主張在科學學習的情境下，Piaget 的兒童認知發展期是可以突破的，即使是幼兒也有能力進行較高階的推理，而超越 Piaget 認知發展期的預測，她認為 Piaget 學派的研究忽視了個人經驗，沒有提供學習的鷹架，而且低估了兒童的後設認知知識（metacognitive knowledge）。

如果能夠善用博物館的物件來提供兒童親身的經驗，並給與適當的鷹架，兒童可以在博物館的學習環境中發展更高階的推理能力及更高層次的後設認知知識。

（二）建構式的學習環境

博物館的學習環境與一般學校不同，因此其課程設計也應有別於一般學校。基於博物館自由、開放的本質，博物館的學習環境應該以建構主義為基礎，讓參觀者藉由與展品的互動來建構個人的知識，而獲得知識的過程就是自我建構的行為（Anderson et al., 2003; Hein, 1995, 1998）。

Donovan & Bransford（2005）認為學習環境可以由四個方面來看：

1. 學生中心：注意學生的先有概念，教學從學生所想與所知開始。
2. 知識中心：聚焦在要教什麼？為何要教這些？要熟練什麼？
3. 評量中心：強調隨時了解兒童的思考與學習，以作為教學導引。
4. 社會中心：鼓勵質疑、尊重、以及排除困難的社會文化。

林明良、蘇明俊（2010）則用它們重新詮釋博物館的學習環境，如下圖1：

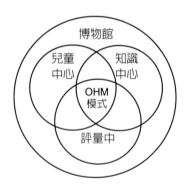

圖1　兒童在科學博物館的學習環境與學習模式

（修改自 Donovan & Bransford, 2005）

綜合上述的探討，博物館的教學模式應同時兼顧各項學習環境，也就是基於圖1中的共同區域來發展。

小結：博物館的學習環境有別於學校，課程設計應以物件為中心。

　　科學博物館課程的開發，必須回到博物館與學校的最根本區別——博物館擁有可以讓兒童親身經驗的豐富多元的展示物件，博物館的課程要強調的應是兒童與展品的互動，讓兒童在博物館中獲得經驗，這些經驗可以作為學校學習的基礎。因此，博物館的課程設計應該以物件為中心，分析物件可供探索的概念，然後決定兒童與物件互動的方式，讓兒童經由與物件的互動來學習。

　　教師運用物件中心課程的發展模式（ODIC）應在「準備計畫」階段先蒐集展示物件的資料，「課程發展」階段決定如何與物件互動，「實地試用」階段除了觀察課程的適用性外，更要尋找支持兒童利用課程進行探究的證據，再根據試用的結果進行「反思修訂」，以問題引導兒童探索物件的理念來完成學習單。

參、博物館物件的課程發展模式

一、物件中心課程發展的模式

　　林明良、蘇明俊（2010）融合了 Driver 和 Scott（1996）在發展建構式科學課程所提出的「準備、發展、實地試教」三個階段，以及行動研究的「計畫、執行、反思、修正」四個流動循環，形成準備計畫（Preparatory Planning）→課程發展（Curriculum Developing →實地試用（Field Testing）→課程批判與檢討（Criticism）等四階段的「科學博物館物件中心課程發展模式」，稱為 ODIC（如圖 3），「O」表示在準備計畫階段應以物件為中心（Object-centered）蒐集資料，「D」表示在刻成發展階段應做決策（Decision-making）決定與物件互動的方式，「I」表示在實地試用時要注意學生與物件的互

動（Interaction），「C」表示在反思修正階段要進行課程批判與檢討（Criticism）。

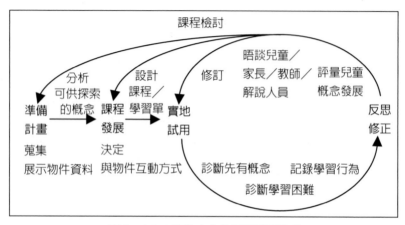

圖 3　ODIC 物件中心的課程發展模式

茲以教師發展課程的階段分別說明如下：

1. 準備計畫階段：以物件為中心（Object-centered）

本階段的教師應著重備課，實際到欲參觀的科學博物館蒐集展示物件資料，拍照紀錄，分析展示物件中可供兒童探索的概念，以及兒童可能擁有的先有概念及可能的學習困難。例如科學工藝博物館「地震屋」的展示物件，教師可能需要先理解 1.地震屋接受幼兒活動的情形、2.地震屋是否如同真實地震依班有上下及水平的震動？3.蒐集地震屋解說資料或書面資料、以及 4.安排幼兒前往參觀地震屋應注意的事項等。

2.課程發展階段：決定與物件互動的方式（Decision-making）

　　根據前述「物件中心的探究教學模式」為發展課程的基礎，以前面所蒐集的資料分析兒童與物件的互動方式，強調親身經驗，然後綜合設計課程。以國立科學工藝博物館地震屋展示廳的物件為例，大致可分為操練、探索、及問題解決等三種體驗的方式。

3.實地試用階段：注意學生與物件的互動（Interaction）

　　再到博物館進行多次的小樣本實地測試，觀察兒童與物件的互動情形，注意診斷兒童的先有概念及學習困難，以及是否達成概念發展的目標。

4.反思修正階段：進行檢討與批判（Criticism）

　　依據實地試用的結果對課程進行批判檢討，進行「反思→修訂→試用」的循環，直到定案。正式實施時仍應蒐集學生的相關資料，做為發展另一課程的參考。

肆、博物館物件的教學模式應兼顧動手與動腦思考

一、何謂探究？

　　在探討過一些文獻（NRC, 1999; NSF, 2000; Harlen, 2004; Trowbridge, et al., 2000; Jacobsen, Eggen & Kauchak, 1999; Lederman & Lederman, 2002; 李亦菲, 2002; Novak & Gowin, 1984; 朗文, 1997; Trundle, 2003; Oliver-Hoyo, Allen, & Anderson, 2004）之後，研究者認為美國國家研究委員會（NRC）（1999）在國家科學教育標準（NSES）第 23 頁中，描述探究（inquiry）的觀點最具代

表性：「科學探究是科學家研究自然世界，並以工作中獲得的證據為基礎，提出解釋的多種方法。探究也與學生發展科學觀念的知識、理解的活動、以及對科學家如何研究知識的理解有關，因此探究應是科學學習的核心。」

二、為何要採用「探究教學」的方法呢？

許多學者（Beyer, 1987; Jones, Palincsar, Ogle, & Carr, 1987; Resnick, 1989; Knapp, 1992）都認為死記硬背的機械式學習法，對於學生的思考沒有幫助。洪振方（2002a）更具體地道出傳統科學教學的問題：傳統科學的教與學，把知識當成定論，把教學簡單化成知識由外到內的輸入過程，忽視了學生已有的認識能力和知識經驗（Yerrick, 2000），造成學生理智上欠缺自主性與獨立性，思考能力薄弱，對知識的學習難以產生廣泛的遷移，使得學生不愛學習，甚至不會學習。

我國在「自然與生活科技領域」的基本理念中強調：自然科學學習的宗旨，在於讓我們學習如何去進行「探究」活動，在第342頁上半頁中，「探究」一詞便出現八次，並強調與日常生活相關的學習；實驗、實作、以及實地的觀察的學習方式（教育部，2000）。

美國研究委員會（NRC）所擬定的國家科學教育標準（*National Science Education Standard*s）第 59 頁要求科學教師應該要理解科學探究的本質、科學探究在科學所扮演的中心角色、以及如何去使用技能與科學探究的過程（NRC, 1999; Coleman, Thiessen, Wilson, Arey & Barrow, 1999）。Oliver-Hoyo et al.（2004）更致力於提倡 IGI（Inquiry-Guided Instruction）探究教學策略的運用。從美國重視「探

究教學」的程度，以及眾多歸因於國家科學教育標準的研究與發展（Yager, 1983）來看，探究教學應該是現代科學教學的主流理念。Jacobsen, et al.（1999）認為從事探究教學時，學生不但可以學習到與問題有關的內容，還能夠學習到未來解決問題的策略。並認為新手教師採用探究的教學策略，在教學上就能夠一通百通（repertoire），是非常有用的工具；蔡今中（2002）也認為探究式教學可以提昇學生學習科學的興趣；洪振方（2003）主張教學過程中，應鼓勵學生集中全力去探索、發現、反思、討論來解決疑難獲得知識，以增進學生的創造力。Straits and Wilke（2002）也認為探究教學與其他教學策略搭配使用，能夠促進科學教學全面的健康與革新（Gibson & Chase, 2002; Sandoval & Reiser, 2004）。

　　探究教學法應融入於科學教學之中。Schneider, Krajcik, Marx and Soloway（2002）的研究（學生的科學成就測驗）發現：十或十一年級的學生參加以主題為本位（Project-based Science, PBS）的課程後，可以通過 1996 年美國教育進展的國家評量（National Assessment of Educational Progress, NAEP）十二年級的科學測驗，因而提出：「在學校內進行教育改革，教師應該多採用探究為本位（Inquiry-based）的科學教學法。」課程也應該將探究的優點融入教室的活動之中（Minstrell & Van Zee, 2000），而這些以探究為特色的科學教學，也是學生學習科學的要點（Krajcik, Soloway, Blumenfeld, Marx, 1998; Lunetta, 1998; Roth, 1995）。

三、如何進行探究教學呢？

　　Lee and Songer（2003）認為實物的探究能提供給學生體驗知識在真實情境中的發展，並且指出：學生對於現象的解釋，缺乏必

要的背景知識和探究的技能。科學的探究學習就應該包含「活動（activity）」與「技能（skills）」（Novak, 1964），而問題為本位的學習能夠發展學生的技能（Haury, 2001）。因此，學習科學是學生去做某件事，而不是教師為他們做某些事情（NRC, 1999; Patterson & Merwin, 2002），安排的活動要讓學生能夠模仿科學家研究、觀察、問問題、蒐集資料、解釋、分析數據、一直到作結論（Loving, 1997; Collins, 1986; DeBoer, 1991; Rakow, 1986; Haury, 2001）。

　　Flick（1995）更認為科學教師培育的標準就是「探究」，意味著教師應能：

1. 提問並形成可以解決的問題；
2. 反思與建構來自資料（data）的知識；
3. 找到答案時，合作及交換資訊；
4. 發展概念與來自經驗的關係。

　　洪振方（2002）認為科學探究教學是要模擬科學活動的過程，仿照科學家探究未知知識領域的途徑，通過發現問題、分析問題、創造性地解決問題等步驟，去掌握科學家用以組織知識形成原理的探究方式，以培養學生探究性思維、創造能力、解決問題的智能、和改變學生的學習方式。蘇明俊（2004）具體發展野外探究教學的模式，為野外探究的環境作課程開發的導引，以及對於探究教學做具體的描述，都值得幼稚園教師引用作為探究教學的參考。

四、幼兒學習的特性

　　兒童在科學博物館中，最常出現的行為是「玩耍」，而「玩耍」式的「學習」非常有限，但兒童在與展示物件互動時，就可能出現「知識性的玩耍」，如果加上適當的引導，「學習」就會發生。林明

良、蘇明俊（2010）曾藉由行動研究的方法，以台灣南部某博物館的兒童展示廳作為學習環境，發展以物件為中心的互動課程，及其教學模式，結果完成 ODIC 物件中心課程發展模式及 OHM 教學模式，並顯示「物件中心」的課程能使兒童在博物館中的行為從「玩耍」轉為「探索學習」；從無意義的動手，轉變成有意義的動手，更進而動腦來建構知識。

伍、物件中心的探究教學模式（OHM）

一般兒童教學有兩種方法：一是直接（explicit）法，以教師為中心，由教師引導，兒童跟隨教師的指示來活動；一是探索（exploratory）法，以兒童為中心，由兒童主導，教師協助進行活動（Fradd & Lee, 1999）。Klein 等人（2000）指出：結合上述兩種教學方法可以讓兒童發揮最大的學習潛能。有鑒於此，本文認為在物件中心的探究教學中，兒童不只是物件的操弄者，同時是問題解決者，而教師可以是基本資訊的提供者，扮演引導與支持的角色，而不是物件相關知識的代言人。

根據上述對博物館學習環境的探討，為了適應「物件中心」教學以及參觀者「流動性」的本質，採取動手和動腦的探究活動應是最適當的教學模式。

對兒童而言，動手操作是一種遊戲，並不保證兒童就在進行探究式學習活動。Watters 和 Diezmann（1998）認為，兒童能不能進行有效的建構式學習，在於他是否知道如何掌控學習，亦即後設認知是一個重要的因素。基於此，本文提出以探究（inquiry）和後設認知（metacognition）為基礎的物件中心教學模式，如圖 6 所示。

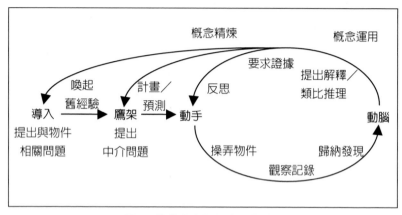

圖 6　物件中心的探究教學模式

　　本模式希望能藉由兒童在博物館中與物件的互動，培養兒童探究的能力及擴展後設認知的知識與技能，稱為 OHM，「O」表示以物件為中心（Object-centered），「H」代表著重在培養動手探究能力的「動手（Hands-on）階段」，「M」代表著重在培養後設認知能力的「動腦（Minds-on）階段」，分別敘述於下：

一、OHM 模式的導入與鷹架階段：以物件為中心（Object-centered）

　　探究式教學開始於使學生接觸問題（Donovan & Bransford, 2005; NRC, 2003），本模式則強調藉由提出與物件相關的問題來引導兒童進入探究階段。問題的提出必須能引發兒童的興趣與好奇心，然而兒童的知識與能力有限，因此教師必須為兒童建立鷹架，提出中介問題，協助兒童進入動手操作的階段。

二、OHM 模式的動手階段：強調動手體驗（Hands-on）

「探究」是科學家解決問題的方法，多年來的科學教育研究結果支持，兒童不僅應該學會科學探究，更應該透過第一手經驗，運用探究的方法去學習（NRC, 1996; Cousins, 2002），而博物館中豐富的物件，正是最佳的探究環境。探究的教學模式有歸納式、演繹式、逆推式等（蘇明俊，2004），本文針對 3-4 年級兒童，只強調以提問引導「觀察」，並「歸納」觀察的結果，再由歸納得到的通則來做「預測」，可作為「歸納式」的探究教學。

三、OHM 模式的動腦階段：強調動腦思考（Minds-on）

很多兒童在動手做學習活動中常停留在操作，而沒有思考，也就是只強調動手做（Hands-on），忽略了動腦做（Minds-on），使努力功虧一簣，因為「後設認知」能使科學學習更深入、更持久、更能產生學習遷移（Hacker, 1998; Treagust, 2003）。

Gage 和 Berliner（1988）綜合各家的看法後定義「後設認知」就是關於個人自己的認知系統的知識，在學習和遷移時的後設認知有兩種，一是後設認知的知識，另一是後設認知的技能。後設認知的知識是指「有關我們知道什麼」的一些思考；後設認知的技能是監控學習的能力，是指「有關調控我們如何進行學習」的一些思考。雖然後設認知的技能會隨著年齡增長而慢慢發展，但是它不是單純的自然發展過程，經驗和教學在後設認知的發展上比身心成熟扮演更重要的角色。在後設認知觀點的教學中，教師必須質問學生的答案、把推理模式化、察覺兒童個人的學習風格以及問題解決策略，而學生則進行反思、解釋、證實、計畫、類比推理、以及覺察到自己就是問題解決者（Watters & Diezmann, 1998）。

　　因此，在博物館的課程設計中，我們可先運用觀察記錄的問題來引導概念學習，這是動手階段，然後繼續提供「有什麼類似經驗」、「有什麼證據」、「為什麼」、「你打算繼續怎麼做」等思考性的問題、以及概念運用的問題，來進行反思與監控的動腦階段。動手與動腦交互進行，解決中介問題，再進行下一個中介問題解決的循環，直到問題解決為止。

　　在問題解決後，老師可以要求兒童報告他的發現及心得，並把兒童的概念作整理及精緻化。

　　Watson, et al.（2004）認為實際的探究可以藉由對證據的「討論」與「辯論」，提供機會給學生，去理解證據與理論之間的關係。許多學者也對教學活動中辯論的量，及尋找可以促進辯論的因子做研究（Bugallo Rodriguez & Jimenez-Aleixandre 1996; Kelly, Druker, & Chen, 1998），顯示辯論在探究教學上的重要性。Kittleson, Southerland（2004）, and Cazden（1988）也認為「語言」在科學社群建構知識中扮演最重要的角色。因此，本階段主要的策略便是由教師主導學生分組討論及組間辯論的過程。

　　另從晤談中我們發現兒童、家長、甚至於老師都用「玩」來形容兒童在博物館中的活動，而我們在夢想號展示廳的觀察，也發現兒童的「玩」大多是屬於 Hutt（1981，引自 Rennie, 2002）所歸類的「玩樂性的行為」（圖2），兒童想到的是「我能用這個物件作什麼？」來自我尋樂，絕大部分的兒童不會去看說明牌，而且說明牌也只是菜單式的操作步驟，所以兒童不會想到「這個物件作什麼用？」。

　　在博物館中兒童的「玩耍」應該被引導走向「知識性的行為」，而不是停留在「玩樂性的行為」，畢竟這是博物館與遊樂場不同的地方。Hutt 將「知識性的行為」分為三種，一種是生產性的，兒童

可以做出一些東西或練習一些技能，這種型態的「玩耍」比較適合在工作坊來進行。另外兩種是探索性的和問題解決的「玩耍」，適合兒童與物件間的互動，而如何將兒童的行為導向探索或問題解決呢？物件中心的探究教學模式（OHM）應採取「問題引導」，先以問題將兒童「導入」思考「這個物件作什麼用？」，再以中介問題作為「鷹架」，協助兒童去思考如何「動手」操弄物件、及回答問題，並且「動腦」去解釋觀察到的現象，自己問問題，「動手」找尋證據支持自己的解釋，回答自己的問題，再「動腦」計畫下一步要怎麼做。

　　小結：兒童在博物館的學習行為有別於學校，應著重與物件進行動手與動腦的探究。

陸、「海盜船」的幼稚園課程實例

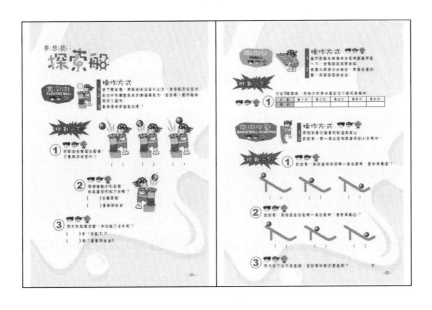

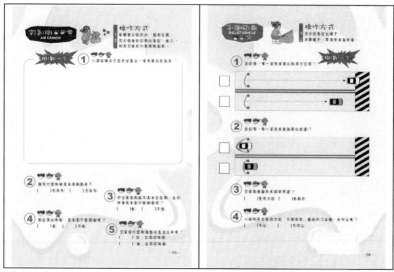

（本項海盜號的課程感謝國立科學工藝博物館授權發表）

柒、結論

　　本文強調生活防災的重要性，且生活防災應從教育做起，而博物館扮演教育的重要角色。針對幼稚園兒童的生活防災教育來說，博物館能夠提供體驗的環境，及豐富的展示物件，例如海盜船的探索物件便能適用於培養幼兒的基本能力，進而促進災害防治的能力。探究教學的模式則是幼稚園教師適當應用的方法，教材內容則以安排幼兒體驗的環境為主。期望教師能夠在以博物館的展示物件為中心的環境下，為特定的幼兒發展專屬的課程，並提供適當的探究教學，不但提升生活防災的能力，對於科學探究及解決問題的能力也都有相當的助益。

參考文獻

左曼熹、蔡怡君（2005）。博物館物件教學活動之實務探討：英國與台灣四個博物館的例子。載於王嵩山（主編），博物館、知識建構與現代性（頁 237-254）。台中：國立自然科學博物館。

邱上真（2003）。Piaget 認知發展理論與教學應用。載於張新仁（主編），學習與教學新趨勢（頁 81-104）。台北：心理出版社。

林明良、蘇明俊（2010）。物件中心學習：科學博物館課程開發與教學模式之研究。發表於「博物館 2010 國際學術研討會：21 世紀的博物館價值與使命」，頁 138-139，台北市：國立台北教育大學。

林高永、唐先梅、劉嘉年與胡怡謙（2007）。「生活防災」遠距教學課程發展與推廣計畫。教育部顧問室。

范賢娟、范賢媛（2002）。善用博物館資源規劃教學活動——以天文館為例。科學教育月刊，255，12-23。

教育部（2006）。國民中小學九年一貫課程綱要—自然與生活科技領域。http://www.edu.tw/EDU_WEB/EDU_MGT/EJE/EDU5147002/9CC/9CC/Science.doc（2007 年 11 月 25 日瀏覽）。

葉蓉樺（2004）。社會變遷中的博物館教育功能反思。博物館季刊，18（1），國立自然科學博物館。

國家災害防救科技中心（2005）。兵庫宣言。聯合國世界減災會議資料，日本兵庫縣神戶市。

張譽騰（1987）。科學活動之理論與實際。台北：文哲。

漢寶德（2000）。博物館管理。台北：田園城市文化。

蘇明俊（2004）。野外探究教學模式之研究。國立高雄師範大學科學教育研究所博士論文，未出版，高雄。

蘇明俊、林明良（2006）。夢想號展示廳導引手冊。高雄：國立科學工藝博物館。

Anderson, D., Lucas, K.B., & Ginns, I.S. (2003). Theoretical perspectives on learning in an informal setting. *Journal of Research in Science Teaching, 40* (2), 177-199.

Chin, C.C. (2004). Museum experience: A resource for science teacher education. *International Journal of Science and Mathematics Education, 2*, 63-90.

Donovan, M.S., Bransford, J.D., & Pellegrinp, J.W. (Eds.). (2000). *How people learn: brain, mind, experience, and school.* Washington, DC: The National Academies Press.

Donovan, M.S. & Bransford, J.D. (Eds.). (2005). *How students learn: history, mathematics, and science in the classroom.* Washington, DC: The National Academies Press.

Driver, R. & Scott, P.H. (1996). Curriculum development as research: a constructivist approach to science curriculum development and teaching. In, D.F. Treagust, R. Duit, & B.J. Fraser (Eds.), *Improving Teaching and Learning in Science and Mathematics* (pp. 94-108). NY: Teachers College Press.

Fradd, S.H. & Lee, O. (1999). Teacher's role in promoting science inquiry with students from diverse language backgrounds. *Educational Research, 28* (6), 14-20.

Gage, N.L. & Berliner D.C. (1988). *Educational Psychology.* Boston: Houghton Mifflin.

Gredler, M.E. (1991). *Learning and instruction: theory into practice.* New York: Macmillan.

Hacker, D.J. (1998). Definitions and empirical foundations. In D.J. Hacker, J. Dunlosky, & A.C. Graesser (Eds.), *Metacognition in educational theory and practice* (pp. 1-23). Mahwah, NJ: Erlbaum.

Hein, G.E. (1995). The constructivist museum. *Journal for Education in Museums, 16*, 21-23.

Hein, G.E. (1998). *Learning in the museum.* Oxon: Routledge.

Kemmis, S & McTaggart, R. (1988). *The Action Research Planner.* 3rd ed, Geelong: Deakin University.

Klein, E.R., Hammrich, P.L., Bloom, S., & Ragins, A. (2000). Language development and science inquiry: the head start on science and communication program. *Early Childhood Research & Practice, 2* (2).

Retrieved November 13, 2007, from http://ecrp.uiuc.edu/v2n2/klein.
html#Mundry

Metz, K.E. (1997). On the complex relation between cognitive developmental
research and children's science curricula. *Review of Educational
Research, 67*, 151-163.

NRC (1996). *National science education standards.* Washington, DC: The
National Academies Press.

NRC (2000). *Inquiry and the National science education standards: a guide
for teaching and learning.* Washington, DC: The National Academies
Press.

Rennie, L.J. (2002). Objects and learning: understanding young children's
interaction with science exhibits. In Paris, S. G. (Ed.), *Perspectives on
object-centered learning in museums* (pp.191-213). London: LEA.

Rowe, S. (2002). The role of objects in active, distributed meaning-making. In
Paris, S. G. (Ed.), *Perspectives on object-centered learning in museums*
(pp.19-35). London: LEA.

Semper, R.J. (1990). Science museums as environments for learning. *Physics
Today, 43* (11), 50-56.

Treagust, D.F. (2003). *Scientific literacy, meta-cognitive capabilities and
explanatory frameworks.* Paper presented at the International Conference
on Science & Mathematics Learning, Taipei, Taiwan.

Watters, J.J. & Diezmann, C.M. (1998). "This is nothing like school": the
constructivist learning environment for early childhood science. *Early
childhood Development and Care, 140*, 73-84.

World Bank (2005). Natural disaster hotspots: A global risk analysis,
Washington, DC: World Bank Group.

窺探地牛翻身的神話傳說
——以幼稚園中班為例

蔡淑娟

高雄市立前金幼稚園教師兼教保主任

郭亭吟

高雄市立前金幼稚園教師兼文書組長

李建興

高雄縣路竹鄉一新幼稚園園長

許雅蘋

高雄市立四維國小附幼教師

壹、緣起

那一夜（99/8/30）風大雨大；傳說中的地牛也翻身了

　　應該是午夜安眠之時，此刻看到電視宣布高雄縣市因颱風來襲放假的消息，聽著窗外的雨聲、風聲犀利咻咻咻的吹著，颱風……是真的要來了！隨即從新聞播報中傳出其他縣市有地震消息傳出，高雄雖離震央頗遠但亦感到有些微震，此時竟讓我想起一個自己童年時代從大人口中聽到的古老傳說～地牛翻身，今晚必然是一個心中充滿掛慮睡不著的颱風夜！

一、引起動機～颱風的夜晚

距離開學才第三天就因颱風來襲而停課放假一天，隔天一早到學校，在角落探索活動時，有孩子開始討論昨天颱風天裡發生的事情以及放假在家裡做些甚麼事，尤其因為有發生地震的消息傳出，孩子七嘴八舌的相互走告。因此在團討時間老師嘗試和幼兒共同討論和關心這次颱風的話題，但似乎對颱風天為什麼要放假一天，在於孩子而言就只是一天不用上課的單純心情，不具任何認知上的感官刺激意義。

因此老師首先拋出一個問題：「你們怎麼知道颱風要來？」

承融：看電視知道的

宜均：聽媽媽說的

芸萱：風好大雨也下很大

接著老師又問：「那怎麼知道 9/1 星期三不用上課?」

宥捷：風很大就不用上課

允哲：媽媽說是電視上有報導不用上課

家霖：放假我和哥在家裡看書、畫畫

承融：颱風天風很大，不用上課，也有地震發生喔！

緊接著老師又問：「你對颱風和地震有甚麼感覺？」

嘉駿：我看電視看到有人騎摩托車在馬路上被風吹倒，好危險。

允哲：我看到馬路有淹水喔！

芯瑜：我和媽媽去買東西，風快把我的傘吹歪了！

承融：地震搖來搖去好可怕！還好我家沒有停電。

宥捷：風吹得很大，天暗暗的！

承震：我不喜歡颱風，地震好可怕！

昱辰：如果地震搖很用力，東西會掉下來房子也會倒。

另外，有幼兒也會主動關心老師家裡有沒有淹水，老師就利用讀報的機會跟幼兒介紹什麼是颱風，還有為什麼有颱風警報的發佈？以及颱風所可能帶來的災害。正因為這次颱風來襲期間發生的地震，孩子對話中也產生了新的話題～地震，因此，就隨機和幼兒分享幾個在中國文化裡和地震有關的古老傳說～地牛翻身：

* 民間相信地下有地牛，當這種大地牛身體發癢、擦癢時，就必然會發生大地震。相傳在嘉義曾發生一場大地震，據說就有人從地震裂縫處看見大地牛的尾巴。

* 在綠島的居民，他們相信地震是由於兩隻地牛在鬥角，因此，每次地震時，小孩就會拿出金屬製的面盆敲打，同時大聲的叫喊，以便把兩隻鬥角的地牛分開，若兩隻地牛分開不鬥，則地震就自然平息了。」

當然，現在科學研究證實：「地震的成因是因為地底下地層板塊運動推擠而造成」，並不是地牛翻身。但在分享過程中，孩子除了對牛在地底下發生的故事感到新鮮好奇外，也提供孩子一個圖像式的想像空間，雖然孩子對大自然的奧妙及和人類的關係毫不了解，在孩子抽象理解能力尚未發展成熟以前，還無法以理性思考抽離大自然，但這並不表示他們對大自然一無所知或一無感受，因為他們至少知道天氣熱要少穿衣服、颱風下大雨會淹水與地震時會感到恐懼不安。

二、探討「地牛翻身～地震」的最ㄏㄡ話題持續發燒著

隨著颱風過後各地發生的餘震外，電視媒體也報導紐西蘭發生強大地震，孩子對地震的話題仍舊持續討論著，而在一次園所教師集會時，園長也特別提到並鼓勵教師在課程設計考量，可以

將世界觀帶入引發幼兒不同的視野及對自己生長的土地產生一份認同。

　　因此在班級上對於整個課程發展之初,我和亭吟老師討論著:

　　孩子對於颱風及地震的影響和威力在感受上大都是負面居多,經驗及認知概念上也不足,而當孩子面對一個現象不能被合理的解釋時,是會造成心裡的不安,會不停在心中翻騰的。這時候教師的身教、言教,都嚴重地影響孩子的認知,因此面對孩子所詢問有關地震的問題,尤其是日常生活知識和常識,就絕不能以敷衍的方式去回答,更要用一種正向的態度去回覆,因此針對「地牛翻身」來形容地震中國文化傳說,我們都覺得要正視孩子想要真正理解「地震」知識的迫切需求,畢竟網路媒體蓬勃發展資訊取的容易,孩子會因經驗及知識的類化明白「地牛翻身」終究是一個傳說故事,而在教育領域中正視孩子的問題及取得孩子的信任才是實踐課程的一大關鍵。

　　近年來大自然環境的變化迅速,地球上各種天災人禍頻仍,人類生活處在不安全的狀況,而新流感、腸病毒、登革熱持續的橫行,我們的親人可能因病、因天災、甚至老化而離我們遠去,我們都深信:若能從孩子感興趣及關心時事學習動機開始,並從經驗中學習安全常識和愛護環境,才能進而去學習做好水土保持的重要性,因此,我們決定將幼兒天然災害議題作為幼兒課程學習及發展主軸。

三、課程發展及研究目的

　　1. 發展中班幼兒的防震教育課程

　　2. 幼兒能將防震知識和技能應用於生活中。

　　3. 探討教師在防震教育教學上遭遇到的困難和解決之道

四、課程實施概況

（一）場域、對象

為了利於這次的天然災害議題課程的進行與發展，在實施場域選擇就以自己服務的園所──前金幼稚園為主。以下為實施場域背景分析：

1. 學校簡介

學校	高雄市立前金幼稚園
成立時間	民國 26 年
地理位置	高雄市前金區
教師人數	44 人
學生數	550-600 人
班級數	21 班
收托對象	四足歲至未滿六歲之幼兒，設籍高雄市之幼兒

2. 前金幼稚園及社區文化資源背景分析

因素	說明
地理環境	1. 屬於文教、商業、住宅混合區，也是高雄市政治、文化、金融、商業中心地段 2. 機關林立諸如高雄市議會、行政院南部聯合服務中心、中央健保局高屏分局、高雄市衛生局疾病管制處和警察局、本區公所、戶政所、稅捐處、衛生所、派出所等機關單位、地方法院、地檢署、市立圖書館、高雄學苑、社教館、憲兵隊、中央信託局、台灣銀行和多家大型知名銀行、均設在前金區內，讓高雄民眾可簡單迅速得到服務。 3. 六合夜市名聞遐邇，吸引國際觀光客，本園可望成為高雄市幼稚園教育指標。 4. 愛河穿梭區界，又有城市光廊以及市立體育館、立德棒球場等作為休憩活動場所；更有托兒所、幼稚園、國小、國中、高雄

	女中等可供市民接受良好的教育。
	5. 五福三路高雄大橋旁的前金玫瑰聖母堂，是臺灣第一座天主教堂；混合哥德式與羅馬式風格的尖塔建築，是臺灣最富裝飾藝術的教堂，也被列為三級古蹟。
	6. 浪漫民生路是高雄市很美的一條道路，兩旁綿密的綠蔭以及貼心的休閒鐵椅，總讓人愛漫步其中。尤其當秋天來到，大王仙丹，矮性仙丹在熾熱的艷陽下，金黃、赤紅的顏色交錯，讓民生路綠蔭更顯得風情萬種。
學校規模	1. 全園計 20 班，資源班 1 班。 2. 班級數多，行政人員編制不足，教職員工、行政工作負擔重。 3. 學生人數多，但園所氣氛溫馨，學生可得到充分關懷照顧。
硬體設備	1. 視聽教室、音樂教室、蒙氏教具教室、圖書室等專科教室設備精良。 2. 班班有電腦，提供教學網路查詢，充實課程設計資源取得，師生學習環境佳。 3. 大型球池、幼生體能活動中心、戶外活動中庭、烤肉區提供教學區延伸的應用。 4. 善用設備，規劃明確學習主題特色，營造溫馨、安全、多元的學習情境。
教師資源	1. 教師富教學熱誠，創新有活力，對新課程推動參加意願高，踴躍參與各類教學相關研習活動。 2. 學校教師進修研究風氣盛意願高（園所教師有八位幼教碩士）。 3. 推展協同教學、教學群組的成立，在教學資源共享及能力互補，鼓勵教師進行行動研究。
家長及社區參與	1. 家長參與校務意願高，親師互動融洽，家長成為教學支援助力。 2. 家長會正常運作，關心並熱心參與校務，提供學校財力、物力支援。 3. 部分家長仍停留重視智育成就，教育理念欠缺。 4. 提供親職教育，達成教育目標共識，辦社區家庭教育活動，提高學校社區互動機會。 5. 單親或隔代教養率高，雙薪家庭工作繁忙。 6. 善用家長會人力、物力支援，多辦社區家庭教育活動，提昇親職功能並建立社區與學校教育共識。

地方資源	1.學區屬文教精華區，資訊快捷，文化發展多元。 2.地方耆老、民意代表，關心校務，學校支援多。 3.多與社會接觸，爭取更多資源，家長付出動機多元，部分形成阻力。 4.敦聘地方耆老，或社區代表參與課程活動發展運作，提高社區人士參與學校教育活動機會，期使學校成為社區總體營造之文化中心。

3.研究對象

而實施對象則以我們所任教的中二班 20 位幼兒，由於接任的是新生班的幼生，自開學以來班上兩位教師針對產生極度焦慮、恐慌、鬧脾氣現象孩子，循序漸進安撫他們的情緒，期望寶貝能盡快適應並快樂的學習，開學的第二週後，寶貝大都已經適應學校的生活作息，順應孩子的興趣話題來強化學習動機，就此展開因偶發事件而成為孩子嗜好的議題課程。

（二）研究人員簡介

關於發表人員的組合，是多年前的一段契機，各自在研究所研修期間，相互幫忙與分享，而奠定了情誼，亦師亦友，至今；對於教學課程初探性的研究互動，仍有些許的懷念，想再次拾筆作研究，那麼到底有什麼樣的研究議題和素材可進行呢？。在一次的聚會中，談到幼兒防災教育之相關課程，此時貴單位有一幼兒防災教育研討會，燃起了教學探究的動機，在因緣俱足，未來可期的模式下，大家一同討論、研究、一同解決教學困境，最終形成一現場教師的行動研究論文，也相當感謝，樹德科大惠允學生機會發表。

1. 主要研究者：教學現場之教師

(1) 蔡淑娟：樹德科技大學幼兒保育研究所畢業，現職高雄市立前金幼稚園，教師兼教保主任。

(2) 郭亭吟：台南大學幼兒教育研究所畢業，現職高雄市立前金幼稚園，教師兼文書組長。

2. 協同研究者：資料匯整與文獻匯集

(1) 許雅蘋：樹德科技大學幼兒保育研究所畢業，現職高雄市立四維國小附幼，教師。

(2) 李建興：樹德科技大學幼兒保育研究所畢業，現職高雄縣私立一新幼稚園園長暨高雄縣消防局路竹鳳凰救護志工。

（三）課程實施期程：99/9/7～10/15

　　台灣在目前的教育體制下並沒有實施正式的天然災害學習與防災課程，災害知識大都只融入在中小學自然科學與社會科學教材中，天然災害的應變措施及重要防災素養鮮少在課堂提及呈現（許民陽，2005：2006），且畢竟地震防災是屬於一種體驗課程，學習領域趨向科學實證歷程，因此經過我們四人共同討論後，決定先將課程稍作規畫，透過「啊！地震」繪本來順應孩子的興趣發展，搭建孩子的生活經驗作為課程橋梁，並以建構取向的教學來加強孩子的主動學習，但我們也達成共識，若孩子對於地震防災議題熱度退燒了，我們也可以隨時喊「卡」，就這樣，我們展開了「揭開地牛翻身的神話～窺探地球的神秘面紗」的探索之網。

五、研究流程

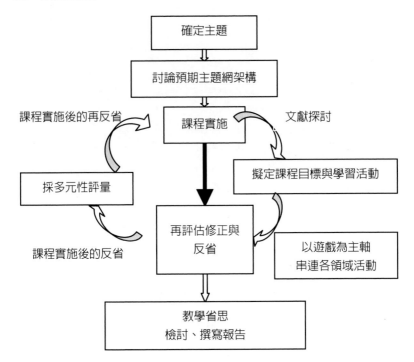

貳、活動設計與實施

一、預期主題網和課程內容

（一）預期主題網

　　進行主題課程活動之前，老師們將預定課程架構事先擬定，討論後以「啊！地震」此一繪本為教學主題，然而實施對象為中班的新生，在許多的生活經驗及類化學習能力尚未全然發展件之下，暫定的預期課程主題概念往如下：

預期主題與概念的擴展

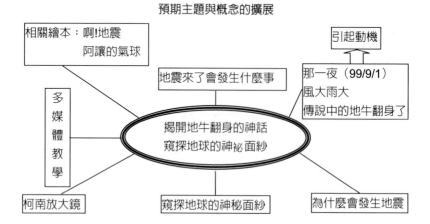

二、課程實施

（一）簽訂任務學習契約～找尋地震發生的原因

　　課程一開始老師先引導孩子說出他們在電視上所看到這次颱風過後的景象，進而討論風的由來及風帶給人類的好處和風災：

　　嘉佑：颱風過後到處都是垃圾，髒兮兮的。

　　允哲：有些樹被風吹到樹枝折斷了。

　　玟俞：很多地方會積水。

　　從孩子的分享中發現孩子對颱風的印象仍以負面居多，老師緊接又問：假如沒有風那又會怎樣？

　　大多數孩子都回答：會很熱。藉此老師要孩子去想一個問題，那就是：風對人類是不是只會造成災害呢？許多孩子都會立刻回應說：天氣熱的時候有風吹會很舒服、有風才能放風箏、沒有風風車不會動……等。因此孩子立刻明白且理解：原來風對人類還是很重要的，只要風不要吹太大。

　　偶發事件：積木角的算盤架倒了！

T：算盤架為什麼倒了？

S：被風吹的。

T：只有風會把東西吹倒嗎？

S（承融）：地震來的時候也會倒下來。

1. 擬定契約方向～尋找地震相關資料

基於這樣偶發事件，在老師討論後對天然災害議題的課程學習，覺得有必要從小建立，在所有研究者取得共識後決定要以建構取向的教學哲學觀點來進行，強調孩子主動參與學習的重要性原則下，因此我們和孩子訂定任務學習契約，也就是為了要能真正了解「為什麼會有地震？」，老師和孩子都有共同的責任一起來找答案。

2. 推行契約內容

當天老師給孩子一個回家功課：大家要一起來尋找答案，為了鼓勵孩子能主動並參與這項契約活動，老師提出集點卡的獎勵辦法，當然老師期待因為孩子探索自然科學知識的慾望，同時也能激發家長的參與並支持孩子的學習活動，間接成為孩子學習上最佳動力與推手，進而達到親子共同學習及增加親子間的互動與親密度，或許這也是這次課程進行中意外產出的附加價值呢！。

3. 實施契約

隔天一早入園，從探索學習時間一直到團討活動，只有一位孩子興高采烈的將前一天晚上和媽媽所查到有關「地震」的資訊交給老師，當下老師並不因此而感到洩氣，反而是開闢一個能展現大方及發表的舞台，讓該幼兒上台發表如何查詢到有關地震資訊，孩子宛如一個神氣的科學小博士般的得意喜悅，並且說明資料是媽媽協

助從電腦網路上查到的，而且還能約略說出文本資料中的內容，當然其他孩子因為看到上台發表孩子接受獎勵品鼓勵而受到動力，紛紛允諾哪天也會找出更多資訊來分享，對於孩子這樣的反應，其實老師心中是開心的，鼓勵家長及孩子共同收集資料的教學策略果真奏效。

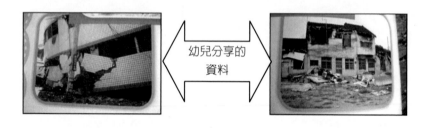

幼兒分享的資料

4. 分享契約

當然接續的幾天，都有孩子將有關地震的資料或書籍帶到學校和大家分享，家長們也開始關心並詢問孩子在學校裡的課程活動，除了將孩子分享的資訊及圖片彙整貼在圖書角，形成一面地震資訊牆外，最後老師也將孩子如何找尋相關地震資訊方式做一個統整，有：查書、網路查詢、看電視新聞、電腦連結到地震防災相關網站……，甚至對於家中沒有列表機的孩子也會要求家長用手寫下有關地震的相關資料，就是要把握機會和大家分享。藉由和孩子之間所訂定的任務學習契約，除了提供孩子一個如何的學習方式外，也因為運用引導教學方式順利將孩子的興趣導入對主題的探討。

（二）地震發生時會發生什麼事～聽聽孩子這麼說

從任務學習契約分享及討論中，孩子對於地震的認知有些許進步，但知識學習後的應用與實踐，是孩子在學習中「統整」的關鍵點，所以必須讓孩子有機會扮演「主動學習者」的角色，如此才能激發其學習意願與好奇心，有效地啟發孩子的思考。在連續幾天分享幼兒及家長所收集的有關地震書面資料，以及老師分享地震的讀報活動後，透過老師所設計的「地牛翻身了～怎麼辦？」以及「地

牛翻身了～會發生甚麼事？」的學習單來評量孩子在課程學習與經驗是否有達到初步的概念性聯結。

　　幼兒學習單：

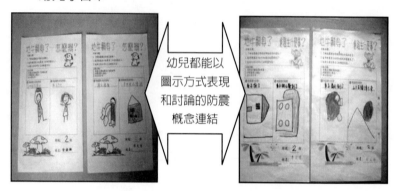

幼兒都能以圖示方式表現和討論的防震概念連結

　　並且秉持教學實務經驗化與生活化理念，對於幼兒的防震概念建立也應該盡量貼近幼兒的環境與生活經驗，結合探索活動我們開始在園區各角落所搜尋逃生安全標誌，讓孩子學習的突觸點有猶如樹枝狀有更多展延的空間。

介紹逃生標誌與解說標誌功能

　　「遊戲」是孩子生活中不可或缺的學習元素，福祿貝爾主張『幼兒的遊戲始於快樂、終於智慧』顧名思義，孩子們能夠在快樂的遊戲情境中學習與體驗，進一步達到增長智慧的目的，因此也老師設

計了一個「有獎問答～Q&A」的遊戲，再次讓孩子的認知領域經驗有重組機會，來強化孩子的學習動機。

（三）窺探地球的神秘面紗～從一顆煮半熟的蛋開始

學者王陽明，在「訓蒙大意」一文說：「童子之情，樂嬉遊而憚拘檢，如草木之始萌芽，舒暢之則明朝達，摧撓之則痿。」福祿貝爾（F. Froebel）則說：「遊戲是人類生活的縮影，它提供歡樂、自由、滿足、祥和。」聯合國在 1948 年的「兒童權利宣言」說：「營養、居住、遊戲、教育與健康照顧，是兒童的基本權利。」幼兒探索自然科學教育很難嗎？其實環繞在幼兒生活週遭，與他的生命息息相關的自然科學現象都是可以欣賞、可以探索的對象，而科學應該是發現，而非事實的記憶。

雖然有許多地震書面資訊提供給孩子作視覺上的閱讀，可是孩子還是無法清楚說出地震發生的原因，如果能讓孩子透過親身體驗、觀察窺探，相信所得到的知識及經驗一定會來得更加的寶貴有教學價值。老師發現孩子對於地震發生的真正原因在概念上還是模糊的，怎麼辦呢？

1. 教學策略提供：

於是老師們展開多樣化教學方式，商討出一個提供孩子多面向的探索機會，藉由一顆生雞蛋來解釋地球內部因為對流產生造成地震的觀察與觸摸活動，當孩子用纖細的手感覺因為蛋黃的移動間接牽動蛋白的滑動的微妙之處時，心情既是緊張又是雀躍不已的。

讓孩子聆聽雞蛋震動聲音

咦！老師你要讓我聽什麼呢？

哇！雞蛋裡面真的有不同的聲音耶！為什麼會這樣呢？

摸摸看，有什麼感覺呢？

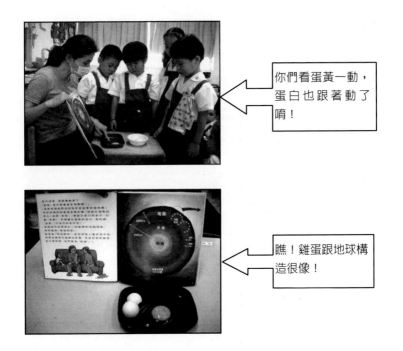

你們看蛋黃一動，蛋白也跟著動了唷！

瞧！雞蛋跟地球構造很像！

　　接著，透過「柯南放大鏡」來觀察一顆煮半熟的蛋，孩子手中拿著放大鏡，清楚看到煮半熟的蛋殼上出現的裂痕猶如地震後留在地面上的痕跡，用手摸蛋殼時呈現的感覺是粗粗的，當老師把蛋再次拿起來敲一敲，孩子發現裂痕越大也越明顯，也明白力量越大就如同地震分級的意義（數字越大表示地震搖晃力量越厲害），藉由觀察、比喻、觸摸體驗，透過實做與驗證而不斷去運用內化經驗和複習所學的觀念，很開心的是：我們能將課程工學目標中強調行為教學的過程給落實了，也點燃孩子探究生活科學的引子！

　　自然科學世界裡蘊藏許多極有趣且微妙的道理，往往一個很複雜的過程只需要用一個小原理便可解釋，探索科學的精神所在便是將一些小理論轉化成一些有趣的裝置，當老師將蛋殼剝掉，就像益智區裡的一片一片的拼圖，就是板塊運動，地震是由兩個板塊互相

擠壓的時候，釋放出來的壓力，就會造成地震喔！另外，孩子發現裡面的蛋白裂成許多小塊，這一塊一塊的蛋白產生熱對流，最裡面的蛋黃也會流出來，孩子對地球的構造較有初步概念。

你們看，將雞蛋敲開後，蛋殼上的裂痕是不是跟馬路上的裂痕一樣？

你們看！雞蛋煮熟後是不是更像地球內部構造了呢？

2.教學概念匯整：（透過觀察與孩子討論共同歸納的概念表）

比喻	對應
蛋黃	地球的最內層－地核
蛋白	地球的最內層－地函
蛋殼	地球表面

（四）結合多媒體教學～連結地震防災網站

> 建興：我們可以用較活潑的方式，呈現地震……。
> 亭吟：可以上網搜尋地震相關影片。
> 雅蘋：科工館館內應該有相關資料和地震體驗屋。
> 淑娟：學校校護的先生在科工館服務，可請她幫忙協助。

　　當然，老師希望孩子認識我們住的地球和地震的關係，體驗大自然的力量，瞭解防災的重要，因此借助地震防災教育平台的線上記錄影片觀賞，有效提升孩子防災態度及學習動機。透過地震紀錄影片協助孩子能從認識地震的自然現象開始，讓孩子瞭解大自然的力量造成的災害及災害的起源，建立地震防災的相關常識與正確觀念。

　　從網站中的紀錄片播放時，孩子看到因為板塊滑動而造成地震的發生，或者因火山活動和板塊擠壓的造山運動的影響，形成了高山、丘陵、平原、盆地，等不同地貌，在很短的時間內房子倒塌、路面龜裂、橋斷了、車子也滑到路邊撞到樹……。甚至因為陸地地震的發生引起海底深處爆發地震，造成海嘯帶來大量的海水流進城市，在一瞬間混亂的街道、倒塌的樓房，斷裂的看板，顯示著大地的震撼，在立體環繞音響，震撼的感官刺激，帶給幼兒新的體驗。

　　「想像」也是一種「看見」，但彼此之間卻存著現實的差距，彥蓁阿嬤送彥蓁上學時，跟老師提到昨天回家彥蓁有跟家人分享老師帶全班到四樓多功能教室看有關地震的影片，看完後心裡很害怕並向家人反應：對於有關地震發生時的恐怖情景很擔憂，心裡因為擔心甚至都哭了。（9月29日日誌）

　　教學策略討論：

　　行動研究是以教師想法和行動為核心，目的在揭露及解決教學上實際所面臨的問題及困難，並且以實施、觀察、反思與修正作為達成教學目的。因此對於孩子在看完影片後負面情緒反應，我們老師進行教學課程上的討論及調整：

> 亭吟：孩子因為欣賞地震紀錄片看到大自然的力量，對人類及環境造成這麼大的災害和破壞，恐怖的景象確實歷歷在目，對於要讓一個中班四歲的孩子了解地震所帶來的，是否也應站幼兒的心理層面感受，也要用同理心的角度並思考孩子情緒轉換。

> 淑娟：雖然「災難是最好的老師」，但天然災害實況紀錄片畢竟帶給孩子視覺及情緒上的震撼，若要讓課程持續進行，並且強化防震課程學習的概念之架構有相當程度的深化，在課程的設計規劃上是應該做些適當調整，希望可以減緩孩子的恐懼感，幫助孩子走出目前困擾的情緒。

> 建興：建議可以考慮結合一些比較有趣或遊戲課程來做轉緩孩子目前擔心或害怕的情緒。

雅蘋：前幼的教學資源非常多元，將體能活動及音樂律動融
　　　入教學中應該有助於目前所遇到的問題。

（五）遊戲點子啓動學習列車～孩子熟悉的故事

　　教育思想家赫爾巴特在其教育原則中主張以「明瞭、聯絡、系統、方法」說明孩子新知識的學習是需要透過舊經驗的吸收與類化作用之後，融入舊有認知結構裡，再昇華應用在自己的生活之中，在教學調整決議中，如何讓幼兒「寓教於樂」中快樂學習「防震知能」。老師們將討論後的活動首先透過孩子熟悉的故事～三隻小豬的故事重新作為教學課程的新動力。

　　在課程進行當中老師除了引介活動相關的繪本～三隻小豬，希望透過繪本配合律動歌謠及遊戲來豐富教學活動的多元性及擴展孩子們在學習上不同過程及經驗，一開始老師運用孩子逐漸熟悉的概念做為追隨想像的動力，繪本閱讀及配合音樂律動，讓孩子分組扮演故事中角色，以自己的詮釋和肢體動作透過同儕合作方式來建構不同的房子，並藉由生活經驗做為搭建理解房屋結構的橋樑，就這樣，學習列車也跟隨著汽笛聲的響起而啟動了。

　　三隻小豬蓋房屋，大哥搭個茅草屋，
　　二哥堆個木頭屋，三弟辛苦蓋磚屋……。

改變教學策略後的教師省思：

　　在實際教學經驗裡，老師也察覺到，遊戲是最有效的學習方式之一，寓學習於遊戲之中，趣味創作能激發幼兒學習興趣及促進學習動機，運用生活中簡易又多樣性的體驗遊戲，明顯有助於培養幼兒防震概念及增進幼兒解決問題的能力。

（六）蟲子軍團～GO！GO！GO！

　　孩子每天的生活，都以遊戲為中心，在遊戲當中藉由身體的運動，接受了大量的感覺、知覺及運動刺激，進而促進幼兒身心機能的正常發展，孩子們需要從體能的遊戲中得到滿足，讓身體能健康地成長，精神得到飽足，情緒得到調和。

　　在和孩子討論地震發生時如何保護自己時，由其頭部是最為重要，而防震時要把自己包得像毛毛蟲且採低姿勢，但對於中班幼兒來說肢體的協調性可能因從事大肌肉活動的機會缺乏，造成幼兒在平衡力、協調性、敏捷性和柔軟性……等顯得有些僵硬。因此協同研究者建興因具有消防局救護志工經歷，提議可以設計前翻滾及側翻滾的墊上活動，利用肢體的伸展來幫助幼兒柔軟度的增進，活動中老師將身體捲曲姿態似毛毛蟲狀，先行示範前翻滾與側翻滾的技巧外，除了提醒孩子在進行墊上遊戲的安全外，也建立了遊戲與等待的規則。

　　一開始孩子有些擔心，但在老師協助下翻過第一次的前翻滾後，憑著成功且愉快的經驗在卸除心中害怕的同時，每個孩子像一隻蟲子鼓起勇氣再次翻滾，緊接著在老師示範側翻滾後，孩子能主動排隊嘗體驗做老師譬喻為（烤香腸）的側翻滾，對幼兒而言，體能活動不只是遊戲，在與本課程的結合下也成為獲得防震知識概念最直接、最有效的方法。

（七）板塊也來跳恰恰

　　在改變教學策略後的活動中，老師發現孩子臉上開始出現笑容，可見趣味性又極具動態的活動課程設計確實在幼兒心田中撒下開心的種子，於是老師又設計一個結合遊戲的活動課程，邀請孩子共同來參與演出親身體驗一下：板塊也來跳恰恰。

　　遊戲活動說明：老師拿取教室積木區的一塊綠色地毯，請孩子站在中間代表地球的地核，兩位教師手牽手象徵是地函將代表地核的孩子包覆著，因為地函（教師）運用不同方式的轉動而產生碰撞（熱對流），於是板塊就動了起來，圍在地函外圍的地表（孩子）因部分受到擠、壓、拉、伸、扭等力量作用因而就被推離綠色地毯，也就是地震的產生。

　　老師提供多次機會讓孩子都能來體會板塊運動的方式，透過真實面貌及肢體互動後，孩子對於地球構造產生地震的概念再次歸納：

比喻	對應	結構與運動
蛋黃	地球的最內層——地核	分內核與外核
蛋白	地球的最內層——地函	產生熱對流
蛋殼	地球表面	造成板塊運動 運動方式——擠、壓、拉、伸、扭等

（八）體驗搖晃的威力

　　但當老師跟孩子討論板塊運動時為什麼有些房子會倒下來？孩子似乎還無法理解和聯想：建築物本身抗震設防不夠、因為震度太強或因房子建材同而造成建築物倒塌。喜歡遊戲乃是幼兒天性，老師仍嘗試將防震災害活動和遊戲做一個自然性的結合，期盼透過遊戲讓孩子獲得概念性原理，更是落實幼稚教育的遊戲式學習的精隨。

　　遊戲活動說明：一樣是藉由綠色地毯代表是公園綠地，讓孩子站在地毯上象徵是高樓房子，請另一位孩子扮演是地震（一位孩子數代表是一級震度），開始運用雙手去推站在綠色墊子上的房子，透過運動方式企圖讓房子移動，活動中因扮演房子的孩子人數逐漸增加，以及擔任震級的孩子人數的加入，孩子從中體會震級越大（孩子人數越多），房子搖晃及移動的情況越明顯，甚至因為站不住了而倒在地上，也就是房子倒塌了。孩子說：這下我知道為什麼地震搖的厲害，東西容易掉下來，房子也會倒了。

　　對於老師進行課程討論與對話後，在防震課程上所做的調整，發現孩子對於課程的參與度明顯提高之外，臉上的笑容也如綻開的向日葵般璀璨，因此，上學對於孩子而言變成是一種快樂的期待，而老師的教學工作更是一種專業知識的奉獻。

（九）生命中的離別是成長中的一份禮

　　死亡是人生不可避免的現象，我們的親人可能因病、因天災、因老化而離我們遠去，事實上，也有許多的孩子在年幼時期就提早面對親子或寵物逝去的問題，但表達總比壓抑情感要好，對於幼兒在面對離別下產生的無助、擔憂、害怕、恐懼，應幫助幼兒把心裡的想法表達出來。在經過教師們研商後所作的課程調整，孩子在比較沒有情緒負擔的情境下，可以用更正向的態度在課堂中認真且慎重的去探究，對於不可預知的地震發生後所帶來的災害，於是，我們和幼兒用心思考，有什麼方式可以讓地震發生時將傷害降到最低？

　　老師討論焦點暫時先抽離地震發生時可能會帶來的災害框框，問幼兒：颱風來時候，大人會準備麼東西？幼兒給我以下回應：食物、飲料、手電筒、泡麵、餅乾糖果……等。而當老師又問：那地震來的時候你會想到準備哪些東西呢？這時候，老師發現孩子的思考邏輯性和颱風來襲時並沒有時麼不一樣！這時老師提醒幼

兒，地震和颱風發生的情境有哪些不同？幼兒才慢慢將兩者之間的差異性分辨出來，因此在重新歸納候，幼兒有了更確實際且具教的答案：繩子、衣服、收音機、手套、醫藥箱、帽子、食物、水……等，他們為這個在地震發生時可以就自己的包包取名叫做救命包。

當然，在遭遇親人或寵物死亡時，大多數的人都會哭泣、憤怒、悲傷，因此我們提出如何可以藉由淺顯的一個與生教育有關繪本閱讀（阿讓的氣球）活動開始，試圖幫助幼兒走出死亡悲傷的策略，分享的過程中避免用恐怖、可怕的描寫，所以討論的重點應該放在生命美麗的一面，而不要放在死亡的病態上，這樣，希望可以減緩孩子的恐懼感極少的情況之下，瞭解死亡的意義。事實發現，針對中班幼兒而言，幼兒知道人都會死，然而幼兒並沒有特別情緒上的感受展現出來，就如同有孩子會和老師分享家中有某一個人死掉了，但幼兒在陳述該事件時，並沒有特別傷感的憂傷情緒出現一樣。

根據發展心理學的解釋，人剛出生的原始狀態，是完全以自我為中心的，沒有能力體諒別人，照顧別人，但隨著發育成長，智力與道德發展完備後，便漸漸具備有跳脫自我中心的能力，能夠同理別人，尊重他人的情緒反應。因此；要如何幫助孩子面對死亡的失落呢？

對於孩子們來說，死亡是一件令他們難以了解，也難以接受的事，而心愛的寵物死亡、失去一位好朋友、一件心愛的東西或家人的關心，心中會是傷心難過的，也常常是孩子們第一次面對這個議題的事件，昱辰的媽媽跟老師分享：孩子對於「阿讓的氣球」繪本中的阿太因為一場地震失去好朋友（阿讓）而傷心難過，覺得阿太好可憐喔！（99.10.4 日誌）

表達傷心的情緒總比壓抑情感來的正向，孩子許多的傷心情境可能和「阿讓的氣球」故事中的阿太一樣，因此，透過學習單提供給孩子有機會去描述一個曾經令他驚異、傷心的事件，透過圖示連

結語言詮釋和表現出自己的感覺，並且能夠幫助孩子更真切地面對及接受「傷心與難過」這個事實。老師深信：讓孩子在一個充滿愛與安全感的狀態中，去經驗及面對生命中不完美的起伏，孩子就像能變魔術的小精靈一樣，跳脫自我中心，站在對方的立場，發揮同理心替人設想，在同理心的澆灌下學會如何面對自己的傷心情緒及扮演安慰他人的角色，讓孩子不僅能表達自己的情緒讓原本傷痛的心可以重新綻出彩虹般的美麗色彩。

透過討論孩子可以明確說出自己發生的一件難過事，也能表達要如何安慰阿太！

（十）我是防震小達人——製作防震安全手冊

古人云：「凡事豫則立，不豫則廢」，這正是防患於未然的道理，事前的預防工作做得好，遠勝過事後的補救，目前幼稚園課程標準（教育部，1987）僅在常識領域提到幼兒自然科學的學習，內容包括自然現象的學習（如：風、雨、地震等），並沒有特別提到防範方面的學習。在這次以「窺探地牛翻身的神話傳說」為課程發展的出發點是希望防震教育從小做起並落實在生活當中。

基於這樣的理念，希望將相關的防震救災及避難知識傳達給幼兒，能建立正確的防災觀念，甚至知道如何保護自己及幫助別人，

因此透過我們設計一個可兼顧幼兒學習評量且增進親子學習互動的學習——製作防震安全手冊。

　　首先透過問與答與競賽方式來幫幼兒歸納及統整在整個課程活動中幼兒對防震概念建立與學習成果，每一個在自己設計的防震安全手冊中畫下地震真的發生時可以自救的必備用品，並且要能明白說出準備該物品的原因及重要性，藉此提供教師對幼兒學習評量依據，並做為往後課程進行的參考及改進資料。當然老師也預留一些幼兒可以和家長發揮及互動的空間，將剩餘的部分在週五放學讓幼兒帶回家完成，透過親子互動引發孩子的學習興趣，進而達到家庭共學的目的。

透過分享來加深對幼兒防震手冊使用概念！

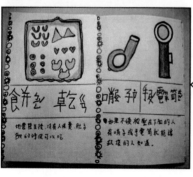

孩子以圖示來表達及呈現防震手冊的內容並能說出準備該物品的重要性

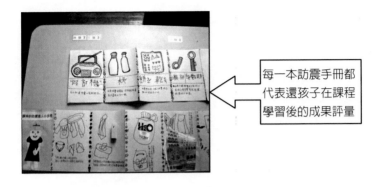

每一本訪震手冊都代表還孩子在課程學習後的成果評量

（十一）地震全體驗

　　亭吟：地震什震時候時候來?我們都不知道，實施防震課程
　　　　　對幼兒有什麼幫助？

　　淑娟：那我們就來舉辦一場防震演習，來觀察孩子對地震的
　　　　　反應。

　　雅蘋：只有一個班實施，看不出有什麼差異點。

　　建興：那就找另一個班級同時參與地震演習，來作為對照。

　　防震教育的重點在於讓孩子知道：「當地震發生時，大人也許
躲避不及，也可能無法適時的幫助他們，所以必須讓孩子了解他需
要靠自己所學的防震知識及應用自己所學的方法來保護自己，並且
在不同場所練習地震應變方法，發生地震時該如何逃生？增進孩子
對地震可能在任何時間、任何地點發生的警覺性，以訓練孩子緊急
應變和判斷能力。

　　教學省思——防震教育對中班幼兒的實施與反思

一、2 班的防震演習

　　對於老師宣布將要進行一場防震演習的訊息後孩子非常興奮
且期待，也傳達給自己的爸媽知道，家長不僅積極主動詢問防震體

驗事宜，更是投入關切的的態度，在防震演習體驗之前，我們和孩子共同討論幾項問題：

1. 用甚麼聲音或方式代表發生地震了？

   決議：以教室內的小鼓聲代表發生地震了。

2. 用甚麼聲音或方式代表發生地震結束了？

   決議：當聽到鈴鼓時表示地震結束了。

3. 那餘震要用時麼聲音呢？

   決議：還是用小鼓聲代表。

為了要了解孩子在防震課程學習及發展後，是否能真正將課程活動所學到的防震技能正確釋出在必要的情境中，達到學習經驗的體驗與實踐目的，因此我們決定邀請 3 班以對照組的立場加入這次的地震全體驗的演練中，觀察在防震演習中兩班幼生的對地震發生的反應。首先一位老師如往常一樣和孩子進行課程討論，另一位教師則敲打小鼓聲表示有地震發生了，同時也製造地震來臨前的情境如：熄燈（代表停電了）、搖動門窗、角落的物品掉下來……。

演習實況報導：

我們以兩部相機同時拍攝 2 班及 3 班幼生在聽到小鼓聲時的反應：

場景	2 班孩子的反應	3 班孩子的反應
聽到小鼓聲	1. 正在上課的孩子大多數會進盡快站起來，並且離開教室走到外面尋找到可以掩護的地方（大柱子旁、空地），並採低姿勢抱頭蹲著，大多數是 3-5 位躲	1. 正在上課的孩子只有 2 位幼生對突來的小鼓聲感到好奇而往教室外面張望，但仍舊繼續上課。 2. 在該班教師提示：那是什麼聲音啊！怎麼看

		在同一處。	到2班的小朋友都往教
		2. 也有3-5位幼生選擇留在教室，身體採低姿勢並用手抱住頭部躲在牆角。	室外面跑呢？
		3. 約有1-2位幼生雖走出教室，但卻原地不動觀望其他幼生蹲在掩護地方。	
模擬地震發生當下情境	1. 孩子會持續蹲在原地等待代表地震解除的鈴鼓聲。	1. 終於有一位孩子發現並且說是不是有地震？
	2. 在等待解除地震同時，選擇躲在操場的幼生有1-2位因為看到他的好朋友躲在某一處，起身跑到另一處。	2. 該班老師問：發生地震了怎麼辦？幼生回答：老師妳不要怕，我們會保護你。
	3. 也有一位幼生獨自躲在一處，並且確實做到保護自己的措施。	3. 但全班孩子仍舊留坐在教室內繼續上課。
		4. 還是沒有幼生到教室外一探究竟。
地震解除	1. 幼生聽到鈴鼓聲時，大多數幼生會回到2班教室等待。	全班仍舊在班級教室內進行課程
	2. 有3-5位幼生會邊走邊聊天走回教室。	

　　在整個地震全體驗結束後，老師將拍攝的影片立即放映給孩子看，並且進行討論，透過影片觀賞孩子也發現在防震演習中有些人沒有做好保護自己的措施，哪些人是做得很正確的，在老師針對影片中的提問也能一一指出哪裡需改進的及說出應該如何做才是正確的防震方法。

A.施測組：

躲在大柱子下比較
安全

地震就是要先保護
頭部唷！

奇怪大家跑到哪了
呢？

B.對照組：

外面怎麼有奇怪聲音呀！

老師她們在幹嘛呀！

不管他～我們繼續上課吧

C.防震演練後的分享：

我們來看誰躲的位置最安全

你們看～剛剛誰有確實做到保護自己的動作！

到三班解說剛剛情境！

　　由此可知，本課程的實施對中班幼兒的防震認知概念是有所幫助，換言之，幼兒也因為接受本課程而對地震的感受有深入性的改變和影響。

二、課程內容

（一）任務學習的取向建構課程過程

編號		課程目標	活動名稱	活動內容（從活動中建構的概念）
1	階段一：引起動機	1. 了解放假的原因！ 2. 認識自然災害的發生及影響。	放假了！	團體討論： 1. 為什麼我們放假不用上課（9/1 颱風放假） 2. 颱風來了會發生什麼事？ 3. 我們應該做什麼事？
2		3. 探討地震發生的原因。	東西倒了！	團體討論： 1. 除了颱風會把東西吹倒，發生什麼事一樣會讓東西倒下來？ 2. 為什麼會有地震？ 3. 地震來了會發生什麼事？
3	階段二：基本知識的建立	1. 認識收集資料的方法。 2. 增加親子學習的機會。	大家來找答案	1. 腦力激盪：可以用什麼方法來的到有關地震的資料？ 2. 爸爸媽媽一起來：提供親子共學的機會，讓家長亦參與學習的行列。
4		3. 建立孩子對地震的基本認識 4. 能把知道關	我會收集資料	1. 分享收集資料的方法。 2. 分享收集的資料。 3. 透過資料的分享，建立孩子對地震的認知。
5		於地震的事情透過繪畫表達出來。	記的那年921	1. 透過多媒體的器材，觀賞網路上關於地震的影片。 2. 與我們之前所討論的是相互相對照。

6		5.透過觀察了解地球的構造及地震發生原因。	地牛翻身了!會發生什麼事?	1.請孩子畫下 2 件地震發生會發生什麼事。 2.將孩子的畫用文字記錄下來。 3.分享孩子的學習單。
7			地牛翻身了!我該怎麼辦	1.請孩子畫下 2 件地震發生時保護自己的方法。 2.將孩子的畫用文字記錄下來分享孩子的學習單。
8			蛋殼破了!	1.讓孩子觀察蛋殼破裂的痕跡。 2.請孩子發表觀察的結果。 3.認識地球的構造「地殼」、「地涵」及「地核」。
9	階段三:透過活動體驗或想像地震的感受	1.透過活動的方式了解地震產生的原因。 2.透過活動的方式了解地震發生時的情境。 3.了解物品掉落、房屋倒塌也有不同樣態。 4.透過體能運動提升孩子應變的能力。	三隻小豬蓋房屋	1.故事「三隻小豬」:透過故事了解地震與房屋結構的關係 2.兒歌:三隻小豬蓋房屋 3.配合兒歌律動想像房子倒了的樣態 4.由1個、2個、3個、4個孩子來自由搭建認為最堅固的房子 5.由不同方向拉扯地毯,讓孩子想像與體會地殼移動的感覺 6.想像房子倒塌了或物品掉落時要採用什麼方式保護自己?
10			蟲子軍團 GO! GO! GO!	1.指導孩子前翻滾及側翻的安全規則 2.指導孩子在軟墊上前翻滾的技巧 3.指導孩子在軟墊上側翻的技巧
11	階段四:評量活動	1.能製作防震手冊 2.透過地震演習讓孩子運	防震手冊	1.能將防震時所需的物品畫下 2.能說出防震物品的功用 3.能畫出防震的注意事項 4.能說出防震注意事項的原因

		用所學習的防震技巧		
12			地震來了！	1.透過防震演習觀察孩子的應變能力 2.發表個人的求生方法及原因 3.討論如何正確進行防震措施

（二）反思：

　　幼兒是未來世界的掌舵者，防震教育應由小紮根做起，透過實際教學與體驗，讓幼兒學習地震的相關知識，以及逃生的要領，實際運用於生活中，在我們設計防震的統整課程，讓幼兒於遊戲中建構生活經驗，以「教師——反省的實務工作者」為觀念，檢視幼兒學習歷程。經過教學、演練、校外教學之後，幼兒對於防震觀念，以及實際處理能力進步很多，在本研究中提供課程設計，同時也提供家長及幼兒認識地震的觀念，並提醒教師：「防震教育由小紮根，讓災害減到最少。」

參、研究限制與困境

　　本研究主要以遊戲體驗課程、繪本媒介、多媒體資料呈現多元防震教育，除此並搭配模擬發生之演習，希望透過遊戲體驗方式使孩子了解基本的防震知識與地震災害的因應措施。然而地震發生卻無法預測，並可能在短短幾秒鐘之內引發巨大災害。雖然本研究採取遊戲體驗但跟實際情況相比，可能無法完全模擬，在模擬情境中仍會有所限制。茲將本研究限制說明如下：

一、課程活動的限制

此次課程安排研究者原先預計結合社會資源，豐富孩子多元學習活動，但因正值腸病毒疫情急升之影響，因此科工館的地震體驗屋因此取消。

二、課程實際應用的限制

防震教育課程主要可分為三部分，一為正確的防震應變能力、二為緊急避難疏散之能力、三為平時準備。但由於地震無法預測，全仰賴於平時的準備與演練，等到真正遇到時才能在地震中保護自己的生命安全，因此雖然透過許多體驗活動但仍無法將課程推演到真實情境。

三、研究對象的限制

本次研究對象是主要研究者認教班級之 20 名中班幼兒，而受限於中班幼兒孩子認知經驗之不足，因此對於課程無法深入探究，因此類推的範圍有限，無法完全應用在不同情境班級中。

肆、未來研究建議

一、對幼稚園課程規劃之建議

對於防震課程的實施，四位研究者建議在教天然災害的活動規劃應該以一個主題為中心，透過主題來結合其他領域的活動，例如：遊戲、體能、語文、戲劇、邏輯性……，而當中所要的傳遞給幼兒的概念也應該盡量貼近幼兒的想法與生活經驗。

二、對於教師進行教學之建議

由於孩子年齡尚幼，中途也可能因其他因素而不了解防震防災教育中的緊急疏散計劃，因此為落實課程之應用，老師仍須定期宣導，而以開學時應為較佳之宣導時間。

三、對於未來研究之建議

除了佈置相關防震教育環境加強防震教育之宣導外，平時仍應透過不定期防震演練增加孩子臨場反應，也可多利用多媒體資源來促進孩子了解防震之重要性。而課程進行需長時間進行，可採定期宣導、定期演練使孩子能時刻保持警戒。而為將此課程推廣至家庭，建議未來研究可將家長納入宣導教育對象。

伍、參考文獻

許民陽（2005）。九十四年度東部地區天然災害及人為災害師資培育計畫。九十四年度教育部防災科技教育人才培育先導型計畫成果論文集，業640-652。

許民陽（2006）。以學生為學習主體的防災課程研究。行政院國家科學委員會專題研究其中進度報告。NSC94-2511-S-133-004。

教育部（1987）。幼稚園課程標準。台北市：教育部。

附件　師生共同發展後的主題課程

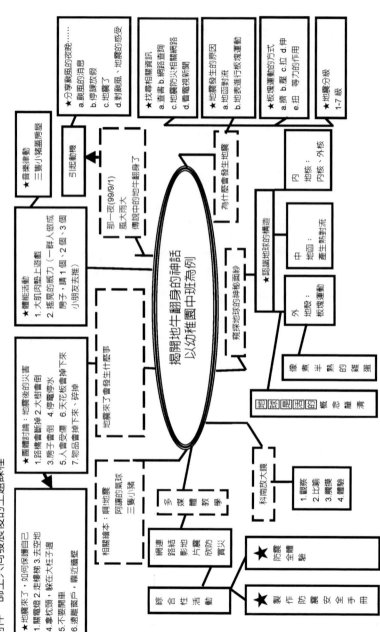

幼稚園生活防災教育實務教學經驗分享

潘雅惠

高雄市政府教育局第三科支援教師

壹、前言

在我們生活的環境中處處充滿著危機，稍微不注意便可能釀成災害，造成生命、財產的損失。因此我們不能不認識災害，並預防它的發生。民 89 年台灣地區頒布的災害防救法中，依災害發生的種類予以區分，可歸納為「天然災害」與「人為災害」兩種。天然災害係由大自然的力量（地震力、風力……等）或是現象（土石流、雷擊……等），構成對人類活動的威脅，如民國八十八年的九二一大地震與民國九十九年的凡那比風災均屬此類災害；人為災害主要是因為人的疏失而導致的災害，例如：火災、電器與瓦斯等使用不當所造成的災害等等。近年來，隨著防災意識逐漸提升，學前教育階段之防災教材內容主要以「五災害五事故」為探討主軸，包含：火災、水災、颱風、地震、動植物災害、跌撞傷、交通、意外事件事故、燒燙傷、流行病（翁麗芳，2009）。

由於幼稚園是幼童生活中，除家庭外的另一個重要活動與學習場所。由於學前階段幼兒生活經驗有限，且身心發展尚未臻成熟，其判斷能力不足，對災害發生的前兆與過程，不論在認知或

是活動力上均相形薄弱，皆必須依靠成人的協助才能遠離災害現場。在發生災害時，幼兒的唯一依靠就是大人在幼托機構中，受過正確防災教育訓練之成人，對幼兒而言，將是生命安全之妥善的保障。

在學前階段，其防災教育的實施可分成三個面向，一為政府單位擔負的防災策略擬定責任，二為從事幼兒教育者防災理念與技能的提升，三為教導幼童正確的防災態度（翁麗芳，2009），為求幼兒防災教育落實深耕並考量學前幼兒學習之特性，教育部規劃幼童防災教育之內容，多以活潑生動的方式，讓幼童在易於接受的情境下學習「遠離危險區域」與「從事安全的行為」的概念；另幼兒防災教育的實施範圍，泛指幼兒生活中所有的環境與過程，包括了人、事、物三個部份的互動，這三者間的互動，幼兒皆安然無恙才能稱之為安全。此三者簡述如下：

1. 安全的人：係指幼兒與師長、同儕、其他的人、以及幼兒彼此之間互動的安全。

2. 安全的事：係指各種交通、教保、遊戲、飲食……等活動過程，時空情境及其他意外事件，如：疾病、災害、人身安全等。

3. 安全的物：係指房舍建築、教保環境設施、餐飲設備、及交通工具等。

避免災害發生，除了要有正確的防災觀念外，更要有嚴正與謹慎的態度，平時多充實與生活相關的防災知識，並確實落實防災工作，方能避免災害的發生。俗話說：預防重於治療，一語道破遠離災害的最佳方法。所有的災害均可透過完善的預防工作來降低災害發生的機率。

　　作者從事幼教工作已逾十年，曾從事園所生活防災之實務工作，並對高雄市公私立幼稚園防災教育之推行進行實地訪查，僅以個人之經驗分享，為學前機構安全管理與防災教育之參考，以期建構前瞻、精緻、安全、快樂、健康的幼兒校園環境。

貳、幼稚園生活防災教育之重要性

　　幼托機構是學前教育實施的場所，幼兒因為認知與經驗的不足，知覺動作協調能力尚未發展完成，活潑好動的本性、好奇心強烈，加上環境中潛在危險因素日益增多，使得幼兒安全一直是幼教工作者最為關心的議題，維護幼兒安全乃成為幼兒教育工作者最基本的專業能力之一。

　　在多元化、少子化及精緻化的時代趨勢的衝擊下，幼稚園經營勢必因為市場供需情勢的改變，而趨向專業化與社區化，家長對於幼教品質的要求也日益提高，幼稚園的經營者、管理者及教師應體認到提供安全的環境，為辦學之基礎，家長才能放心交托幼兒，倘幼兒經常小傷小病不斷，學習再多知識技能也枉然；幼稚園應該是公認安全的地方，誠如教育部在「建構校園災害管理機制」中提到：要是校園安全出了問題，一切的教育理念、學習都將付之流水（教育部，2003）。幼稚園是幼兒的學習環境，幼兒的安全是一項重要的責任，如果幼兒安全缺乏保障，則教育效果將歸於零，這也說明了幼稚園應建立在以安全為基礎上來發展。

　　游肇賢（2002）研究指出：如果學校的安全是受到質疑的或成為事件中的主角時，常會使民眾對校園的安全性、教育的品質及學校對危機的處理能力產生極大的懷疑。且這些事件若無妥善處理，不但對園中師生造成傷害，輕者、財損，重者、園所面臨仍關閉之

命運，更甚者涉及法律之刑責，因此幼稚園安全及潛在的危機均不可忽視。期能本著發展重於預防，預防重於治療的理念，共同建構安全幼稚園環境，讓園中的危機降到最低程度。

在園所中除了需預防各種危機的發生，更應該坦然面對危機，加以歸納及分析，唯有做好應變的準備，才能在危機發生時妥為因應，採行最有效的解決途徑。現今於幼稚園雖有定期進行安全演練、消防演習、防震避難等，但多流於形式，且著重教師的責任，忽略幼兒防災意識的培養，另幼兒教師缺乏災害防治相關知識、技能，也是目前推行生活防災教育的隱憂之一。

為解決上述困境，教育部自 99 年度起已逐步將防災教育列為重點項目，100 年度起更列為必辦項目之一，將防災教育培訓課程列入縣市及學校 100 年度教師研習（如下表），並鼓勵運用教育部已發展完成之防災教育教材。

有關幼稚園部分，由於臺灣地區幼托園所私人設立佔大多數，且為小規模（6 班以下），為使主管機構能即時掌握幼稚園之安全情形，統一規定各縣市督導各幼稚園與各級公私立學校強制定期於至校安中心（24 小時之通報處理中心）填報，以強化災害防救功能，維護校園及學生安全，如腸病毒停課、校園意外、天然災害造成之財損等。

為使防災教育往下紮根，由國立臺北教育大學幼兒與家庭教育學系翁麗芳教授等人所進行的「幼兒園防災教育教材」研發，以學齡前（0-6 歲）幼兒為對象，幼兒園為研究範圍，擬有系統的規劃幼兒園防災教材與人才培訓，99 年度（第一階段）鎖定 5 歲幼兒教材的開發、試驗與成效評估，並推廣至幼稚園。

教育部 100 年度課程與教學推動相關政策及計畫彙整表

| 防災教育
（必辦） | 1. 將防災教育培訓課程列入縣市及學校 100 年度教師研習。
2. 運用本部已發展完成之防災教育教材，落實教師融入教學或發展在地特色課程。
3. 支持並鼓勵縣市將環教輔導團納入縣市國教輔導團，所需代課費及團務運作費，由「教育部補助辦理精進教學要點」計畫項下經費支應。 | 1. 縣市政府將防災教育培訓課程列入縣市及學校 100 年度教師研習，並運用本部已發展完成之防災教育教材，落實教師融入教學或發展在地特色課程。
2. 鼓勵成立環教輔導團，研發或辦理課程設計、教學教案示例等徵選或研討活動。 |

參、幼稚園生活防災教育實務教學經驗分享

　　幼稚園災害防救計畫內容應涵蓋各種可能發生之災害類型。「五災害五事故」（翁麗芳，2009）為探討主軸，包含：火災、水災、颱風、地震、動植物災害、跌撞傷、交通、意外事件事故、燒燙傷、流行病；針對學校所可能發生災害類型作相關資料之先期蒐集，以事先做好減災及整備之規劃。

　　另透過分析幼稚園公共安全聯檢項目（高雄市）、教育部推動 5 歲幼兒免學費計畫之基礎評鑑指標及未來幼托整合後兒照法子法「幼兒園教保服務實施準則」（草案）等指標，顯示幼稚園生活防災的重要性。

一、災害種類

　　1. 火災：大部分火災均肇因於人的大意粗心與一些不正確的生活習慣，園所中應注意易燃物之存放、廚房用火管理。

2. 水災：台灣地狹人稠，山高水急，溼季與旱季分隔明顯，降雨量多但集中在部分月份，故台灣旱季用水需藉由颱風侵襲時夾帶豐沛雨水獲得。由於豐沛的降雨集中在短暫的時間內，便提高發生水災的機率。近幾年更由於全球氣候異常，使降雨有時過於集中，釀成以往罕見的水患。因凡那比颱風而造成高雄市 919 水患，使部分幼稚園災情慘重。

3. 颱風：台灣每年平均會遭受 3 至 4 個大小不一的颱風侵襲並形成災害。颱風是由熱帶海洋大氣內的擾動，在適當條件下逐漸發展而成，當熱帶性低壓中心附近平均風力增強至每秒 17.2 公尺時，我們稱之為颱風。此熱帶性低氣壓挾帶著自赤道附近吸收的能量，擁有驚人的破壞能力，常在夏、秋兩季帶來相當大的災情。因此在夏、秋兩個颱風季節裡，需格外注意氣象有無颱風訊息。或是在平日生活中若發現有高雲、雷雨停止、能見度突然變得良好、海、陸風區分不明顯、長浪、海鳴、驟雨忽停忽落、風向轉變、特殊晚霞與氣壓降低等現象，均為颱風即將來臨的可能前兆。但在現今科學昌明，利用遙測技術颱風動態大致可以掌握，故仍應隨時注意氣象報導。

4. 地震：地震發生的原因可分為構造性地震、火山地震與衝擊性地震（例如：隕石撞擊）等三種，台灣地區最常見的地震型態為構造性地震，這是由於台灣位於歐亞大陸板塊與菲律賓海板塊交界處，屬環太平洋地震帶，因為歐亞大陸板塊與菲律賓海板塊的推擠造成台灣地區多地震之環境特性。由於歐亞大陸板塊與菲律賓海板塊在台灣下方交會撞擊，且菲律賓海板塊不斷朝向歐亞大陸板塊下方擠壓，產生巨大的能量，當能量釋放時便造成地震。

5. 動植物災害：台灣每到夏日，昆蟲與爬蟲類動物活動頻繁，發生被蜜蜂、虎頭蜂叮咬以及毒蛇咬傷的意外時有所聞，若無適當的處理與急救，都會造成生命的威脅。

6. 跌撞傷：幼稚園中最常見之意外，由於幼兒活動量大，感官知覺仍在發展中，對於環境中存在之危險常視而不見，惟有提供「安全環境」及培養幼兒相關的危機意識，能辨識並避開危險玩具、遊具與環境，以防事故傷害發生。

7. 交通：幼兒日常接送及戶外教學租賃交通工具所產生之意外；違規使用幼童專用車、未聘雇合格駕駛、車輛情況不佳。

8. 意外事件事故：廣泛定義造成園所師生傷害或財損等事件，如食品中毒、暴力威脅等。

9. 燒燙傷：燒燙傷是常見的災害之一，它可能由火焰灼傷，或是被高溫液體燙傷甚至是由具腐蝕性的物質或是電擊所造成。在日常生活中，若有機會接觸高溫物品，必須提高警覺嚴防燒燙傷意外發生。燒燙傷意外發生後，必須依照沖、脫、泡、蓋、送等原則處理。

10. 流行病：流行病的發生突顯出公共衛生的重要性，霍亂、小兒麻痺、第 71 型腸病毒、口蹄疫、出血性登革熱及 2003 年嚴重呼吸道症候群（SARS）等大流行造成民眾健康威脅、經濟衝擊與社會恐慌，幼兒因抵抗力較弱為高危險群。

二、各項公共安全聯檢項目及評鑑指標之分析

1. 高雄市幼稚園公共安全檢核（每年一次）

(1) 公共安全及消防安全檢修申報者。

(2) 幼童投保名冊。

(3) 幼童專用車（含駕駛）。

(4) 投保園所公共意外責任險。

2. 教育部推動 5 歲幼兒免學費計畫之基礎評鑑指標就生活防災部分

2.總務及財務管理	2.1接送制度	2.1.1	訂有接送辦法，並實際執行	1.查閱接送辦法 2.檢核相關接送資料：如接送卡、聯絡簿、家長手冊等	
	2.2門禁管理	2.2.1	有門禁管理，並實際執行	1.門禁管理包括大門安全裝置及人員出入管制 2.實地觀察	
	2.7環境設備維護	2.7.1	全園環境，每學期至少消毒一次，且留有紀錄	查閱消毒紀錄	
		2.7.2	每學期至少一次自我檢核全園共用設施設備（含遊戲設施）之安全性，對於不符安全者立即修繕或汰換，且留有紀錄	1.檢視行事曆、檢核表及檢核紀錄 2.檢視修繕及汰換紀錄	
		2.7.3	每學期至少一次自我檢核各班設施設備，且留有紀錄，對於不符安全者立即修繕或汰換	1.檢視行事曆、檢核表及檢核紀錄 2.檢視修繕及汰換紀錄	
	2.8幼兒保險	2.8.1	依規定辦理幼兒團體保險並以幼兒家長為受益人	查閱投保紀錄：如保單、投保名冊等	幼兒家長係指幼兒之法定代理人或經授權實際負擔幼兒教養責任之人

5.餐點衛生管理	5.1餐點	5.1.1	有專人設計餐點表,且應提供每個月餐點表給家長	1. 查閱餐點表 2. 訪談家長	
		5.1.2	正餐及點心之提供應符合少油、少鹽、少糖之原則	1. 查閱餐點表 2. 實地觀察	
		5.1.3	點心與中餐間,應有合宜的時間距(間距至少二小時)	1. 查閱餐點表、作息表 2. 實地觀察	
		5.1.4	每日每餐餐點均有足量之留樣,留存樣品應有清楚之日期標示,並密封保存於冰箱冷藏室	1. 實地觀察冰箱及餐點留樣 2. 留樣應保存48小時	
		5.1.5	冰箱冷藏室及冷凍庫均備有溫度計,且冷藏室溫度低於7℃,冷凍室-18℃以下(若使用一般家用冰箱不在此限)	實地檢視冰箱	
		5.1.6	使用食材應有清楚來源標示,且在有效期限內	實地檢視	
	5.2廚房使用管理	5.2.1	廚房清潔乾爽,光線(照明設施光線應達到100Lux以上,工作臺面或調理臺面應保持200Lux以上)及通風良好	實地觀察	
		5.2.2	廚房門窗應裝有效病媒防治措施(如紗網、膠簾、空氣簾等),且無損壞	實地觀察	
		5.2.3	廚房垃圾桶應加蓋,菜餚殘渣等妥善處理	實地觀察	

		5.2.4	廚房砧板、刀具分生食熟食專用	實地觀察	
		5.2.5	瓦斯桶、熱水器置於屋外（屋內型熱水器及電熱器不在此限）或空氣流通處	實地觀察	
		5.2.6	餐廚用具清洗後應有有效滅菌處理	實地觀察	
	5.3 盥洗及衛生設備	5.3.1	洗手臺、水龍頭及兒童用大便器數量應符合幼稚園設備標準之規定	依招生人數實地核計，每十至十五人應有一洗手臺、水龍頭及兒童用大便器；男童每二十人應設一小便器	
		5.3.2	洗手臺、兒童用大小便器之大小、高低應符合幼稚園設備標準之規定	實地觀察	
		5.3.3	廁所通風良好無異味、地板防滑、光線充足	實地觀察	
		5.3.4	午休場地舒適通風，並能將寢具妥適收納，確保個人衛生	實地觀察	增加午休場地及寢具收納之衛生
	5.4 衛生檢查	5.4.1	全園符合當地衛生單位例行衛生檢查並留有紀錄，且持續保持	1.查閱當地衛生單位例行衛生安全檢查紀錄 2.實地觀察	
		5.4.2	指定專人每日進行全園教師及廚工衛生自主管理，且留有紀錄	檢視教師及廚工之衛生自主管理紀錄	
	5.5 衛生保健	5.5.1	每學期至少測量一次幼兒身高體重，並留有紀錄	1.查閱行事曆 2.幼兒身高體重測量紀錄	

		5.5.2	配合衛生單位辦理視力檢查、口腔檢查及聽力等保健項目，對檢查結果有異常者通知其家長及進行後續追蹤，且留有紀錄	查閱檢查紀錄及追蹤紀錄	
		5.5.3	園內備有急救用品，且均在有效期限	實地檢視	
		5.5.4	建立幼兒託藥程序並確實執行	查閱託藥辦法及託藥（給藥）紀錄	
	5.6 緊急事故處理	5.6.1	訂有緊急事故處理流程及紀錄且全園教職員工均熟知該流程	1. 查閱相關流程及紀錄 2. 訪問教職員工	
		5.6.2	教職員工半數（含）以上持有急救證書，且在有效期限	查閱證書	
	5.7 通報作業	5.7.1	依法進行傳染病通報	查閱法定傳染病通報作業流程及出缺席和相關紀錄	
		5.7.2	依法進行責任通報（包括兒童虐待、家暴、性侵害等）	查閱通報作業流程及相關紀錄	
6. 安全管理安全管理	6.1 交通安全	6.1.1	載運幼兒之車輛，符合幼童專用車之規定，且與教育局核備情形相符	1. 查閱教育局（處）核備之公文 2. 檢視車身顏色及標識 3. 實地檢視幼童專用車數量及車籍	
		6.1.2	載運幼兒之車輛依規定期限通過縣市政府監理所（站）安全檢驗，並留有紀錄	查閱檢驗紀錄	
		6.1.3	全園載運幼兒之車輛駕駛均具備職業駕照，並配有隨車人員	查閱駕照、名冊	

		6.1.4	載運幼兒之車輛配置汽車專用滅火器,且均在有效期限內	實地觀察	
		6.1.5	各載運幼兒之車輛駕駛每次發車前均確實檢查車況且留有紀錄	查閱車況檢查紀錄	
		6.1.6	幼童上下車前均確實清點幼兒數且留有紀錄	查閱清點幼兒紀錄	
		6.1.7	每學期至少辦理一次載運幼兒之車輛逃生演練,且留有紀錄	查閱行事曆及演練紀錄資料	
	6.2 公共安全	6.2.1	辦理並通過建築物公共安全檢查簽證申報,且留有紀錄	查閱辦理建築物公共安全檢查簽證申報紀錄	
		6.2.2	符合直轄市、縣(市)政府主管建築機關例行公共安全檢查且留有紀錄,並持續符合規定	1.查閱紀錄 2.實地觀察	
		6.2.3	每間活動室皆有兩個以上可通往主要逃生口之出口	實地觀察	
		6.2.4	遊戲場地符合安全規定	實地觀察以下情形: 1.地面平坦、無雜物,設有防護地墊且能保護幼兒安全;牆壁、花臺無尖銳或突出 2.遊戲設施、支架穩固、表面材質穩定、連接點牢固未鬆脫、未脫漆或生鏽 3.遊戲場應標示使用規則	

		6.2.5	設有遊戲場管理人員	檢視紀錄	
	6.3 消防安全	6.3.1	符合直轄市、縣市政府消防機關例行消防安全檢查（含消防安全設備、檢修申報、防焰規制等）留有紀錄，且仍保持堪用狀態	1. 檢視紀錄 2. 實地觀察	
		6.3.2	依規定申報消防防護計畫及設置防火管理人	查閱報經當地消防機關核備之消防防護計畫書	
		6.3.3	至少每學期進行一次消防安全演練，且留有紀錄	檢視行事曆及演練紀錄	

3. 兒童教育及照顧法第三十三條「幼兒園教保服務實施準則」（草案）

第六章　安全管理工作之實施	
第三十九條（訂定防災計畫） 幼兒園之公共安全及防災計劃，應依相關規定辦理，並定期進行防災、防震、防火及避難逃生相關演練，以保障幼兒園之安全。	本法第三十三條 幼兒園設立與管理辦法（草案）第二十九條
第四十條（園舍安全管理） 幼兒園應訂定園舍安全管理檢核項目及作業程序，定期檢查各項器材、遊樂設施，加強門禁及巡查工作。	本法第三十三條第三點 幼兒園設立及管理辦法第三十條第二項
第四十一條　（訂定接送管理辦法） 幼兒園應參考相關規定訂定接送管理辦法，並向家長詳細說明，以維護幼兒的安全。此辦法包括：接送時間、接送方式、家長因故無法親自接送，需委託他人代為接送方式，及實施大門、訪客和車輛管制。 幼兒園得依園內家長需求，規劃汽車、摩托車及徒步接送區，以維護幼兒接送安全。	本法第三十四條第一項 幼兒園設立與管理辦法（草案）第二十八條第一項

第四十二條　（校外教學之安排） 幼兒園實施校外教學應注意活動日期與地點的選擇，應考量學生體能、節令氣候、交通狀況、路程遠近、環境衛生、公共安全及教學資源等事項，並應事先勘察教學活動地點、場所、路線、資源等。路程較遠且需乘車者，需備有家長同意書；如需租車，應依相關規定辦理。 幼兒園實施校外教學，照顧者與幼兒之人數比例不宜低於 1:10，遠程之校外教學，需依幼兒年齡層與人力資源狀況，調整照顧者人數。 幼兒園應指定工作人員，留園照顧不能參加校外教學之幼兒。	台北市國小暨幼稚園校外教學實施要點第四條、第五條、第六條、第七條。 幼兒園設立及管理辦法第二十九條
第四十三條（幼兒保險） 幼兒園幼兒平安意外險應比照直轄縣市政府訂定之高級中等以下學校學生團體保險辦法規定辦理。 幼兒園承租遊覽車進行校外各項活動，應加保旅遊平安保險。 幼兒園應向家長說明保險內容及權利義務關係，包括： 受益人為幼兒重要關係人，未納保者可能的損失及園方與家長的責任等。 幼兒園應妥善保管幼兒平安保險之相關資料，當事故發生時，應依規定協助幼兒辦理投保理賠事宜。	本法第三十七條 高級中等以下學校學生團體保險辦法第十三條 學校或團體乘坐遊覽車集體旅遊安全注意事項第四點
第四十四條　（危機事件之處理） 幼兒園應分析影響校園安全因素，建立安全防護與危機處理機制，將緊急通報流程、電話貼於明顯易見之處，並確實依據危機事件之處理要領執行，保存事故傷害紀錄，增進師生安全防護觀念與危機意識。	本法第三十三、三十六條 幼兒園設立及管理辦法第三十條

三、幼稚園防災計畫之擬定

（一）校園災害防救計畫規劃

1.繪製校園安全地圖

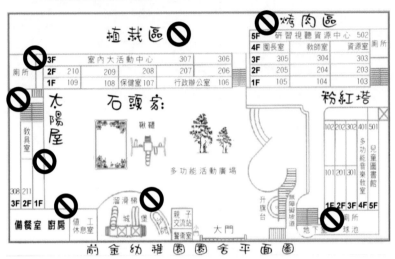

校園安全死角

2.繪製校園防災地圖

基本地圖取得　→　校園附近災害潛勢地圖繪製　→　校園防災地圖繪製

學校附近地圖與衛星航照地圖、校園建物基本配置圖	天然災害 人為災害潛勢地點 救災支援單位資訊	校園內天然災害 人為災害潛勢地點 疏散避難路徑 避難收容所位置 救災設備與物資存放位置

（二）幼稚園防災計畫撰寫要點

1. 符合相關主管機關之法規要求及考量幼兒行動力及判斷力。（包括：教育、勞工、環保、消防、衛生等主管單位）
2. 重新審視校內發生災害風險較高之類型、情境或區域，藉由事先預防及整備，投入必要人力／設備及支援。
3. 於災害發生時能有可動員之應變人力/能力及必要之支援，以於最短的時間內消弭或減輕災害之損失。

第一篇	總則	U-1
1-1	學校概況資料	U-1-1
1-2	計畫依據	U-1-2
1-3	計畫目的	U-1-3
1-4	計畫適用範圍	U-1-4
1-5	計畫檢討修正之時期及時機	U-1-5
1-6	計畫擬定基本原則	U-1-6
第二篇	共通性事項	U-2
2-1	校園災害防救應變組織	U-2-1
2-1-1	校園災害防救應變組織及其任務分工	U-2-1-1
	(鄉村型學校：班級數少於 10 班)	
2-1-2	校園災害防救應變組織啟動時機	U-2-1-2
2-1-3	緊急應變中心之設立與運作	U-2-1-3
2-2	災害防救資料蒐集	U-2-2
2-2-1	災害潛勢調查(學校地理位置、交通及週邊環境概況)	U-2-2-1
2-2-2	校園平面及空間配置	U-2-2-2

（三）幼稚園防災演練之實施

1. 可與教學主題結合，有關大自然課題，例如好玩的水、風等，透過教學生活化，將防災概念融入教學，此外，有關介紹職業種類，消防員、警察、山林巡守員、救生員等，皆可為生活防災之教材。

2. 幼兒因移動速度及穩定度不足，須靠成人之協助，方能確保安全無虞；故成人之情緒及態度皆與幼兒表現息息相關，倘成人驚慌失措，幼兒更加無所適從，混亂中將產生不必要危險，如跌傷、推擠、撞傷等。

3. 結合社區共同規劃，建構社區防災之概念，請求周遭住戶、志工、家長協助救護、救助及安撫學生。（社區及公益團體）。

肆、結論

一、重視並鼓勵教保人員在職進修防災教育之相關課程訓練

　　園所應重視教保人員在處理防災教育的專業知能，並鼓勵教保人員參與防災教育之在職進修課程。

二、建立生活防災處理流程

　　園所應制訂完善的防災計畫及處理流程，適切規劃人員分組、處理步驟、傷害處理記錄、緊急家長聯絡名冊、事後會議檢討等，園所內的教保人員必須瞭解整個流程，且園所也應定期演練，才不致於造成教保人員於事故傷害發生時慌亂不知所措，而能真正發揮功效。

三、充實自我於處理防災教育之專業知能

專業知能需不斷的求新、求進，順應時代的不同而有所改變，因此教保人員也需不斷的充實、更新自我於處理防災教育的知識，加強練習相關處理技能，並能以正向積極的態度面對防災教育，以期維護、保障幼兒的健康與生命安全。

參考資料

教育部防災科技教育深耕實驗研發計畫辦公室（2010）。防災教育數位平台。線上檢索日期：2010 年 9 月 8 日。網址：http://210.70.82.53/content/resources_01.htm.

翁麗芳等（2009）。幼兒園防災教育教材開發。國立臺北教育大學幼兒與家庭教育學系。

中華民國建築學會，2002，《幼稚園公共安全及危機處理手冊》，教育部國民教育司，台北。

教育部（2003）。防災教育宣導手冊（國中小學生適用），頁 2-4。http://law.moj.gov.tw/Scripts/Query4A.asp?FullDoc=all&Fcode=H0070007.

教育部（2004）。幼稚教育法（民國 92 年 06 月 25 日修正）。

推動中小學防災教育深耕實驗研發計畫：行政院兒童 e 樂園/兒童政策。線上檢索日期：2010 年 9 月 8 日。（http://kids.ey.gov.tw/ct.asp?xItem=22651&CtNode=399&mp=62）

社會科學類　AF0151

幼稚園生活防災教育理念與實務

編　　者 / 黃文樹
責任編輯 / 蔡曉雯
圖文排版 / 黃莉珊
封面設計 / 王嵩賀

發 行 人 / 宋政坤
法律顧問 / 毛國樑　律師
印製出版 / 秀威資訊科技股份有限公司
　　　　　114 台北市內湖區瑞光路 76 巷 65 號 1 樓
　　　　　電話：+886-2-2796-3638　傳真：+886-2-2796-1377
　　　　　http://www.showwe.com.tw
劃撥帳號 / 19563868　戶名：秀威資訊科技股份有限公司
　　　　　讀者服務信箱：service@showwe.com.tw
展售門市 / 國家書店（松江門市）
　　　　　104 台北市中山區松江路 209 號 1 樓
　　　　　電話：+886-2-2518-0207　傳真：+886-2-2518-0778
網路訂購 / 秀威網路書店：http://www.bodbooks.com.tw
　　　　　國家網路書店：http://www.govbooks.com.tw
圖書經銷 / 紅螞蟻圖書有限公司
　　　　　114 台北市內湖區舊宗路二段 121 巷 28、32 號 4 樓
　　　　　電話：+886-2-2795-3656　傳真：+886-2-2795-4100

2011 年 4 月 BOD 一版
定價：380 元

國家圖書館出版品預行編目

幼稚園生活防災教育理念與實務 / 黃文樹編著.
-- 一版. -- 臺北市：秀威資訊科技, 2011.04
面；　公分. -- (社會科學類；AF0151)
BOD 版
ISBN 978-986-221-721-4 (平裝)

1. 防災教育　2. 學前教育　3. 文集

523.2307　　　　　　　　　　　100003399

讀者回函卡

感謝您購買本書,為提升服務品質,請填妥以下資料,將讀者回函卡直接寄回或傳真本公司,收到您的寶貴意見後,我們會收藏記錄及檢討,謝謝!
如您需要了解本公司最新出版書目、購書優惠或企劃活動,歡迎您上網查詢或下載相關資料:http:// www.showwe.com.tw

您購買的書名:＿＿＿＿＿＿＿＿＿＿＿＿＿＿＿＿＿＿＿＿＿＿＿＿＿＿

出生日期:＿＿＿＿＿年＿＿＿＿＿月＿＿＿＿＿日

學歷:□高中 (含) 以下　　□大專　　□研究所 (含) 以上

職業:□製造業　□金融業　□資訊業　□軍警　□傳播業　□自由業
　　　□服務業　□公務員　□教職　　□學生　□家管　　□其它＿＿＿

購書地點:□網路書店　□實體書店　□書展　□郵購　□贈閱　□其他

您從何得知本書的消息?

　□網路書店　□實體書店　□網路搜尋　□電子報　□書訊　□雜誌

　□傳播媒體　□親友推薦　□網站推薦　□部落格　□其他＿＿＿＿＿＿

您對本書的評價:(請填代號　1.非常滿意　2.滿意　3.尚可　4.再改進)

　封面設計＿＿＿　版面編排＿＿＿　內容＿＿＿　文／譯筆＿＿＿　價格＿＿＿

讀完書後您覺得:

　□很有收穫　□有收穫　□收穫不多　□沒收穫

對我們的建議:＿＿＿＿＿＿＿＿＿＿＿＿＿＿＿＿＿＿＿＿＿＿＿＿＿＿

＿＿＿＿＿＿＿＿＿＿＿＿＿＿＿＿＿＿＿＿＿＿＿＿＿＿＿＿＿＿＿＿＿＿

＿＿＿＿＿＿＿＿＿＿＿＿＿＿＿＿＿＿＿＿＿＿＿＿＿＿＿＿＿＿＿＿＿＿

＿＿＿＿＿＿＿＿＿＿＿＿＿＿＿＿＿＿＿＿＿＿＿＿＿＿＿＿＿＿＿＿＿＿

11466
台北市內湖區瑞光路 76 巷 65 號 1 樓

秀威資訊科技股份有限公司　　　收

BOD 數位出版事業部

⋯⋯⋯⋯⋯⋯⋯⋯⋯⋯⋯⋯⋯⋯⋯⋯⋯⋯⋯⋯⋯⋯⋯⋯

（請沿線對折寄回，謝謝！）

姓　　名：＿＿＿＿＿＿＿＿＿　年齡：＿＿＿＿　性別：□女　□男

郵遞區號：□□□□□

地　　址：＿＿＿＿＿＿＿＿＿＿＿＿＿＿＿＿＿＿＿＿＿＿＿＿

聯絡電話：(日)＿＿＿＿＿＿＿＿＿　(夜)＿＿＿＿＿＿＿＿＿＿

E-mail：＿＿＿＿＿＿＿＿＿＿＿＿＿＿＿＿＿＿＿＿＿＿＿＿